George Dugas

L'Ouest Canadien

Sa Découverte par le Sieur de La Vérendrye....

George Dugas

L'Ouest Canadien
Sa Découverte par le Sieur de La Vérendrye....

ISBN/EAN: 9783337188672

Printed in Europe, USA, Canada, Australia, Japan

Cover: Foto ©Andreas Hilbeck / pixelio.de

More available books at **www.hansebooks.com**

L'OUEST CANADIEN

L'Abbé G. DUGAS

L'OUEST CANADIEN

SA DÉCOUVERTE

PAR LE SIEUR DE LA VÉRENDRYE

SON EXPLOITATION

PAR LES COMPAGNIES DE TRAITEURS
JUSQU'A L'ANNÉE 1822

MONTRÉAL
CADIEUX & DEROME
LIBRAIRES-ÉDITEURS

1896

Déposé par les éditeurs conformément à la loi du parlement canadien sur la propriété littéraire, au ministère de l'agriculture et de la statistique, à Ottawa.

AU LECTEUR

L'OUEST CANADIEN : tel est le titre que nous adoptons pour ce livre. Voici pourquoi.

D'abord pour distinguer l'Ouest-Canadien de l'Ouest-Américain dont il est limitrophe; ensuite pour ne pas confondre l'Ouest-Canadien avec le Nord-Ouest dans lequel n'est pas comprise, ordinairement, la Province de Manitoba ; enfin parce que ces immenses contrées ont été découvertes par des Canadiens, explorées par des Canadiens et évangelisées par des missionnaires Canadiens. Pour ces diverses raisons et surtout pour la dernière, nous appelons ce pays : l'Ouest-Canadien.

· Si, aujourd'hui, les Anglais sont en majorité dans les Provinces de l'Ouest, ce n'est pas pourtant à eux que revient la gloire d'avoir découvert ce pays, ni d'y avoir porté les premiers germes de la civilisation.

Il est bon de rappeler ce fait au peuple qui domine actuellement dans Manitoba et au Nord-Ouest, afin qu'il sache bien, que les Canadiens-français ne sont pas là des étrangers venus à la dernière heure. Il y a cent cinquante-cinq ans que le sieur de la Vérendrye et ses fils ont traversé les immenses prairies de l'Ouest jusqu'au pied des Montagnes-Rocheuses et en ont pris possession au nom du Roi de France ; il y a un siècle et demi que nos voyageurs canadiens les parcourent en tous sens, comme les pionniers de la civilisation ; il y a soixante-dix-sept ans que les missionnaires catholiques ont commencé à prêcher la parole de l'Evangile aux pauvres infidèles de ces pays sauvages. Non, les Canadiens-français ne sont pas des étrangers au Nord-Ouest !

En écrivant cette histoire de l'Ouest-Canadien, nous avons cherché à porter, sur les faits que nous racontons, un jugement exempt de toute partialité. Il est très difficile d'écrire l'histoire d'une manière impartiale ; on est porté, généralement, à excuser les fautes de ses compatriotes. Si nous eussions voulu nous laisser guider par de tels sentiments, nous aurions porté sur certains événements un jugement tout autre que celui que nous portons.

Prêtre, missionnaire, canadien-français, nous prenons la défense des écossais protestants traités odieusement par la célèbre Compagnie du Nord-Ouest. L'opinion que nous adoptons en parlant des luttes entre Lord Selkirk et cette Compagnie surprendra probablement le lecteur ; mais après avoir, durant de longues années, pesé la valeur des documents que nous avions entre les mains, nous avons cru qu'en conscience nous ne pouvions pas juger les choses autrement que nous l'avons fait.

Si la Compagnie du Nord-Ouest ne joue pas ici le rôle glorieux qu'on a déjà voulu lui attribuer, nous répondrons que le succès, quelqu'éclatant qu'il soit, ne justifie pas les moyens.

Pendant les vingt-deux années que nous avons passées à la Rivière Rouge, nous avons connu la tradition ; nous avons interrogé les anciens du pays ; nous savons par cœur tous les récits qu'on a faits de la bataille de la Grenouillère ; nous avons conversé avec des gens qui avaient été témoins de cette bataille ; d'un autre côté, nous avons lu tout ce que la Compagnie du Nord-Ouest et Lord Selkirk ont écrit sur ce sujet, ainsi que plusieurs lettres inédites, échangées entre Lord Selkirk et Mgr Plessis ; enfin, nous avons compulsé l'énorme dossier du procès entre Lord Selkirk et la Compagnie, et, après avoir comparé ces documents avec la tradition, nous en sommes venus à formuler l'opinion que nous adoptons dans cette histoire.

Nous avons pris à cœur de ressusciter la mémoire de l'illustre découvreur de la Rivière Rouge, maltraité, calomnié pendant sa vie par des jaloux et des ambitieux et méconnu de ses contemporains ; il est juste que son nom soit connu aujourd'hui de ses compatriotes, et loué comme une de nos gloires nationales.

La Vérendrye et Selkirk sont deux figures très intéressantes de notre histoire. Si le premier a découvert l'Ouest-Canadien, le second a servi d'instrument à la divine providence pour y conduire des missionnaires et y fonder des missions catholiques. A ce titre, les catholiques, surtout ceux de Manitoba, lui doivent un large tribut de reconnaissance.

G. Dugas, Ptre,
Anc. Miss.

I

NOTIONS PRÉLIMINAIRES

La baie d'Hudson depuis sa découverte par Hudson en 1610 jusqu'à la découverte du Nord-Ouest par le Sieur de la Vérendrye en 1731.

Avant de conduire le lecteur dans les déserts de l'Ouest canadien, à la suite du Sieur de la Vérendrye et des français qui vinrent après lui, il est nécessaire, croyons-nous, de donner quelques notions de l'histoire de la baie d'Hudson, qui fait maintenant partie de la Puissance du Canada. Les événements qui ont eu lieu dans ce pays sauvage, depuis sa découverte, ne sont pas sans intérêt pour nous, puisque plusieurs de nos compatriotes ont joué là un rôle distingué, dans les luttes pour la possession de ce territoire. Sur ces plages désolées, emprisonnées dans les glaces et fermées au reste du monde durant les trois quarts de l'année ; sous ce ciel bas et presque toujours voilé par des brouillards impénétrables aux rayons du soleil, les hommes, chose étrange, sont allés se bâtir des demeures presqu'aussitôt que sur les rivages enchanteurs du Mexique.

Pendant que le vaste territoire des Etats-Unis, encore inhabité, offrait les richesses de son sol et les charmes de son climat, la baie d'Hudson, ce coin perdu dans le voisinage du pôle, devenait l'objet de la convoitise des compagnies marchandes, et pendant plus d'un siècle, elles se sont disputé la possession de ces neiges éternelles. Plus d'un combat y fut livré et plus d'un militaire et d'un marin s'y distinguèrent par des faits d'armes, dignes des héros les plus célèbres de l'antiquité.

Aujourd'hui, le projet, sérieusement étudié, de construire une voie ferrée de ce côté, pour établir des communications plus rapides entre l'Ouest Canadien et l'Europe, va donner un double intérêt à l'histoire de ce pays et de ses premiers établissements. Cette histoire doit d'ailleurs servir d'introduction à celle de la découverte du Nord-Ouest par le Sieur de la Vérendrye, puisque nous avons, à chaque instant, à parler de la Baie d'Hudson, en racontant les voyages du découvreur.

A peine l'existence du Nouveau-Monde eut-elle été signalée à l'Europe par Christophe Colomb que l'ambition poussa immédiatement les navigateurs jusqu'à de très hautes latitudes le long des côtes de l'Amérique Septentrionale. Ils espéraient trouver, au nord de ces nouvelles terres, un passage pour aborder aux riches contrées de l'Inde où les Portugais se rendaient par la route de l'Orient.

Le premier navigateur qui s'avança dans les mers du Nord sur l'Atlantique, après la découverte de l'Amérique, fut Jean Cabot qui découvrit l'île de Terreneuve en 1497.

Son fils Sébastien Cabot entreprit un voyage sous les auspices de Henri VII roi d'Angleterre en 1498. Il partit au commencement de l'été et fit voile vers le Nord-Ouest avec l'idée d'aborder directement aux rivages de la Chine, mais, à son grand déplaisir, il rencontra, après quelques semaines de navigation, les côtes de l'Amérique en poussant vers le Nord jusqu'au 56ème degré. Là, comme le rivage s'inclinait vers l'Est, il perdit l'espoir de trouver le passage cherché et revint sur ses pas.

Deux ans après le voyage de Cabot vers l'an 1500, un portugais, du nom de Corteréal, suivit les côtes du Labrador, jusqu'au point où elles se courbent vers l'ouest pour former les contours méridionaux, par où l'on pénètre dans la baie d'Hudson. Sans s'avancer plus loin pour vérifier sa découverte, il crut qu'il avait devant lui le passage pour aller en Chine, et se hâta de retourner au Portugal annoncer l'heureux résultat de son voyage.

L'année suivante, il repartit pour pénétrer

cette fois dans le détroit dont il n'avait vu que l'entrée ; mais il se perdit dans les glaces avec son équipage et l'on n'entendit plus parler de lui. Quelques années après, son frère éprouva le même sort en voulant aller à sa recherche.

Nous lisons dans les relations des Jésuites (vol. 1er, page 2) qu'en l'année 1524, un florentin, du nom de Verazzano, visita par ordre de François Ier, roi de France, les côtes de l'Amérique depuis la Floride jusqu'au cap Breton, et prit possession de ces terres au nom du roi de France ; cependant il s'avança moins que ses devanciers vers le nord.

Martin Forbisher, célèbre navigateur anglais, après avoir cherché en vain, dans trois voyages consécutifs, (1577-78-79) le passage à travers le continent, termina ses explorations sur les mers du Nord par la découverte de quelques îles voisines du Groënland.

Huit ans après, en 1587, John Davis, navigateur anglais, s'avança au delà de la baie d'Hudson et si quelque navigateur a constaté l'existence de cette mer intérieure avant 1610, aucun n'en a fait la description.

Ce fut au commencement du 17ème siècle, en l'année 1610, que Henri Hudson fut envoyé par l'Angleterre à la recherche du fameux passage toujours soupçonné et jamais trouvé. C'était un marin d'une expérience consommée et d'une bravoure à toute épreuve.

Durant les années précédentes, Hudson avait navigué au nord de l'Asie, sur les côtes de la Nouvelle-Zemble et longé le Spitzberg. Cet intrépide marin avait lancé son navire dans les interstices des terribles banquises, mais il n'avait pu pénétrer au delà du 82ème parallèle.

Repoussé de ce côté, il se rabattit vers le sud-ouest, contourna le Groënland et retrouva, en cinglant vers l'occident, le détroit immense où Corteréal avait cru voir une route vers l'Océan Pacifique. Le vaisseau sur lequel il était monté se nommait le *Discoveries* et était de soixante-dix tonneaux.

Il poussa jusqu'au fond de la baie, en visita avec un grand soin la côte occidentale et au mois de novembre il pénétra dans un enfoncement au sud-ouest où il fit hâler son vaisseau pour l'hivernement.

En partant d'Angleterre, Hudson ne s'était ravitaillé que pour six mois. La saison fut rude, mais Hudson était le premier à prendre sa part de misères. Les vivres à bord se firent rares, cependant tant que durèrent les neiges, les perdrix et autres oiseaux qu'on tua mirent l'équipage à l'abri des horreurs de la faim. Au dégel la chasse manqua. Hudson courut la côte dans une chaloupe pendant neuf jours pour voir s'il ne rencontrerait pas quelques sauvages dont il pourrait tirer des provisions. N'en ayant point trouvé, il revint au vaisseau qu'il fit mettre à la mer pour s'en retourner en Angleterre. Il distribua à ses matelots le peu de biscuits qui lui restait, régla la solde de chacun d'eux et accompagna chaque décompte d'un certificat de service afin qu'ils pussent tous être installés dans leurs appointements au cas où il viendrait à mourir.

Profondément touché de leur misère et comme s'il eut un pressentiment qu'il n'aborderait pas en Angleterre, il pleurait à chaudes larmes en faisant ces dernières dispositions. Mais ces témoignages de sollicitude ne firent aucune impression sur des gens qui avaient juré sa perte.

Au mois de septembre précédent, à cause des mutineries continuelles qu'il excitait dans l'équipage, Robert Ivett avait été démis de la charge de contremaître. Ses complices résolurent de le venger. A leur tête se faisait remarquer un scélérat nommé Henry Green, irlandais d'origine, à qui Hudson avait sauvé la vie, à Londres, en le retirant d'abord dans sa maison, puis sur son navire à l'insu même des propriétaires. Le 11 juin 1611, quand le navire fut prêt de mettre à la voile, ils se saisirent du capitaine, de son fils, encore enfant, du sieur Woodhouse, mathématicien, qui faisait ce voyage en qualité de volontaire, du charpentier et de cinq autres, et ils les mirent dans une chaloupe, les abandonnant à leur triste sort, sans provisions et sans armes.

La chaloupe aborda dans une île où tous moururent de faim ; leurs cadavres furent retrouvés par Thomas Button, l'année suivante.

Le ciel ne laissa pas impuni un semblable forfait. Green et deux de ses complices furent tués dans une rencontre que les gens du vaisseau eurent avec les sauvages ; Robert Ivett mourut misérablement pendant la traversée ; et ce ne fut qu'après avoir essuyé toutes sortes de calamités que les débris de cet équipage abordèrent en Angleterre. Celui qui fit le récit de cette triste aventure, Nabacus Prickett, avait probablement trempé autant que les autres dans cette noire action, mais ayant su se rendre nécessaire auprès des armateurs, il échappa à la punition qu'il avait méritée.

Au commencement de mai 1612, Thomas Button, habile marin, partit pour la baie d'Hudson avec deux vaisseaux, le *Discoveries* et le *Resolution*.

En traversant la baie, il aborda dans une île où il retrouva le cadavre du malheureux Hudson et de ses compagnons. Le 15 août, il entrait dans une crique, au nord d'une rivière qu'il appela Nelson ; plus tard, les français lui donnèrent le nom de Bourbon. (1)

---

(1) Nelson était le maître de l'un des navires de Button. Il mourut à la baie et fut enterré sur les bords de la rivière qui a gardé son nom.

Ayant résolu d'y passer l'hiver, il plaça ses deux vaisseaux l'un à côté de l'autre, et les fortifia par une barricade de pilotis en sapin renforcis de terre pour se garantir contre les neiges, les glaces et les flots. Button avait avec lui toute une société d'hommes d'expérience et de capacité ; Nelson, son lieutenant à bord du *Resolution ;* Ingram, commandant du *Discoveries ;* Gibbon, marin habile ; Hawbridge, qui a écrit une relation de ce voyage ; Hubart, esprit observateur et perspicace ; Prickett, un des compagnons de l'infortuné Hudson. Trois grands feux mettaient l'équipage à l'abri du froid ; l'abondance régnait à la table, on tua, dans le courant de l'hiver, vingt mille perdrix. Enfin, le contentement aurait régné dans cette espèce de petite ville bien réglée, si l'hiver n'eut été aussi rude et si la maladie n'eut enlevé plusieurs hommes de l'équipage.

Pour prévenir l'ennui et les murmures, Button eut la sagesse d'occuper ses gens ; employant les uns à tracer des chemins dans les bois et à mesurer les distances, les autres à étudier certaines questions d'utilité pratique pour poursuivre les découvertes,

Button reprit la mer au mois de juin 1613, poussa au nord jusqu'au $65^{\text{ème}}$ degré et revint en Angleterre, persuadé de l'existence du passage qu'il cherchait. Il donna son nom aux îles que l'on rencontre groupées à l'entrée du détroit par lequel on pénètre dans la baie.

Par corruption de Button, les français appelèrent ces îles : les *îles Boutons*.

En 1614, le capitaine Gibbons, parent de Button, à qui celui-ci avait communiqué ses instructions, fut envoyé en découverte à la baie d'Hudson ; mais son voyage fut malheureux. Il manqua l'entrée du détroit par lequel on pénètre dans la baie, et fut entraîné par les glaces au 57ème degré de latitude au nord-est du continent. Il pénétra dans une baie où il demeura trois semaines en grand danger de périr. Son vaisseau fut tellement endommagé qu'il eut de la peine à revenir en Angleterre.

L'année suivante, 1615, le même vaisseau réparé fut renvoyé de nouveau sous la conduite du capitaine Robert Bylot, très habile marin qui avait pris part aux trois expéditions précédentes. Il emmena avec lui le fameux Guillaume Baffin, déjà très expérimenté sur les mers du nord. On espérait un grand succès de ce voyage.

Bylot mit à la voile le 18 avril, il poussa au nord jusqu'au 65ème degré, mais il ne fut pas plus heureux que ses devanciers dans la découverte du passage de la mer de l'ouest. Il revint en Angleterre persuadé que ce passage n'existait pas. Après Bylot, les voyages du côté de la baie d'Hudson furent abandonnés pendant une quinzaine d'années. Ce fut le capitaine Lucas Fox, qui tenta de nouveau une expédition de ce côté, en l'année 1631. Celui-ci était un homme né pour la mer. Vingt ans avant d'entreprendre le voyage dont il s'agit ici, il avait commencé à faire des recherches sur le projet de découvrir le passage de la mer de l'Ouest. Des négociants de Bristol et de Londres s'associèrent ensemble, pour fournir les frais de cette expédition. Le vaisseau qu'on donna à Fox, se nommait *Charles*. Il disposa tout pour son départ au commencement de mai 1631.

Le vaisseau était de vingt tonneaux, ravitaillé pour dix-huit mois et parfaitement équipé à tous égards.

Fox était si certain de pénétrer dans l'Océan Pacifique qu'il emportait avec lui une lettre du roi d'Angleterre pour l'empereur du Japon.

Son voyage fut heureux ; il pénétra assez avant dans un des nombreux bras de mer qui descendent de l'Océan Glacial et bien mieux que ses devanciers, il expliqua les courants ainsi que les lois qui régissent les marées ; il donna son nom à un détroit : le détroit de Fox.

En l'année 1631 un autre marin, le capitaine James, partit d'Angleterre, en même temps que Fox et s'aventura jusqu'au fond de la baie d'Hudson : ce fut lui qui pénétra le premier dans la baie James à laquelle il a donné son nom.

Fox revint en Angleterre, guéri de toute illusion sur le passage cherché ; et le capitaine James fit un rapport si effrayant des misères qu'il avait endurées, qu'il répandit l'épouvante dans le public anglais. Pendant trente ans, les explorateurs intimidés n'osèrent plus diriger leurs courses de ce côté.

Des historiens racontent que vers 1634 un vaisseau danois entra dans la baie d'Hudson et s'avança le long des côtes de la baie jusqu'à environ soixante lieues au nord de la rivière Nelson. Là, il pénétra dans l'embouchure d'une rivière qu'il appela rivière Danoise et que les indiens désignèrent sous le nom de Manitew-sipi (rivière des étrangers.)

Le vaisseau s'étant trouvé pris dans les glaces, l'équipage passa l'hiver sur les côtes de la baie Les souffrances que ces hommes eurent à supporter les firent presque tous périr à l'exception de cinq ou six qui purent reprendre la mer, au printemps, et atteindre, après mille dangers, le port de Copenhague.

En 1646, Latour dont le nom fut célèbre en Acadie, entreprit d'aller faire la traite des pelleteries à la baie d'Hudson, mais il ne répéta pas son voyage. En 1656, Jean Bourdon, de Québec s'avança jusqu'au détroit par lequel on pénètre dans la baie d'Hudson, et revint sur ses pas.

Jusqu'ici, comme on le voit, ces nombreux

voyages dans les mers du nord sont entrepris au nom de la science et personne ne songe à fonder des établissements sur ces plages inhospitalières, pour y exploiter les richesses qu'elles renferment.

La gloire de découvrir ces terres était l'unique passion de ces marins et des puissantes sociétés qui les aidaient de leurs deniers. Vers 1662, l'Angleterre avait presque perdu de vue le fruit de ses découvertes quand un canadien vint révéler les immenses avantages que pouvait offrir au commerce un pays jugé " inhabitable."(1)

(1) Les terres qui s'étendent le long des côtes de la baie d'Hudson sont-elles habitables ?

Si l'on entend par le mot *habitable* la possibilité pour des êtres humains de vivre dans ces contrées, à la rigueur, on répond oui. Car là, depuis plus de deux siècles, il y a des établissements sur les bords de la baie où des européens demeurent pour faire le commerce des fourrures; mais si l'on entend par *habitable* la culture de la terre, on répond non, ce pays n'est pas habitable. C'est un pays où l'indien, seul, peut pourvoir à sa subsistance par la chasse (qui heureusement est passablement abondante).

La terre n'y dégèle jamais à plus d'un pied de profondeur, et il y fait de fortes gelées dans tous les mois de l'été. La débâcle au printemps n'arrive ordinairement qu'au milieu de juin et les rivières se couvrent de glace à la fin de septembre. La mer n'est complètement libre que durant les mois de juillet, août et septembre, et encore, durant ces mois, les vaisseaux sont toujours exposés à rencontrer d'énormes banquises lorsque le vent vient du nord. Il n'est pas rare de voir des vaisseaux arrêtés par la glace à l'entrée de la baie, au mois d'août.

Aujourd'hui, avec les vaisseaux à vapeur dont la marche ne dépend plus des caprices du vent, on peut arriver plus facilement au fond de la baie qu'avec des voiliers comme autrefois, et pendant trois mois on pourrait établir entre le port Nelson et l'Angleterre une ligne régulière de vaisseaux pour transporter les produits de l'Ouest Canadien.

II

Chouart des Groseillers.—Ses voyages à la baie d'Hudson.

Le nom de Chouart des Groseillers va désormais devenir célèbre dans l'histoire des établissements sur les côtes de la baie d'Hudson, car c'est lui qui eut l'honneur de bâtir le premier fort dans ce coin reculé de l'Amérique du Nord.

Des Groseillers, français d'origine, était arrivé tout jeune enfant au Canada. Pendant plusieurs années, il demeura chez les Ursulines à Québec. La Mère Marie de l'Incarnation parle de lui comme d'un jeune homme fort intelligent, doué d'un caractère énergique et entreprenant. Il se familiarisa bientôt avec les langues sauvages et les parla avec une grande facilité. De bonne heure, il s'aventura dans de longues courses chez les indiens pour faire des découvertes et essayer avec eux la traite des fourrures.

Il s'associa, dans ses voyages, Pierre Esprit

Si ce projet réussissait, ce serait un avantage immense pour tous les établissements sur la grande Saskatchewan. Une voie ferrée, construite depuis le bas de cette rivière jusqu'à la mer, serait relativement très courte pour l'exportation des grains qui pourraient être envoyés en Europe à des prix moitié moins élevés que par la ligne du Pacifique

Mais, si ce vaste plan se réalise, le pays des bords de la baie d'Hudson n'en restera pas moins un pays où les blancs ne pourront jamais introduire la culture d'aucune céréale et on pourra dire que ces contrées ne sont habitables que pour les indiens nés sous ces latitudes.

Radisson, né à Paris et venu au Canada pour donner libre cours à ses goûts aventuriers.

Le 24 août 1653, des Groseillers épousa Marguerite Hayet sœur maternelle de Radisson.

On a souvent répété que des Groseillers était huguenot. Ceci ne souffre pas de doute pour Radisson. Peut-être même, l'épouse de des Groseillers appartenait-elle à la même religion que son frère ; mais quant à des Groseillers lui-même, il est très certain qu'il était catholique ; son nom figure dans les registres aux Trois-Rivières comme ayant été parrain de plusieurs enfants.

Avant de s'associer à des Groseillers pour ses voyages, Radisson avait déjà fait des courses chez les indiens de l'Ouest. Tous deux hardis jusqu'à la témérité, possédés de l'ambition de faire fortune et surtout de faire parler d'eux, ils étaient taillés pour marcher de paire.

En l'année 1658, ils se rendirent jusqu'au lac Supérieur et firent connaissance avec les diverses tribus qui habitaient de ce côté. Ils passèrent les années 1658 et 1659 à parcourir les alentours de ce grand lac pour y faire le commerce des fourrures. Pendant ce temps, ils eurent maintes occasions de se renseigner sur les pays plus au nord et à l'ouest. Une bande de Cris des bords de la baie James vint passer l'hiver de 1659 dans leur camp et les invita à aller faire des échanges avec eux sur les bords de la mer. Des Groseillers leur promit de s'y rendre dans un autre voyage et il se renseigna auprès d'eux sur les distances à parcourir pour arriver jusque dans leurs terres.

De bonne heure, au printemps de 1660, Radisson et des Groseillers descendirent à Québec. Leur cargaison de pelleteries était prodigieuse. Cinq cents indiens les accompagnaient dans leurs canots. Quant cette petite flotte arriva à Québec, les autorités, pour émerveiller tous ces sauvages, firent tonner le canon de la citadelle, et hissèrent les drapeaux.

Un pareil retour de riches fourrures ne pouvait manquer d'exciter la convoitise d'une foule de personnages, tant à Québec qu'aux Trois-Rivières. Le gouverneur de ce dernier poste aurait bien désiré avoir une part dans l'exploitation de cette branche de commerce. On sait que certains gouverneurs du Canada ne furent pas étrangers à cette ambition. Celui des Trois-Rivières offrit à des Groseillers et à Radisson de leur associer deux de ses serviteurs à la condition qu'il serait de moitié dans les profits. Ces deux trappeurs, sachant qu'ils pouvaient avoir les profits nets pour eux-mêmes, refusèrent l'offre du gouverneur qui s'en vengea, en leur défendant d'aller à l'avenir chez les tribus sauvages pour y faire la traite, et même de sortir de la colonie sous peine d'emprisonnement.

Pour le moment, ils renoncèrent à un second voyage vers l'Ouest, et les choses en étaient là au mois d'août 1661, quand sept canots conduits par des sauvages arrivèrent aux Trois-Rivières.

Le plan de des Groseillers fut bien vite arrêté. Il donna avis aux sauvages de l'attendre, lui et son beau-frère Radisson, à l'entrée du lac St-Pierre, et ils épièrent le moment favorable pour sortir du fort. La chose était très facile, puisque des Groseillers lui-même était capitaine aux Trois-Rivières et à ce titre chargé des clefs du fort. Sur le minuit, il en ouvrit la porte et, accompagné de Radisson, il alla rejoindre ses sauvages. Une fois parti, il était sans inquiétude, sachant bien qu'on ne tenterait pas de le poursuivre.

Ils se rendirent au lac Supérieur, probablement au même endroit où leur commerce avait si bien réussi les années précédentes. Il est presque certain qu'ils poussèrent cette fois leurs découvertes vers le nord jusqu'à la baie James. Radisson dit positivement dans ses notes qu'en 1663, ils arrivèrent aux rives de la mer *où ils trouvèrent une vieille maison toute démolie.* Mais ses notes sont si peu précises, qu'on hésite toujours à fixer les lieux qu'il veut désigner.

Après trois ans de voyages dans différentes directions, espérant que le gouverneur avait oublié leur escapade, ils songèrent à revenir à Québec. Ils se firent accompagner par sept cents sauvages et arrivèrent à Trois-Rivières dans le cours de l'été de 1664.

La réception que leur fit le gouverneur, fut toute autre que celle qu'ils attendaient. Leur grand succès contribua même à l'aigrir et à lui faire exercer une vengeance personnelle. La vue des riches fourrures que contenaient les canots de des Groseillers ranima sa rancune ; il fit payer à celui-ci une amende de deux mille piastres.

Des Groseillers comptait sur tout le profit de sa traite pour se procurer le moyen d'aller à la baie d'Hudson par mer. La somme exigée de lui par le gouverneur faisait une énorme brèche à sa petite fortune ; néanmoins, il ne se découragea pas et n'abandonna pas son projet. Il s'adressa à des marchands de Québec pour leur proposer de former, avec lui, une société dont il serait un des principaux actionnaires ; mais, les négociations n'allant pas au gré de ses désirs, il prit le parti de s'adresser à la cour de France pour faire adopter ses plans et, en même temps, pour obtenir la restitution des $2,000 que lui avait extorqué le gouverneur des Trois-Rivières.

Son séjour à Paris fut très court. Quoique reçu avec politesse, il comprit bientôt, qu'il n'obtiendrait que de belles paroles. Il revint à Québec, où, à force de démarches, il se procura un petit vaisseau sur lequel il s'embarqua, pour la baie d'Hudson, avec son beau-frère et sept matelots seulement.

En passant à Saint-Pierre du Cap Breton, il s'arrêta quelques jours pour y faire la traite. De là, il se dirigea vers Port Royal. (1)

Le temps pressait, car la saison était avancée et la mer devenait dangereuse pour naviguer vers le nord. Il proposa à son équipage de se rendre à la Nouvelle-Angleterre pour voir s'il n'y trouverait pas un meilleur vaisseau pour son expédition. Il y avait, par hasard, en ce moment à Port Royal des armateurs de Boston ; des Groseillers leur fit des propositions que ceux-ci acceptèrent et il fut résolu qu'on lui donnerait un vaisseau pour aller immédiatement reconnaître les côtes de la baie d'Hudson. Vu la saison avancée, ce voyage ne devait être qu'un voyage d'essai.

A la baie, le vaisseau ne fit qu'aborder à la côte ; des Groseillers n'eut que le temps d'échanger quelques paroles avec les indigènes, puis il revint à Boston pour l'hiver.

Au printemps de 1665, les fréteurs anglais qui avaient promis à des Groseillers de lui fournir deux vaisseaux, l'envoyèrent à l'île de Sable avec Radisson pour y faire la pêche, en attendant que

---

(1) Port Royal, fort de l'ancienne Acadie, aujourd'hui dans la Nouvelle-Ecosse

les glaces du nord permissent de pénétrer dans la baie. A partir de ce moment une suite d'aventures et de contretemps va retarder de trois ans l'exécution de son dessein.

Il mit à la voile vers la fin de juillet. A peine fut-il en mer qu'une furieuse tempête rejeta son navire sur la côte où il fut brisé. Il retourna à Boston ; là, il rencontra le colonel George Cartright qui faisait partie de la commission royale chargée de régler les questions les plus importantes de la colonie. Il offrit à des Groseillers de l'emmener avec lui à Londres et de le présenter au roi d'Angleterre qui ne manquerait pas de favoriser son entreprise. Des Groseillers, n'espérant plus aucun secours d'ailleurs et n'ayant rencontré jusqu'ici qu'indifférence en Canada, accepta l'offre du colonel et s'embarqua avec son beau-frère pour aller exposer ses plans à la cour de Londres.

Ils partirent de Boston le 1er août 1665 ; malheureusement le vaisseau sur lequel ils étaient fut attaqué par un vaisseau hollandais ; ils furent faits prisonniers et conduits en Espagne. De là ils se rendirent en Angleterre où ils arrivèrent le 25 octobre de la même année. (1665)

Dès son arrivée, des Groseillers obtint une audience du roi. Le récit qu'il lui fit de ses découvertes et des espérances qu'il concevait pour l'avenir, intéressa tellement Charles II qu'il promit de lui fournir un vaisseau pour le printemps suivant (1666). En attendant le roi fit servir aux deux voyageurs une pension de 40 schellings par semaine.

La guerre entre la Hollande et l'Angleterre fit remettre le voyage à l'année 1668. Ennuyé d'un tel retard, des Groseillers demanda à être présenté au prince Rupert, cousin du roi pour chercher à l'intéresser à son entreprise. Celui-ci le reçut avec empressement et lui équipa deux navires pour le printemps de 1668. Les noms de ces navires étaient *l'Aigle* et *l'Incomparable*.

Ces deux vaisseaux partirent de Gravesend le 3 juin 1668. Des Groseillers était sur l'*Incomparable* conduit par le capitaine Zachari Gillam.

Une forte tempête les surprit sur les côtes d'Irlande. Le vaisseau sur lequel était Radisson fut tellement avarié qu'il dût retourner en Angleterre ; des Groseillers continua seul le voyage.

Le capitaine Gillam aborda dans la baie d'Hudson à l'embouchure d'une rivière à laquelle il donna le nom de Rupert ; il y bâtit un fort pour y passer l'hiver et pour se mettre à l'abri des incursions des sauvages. La traite des pelleteries fut abondante, le navire en fut chargé et de bonne heure au printemps l'expédition revint à Londres.

Le succès obtenu dans ce voyage fut toute une révélation pour les marchands d'Angleterre.

Il n'y avait plus de doute, la baie d'Hudson était une riche mine à exploiter ; seulement il fallait, pour cela, former une société bien organisée.

Plusieurs personnages importants de la cour firent au roi Charles II la demande d'une charte leur concédant le privilège exclusif de la traite des pelleteries sur toutes les terres dont les eaux coulent vers la baie d'Hudson. Cette charte fut octroyée au prince de Rupert le 2 mai 1670. Voici les noms des premiers actionnaires de la Compagnie de la baie d'Hudson :

1. Le Prince de Rupert,
2. Christopher, duc d'Albermale,
3. William, comte de Craven,
4. Henri, Lord Arlington,
5. Anthony, Lord Ashly,
6. Sir John Robinson, Chevalier,
7. Sir Robert Voyer, Baronet,
8. Sir Peter Culleton, Baronet,
9. Sir Edward Hungerford, Chevalier,
10. Sir John Griffith, Chevalier,
11. Sir Paul Neele, Chevalier,
12. Sir Philippe Carteret, Chevalier,
13. James Hynes, Ecr.
14. John Kirk, Ecr.
15. Francis Millington, Ecr.
16. William Prettyman, Ecr.
17. John Fenn, Ecr.
18. John Portman, Ecr.

Telle fut l'origine de la fameuse Compagnie de la baie d'Hudson.

Aussitôt après l'octroi de sa charte, la Compagnie envoya pour gouverneur à la baie M. Charles Bayly ; il partit avec des Groseillers qui le conduisit au fort Rupert où il avait hiverné l'hiver précédent. Cependant, avant la fin de l'automne, le Gouverneur fit transporter ce fort sur la rivière Moose au fond de la baie James comme étant un lieu beaucoup plus favorable à la traite.

Des Groseillers demeura dans ce poste jusqu'à l'année 1674, c'est-à-dire un peu plus de trois ans. Pendant ce temps Radisson fit plusieurs voyages en Europe.

Du fond de la baie James, le gouverneur Bayly ne négligea rien pour étendre le commerce de la Compagnie et pour attirer vers lui les indigènes. Il visita la rivière Albany et poursuivit ses découvertes le long des côtes de la baie jusqu'au cap Henriette, situé au 55ème degré de latitude.

Les français qui exploraient les pays de l'Ouest du côté du lac Supérieur et les canadiens, coureurs des bois, du côté du lac Abittibi, firent dès lors à la Compagnie de la baie d'Hudson une très forte opposition. Les français avaient un fort bâti à huit jours de marche de celui de Moose, et là ils arrêtaient les sauvages qui voulaient aller à la baie. Les chasseurs canadiens qui savaient s'insinuer auprès des indiens et gagner leurs sympathies, les attiraient aux postes des français. Ainsi non-seulement les sauvages qui habitaient les alentours du lac Supérieur, mais ceux-mêmes qui étaient très rapprochés de la baie James préféraient, commercer avec les canadiens qui se rendaient à quelques heures du fort Moose.

Le gouverneur s'apercevant que le commerce de sa Compagnie diminuait tous les jours et menaçait de lui échapper de ce côté, résolut d'envoyer des traiteurs habiles dans le haut de la rivière Moose pour y rencontrer les chasseurs indiens et acheter leurs pelleteries.

Il choisit des Groseillers pour conduire cette petite expédition. Au printemps celui-ci revint au Fort avec cent cinquante peaux de castor.

Pendant que le gouverneur Bayly, aidé de des Groseillers, travaillait à assurer le commerce de la Compagnie sur les bords de la baie, des événements importants avaient lieu en Europe.

LA FRANCE REVENDIQUE SES DROITS A LA BAIE D'HUDSON.

L'organisation à Londres, d'une grande compagnie pour aller faire le commerce des pelleteries à la baie d'Hudson ne pouvait passer inaperçue. Les privilèges étendus que le roi d'Angleterre, accordait à cette Société de marchands, l'envoi d'un gouverneur pour fonder des établissements dans ces contrées, eurent pour effet d'éveiller l'attention de la France, et de lui faire comprendre qu'on avait eu tort, à la cour, de ne pas apporter plus d'attention aux récits de des Groseillers. Cette faute causait une perte énorme à toute la nation.

Durant l'été de 1671, le père Albanel jésuite, missionnaire au Canada, partit de Québec porteur d'une lettre pour le Gouverneur Bayly ; et d'une autre pour des Groseillers. Il était envoyé secrètement par le gouvernement français, pour aller remettre à des Groseillers une note qui l'invitait à retourner en France. Ce missionnaire était accompagné de M. de Saint-Simon et du sieur Couture. Il partit le 8 août de Tadoussac, remonta le Saguenay jusqu'au lac St-Jean, en suivit le contours jusqu'à la rivière Mistassini, qu'il parcourut jusqu'à la chute où se trouve maintenant l'établissement des Pères Trappistes. Comme la saison était déjà avancée, les trois voyageurs et leurs guides indiens passèrent l'hiver en cet endroit. Ils repartirent au printemps et arrivèrent sur les bords de la baie James le 28 juin 1672. Ils enterrèrent, au pied d'un gros arbre, une plaque de cuivre, sur laquelle étaient gravées les armes du grand roi et proclamèrent, au milieu des landes, que tout ce pays appartenait à la France.

L'Angleterre, malgré cette solennelle proclamation, resta convaincue qu'elle avait des droits sur ces rivages.

Le Père Albanel, se rendit jusqu'au fort Moose, remit au Gouverneur et à des Groseillers les lettres dont il était chargé pour eux et repartit immédiatement pour Québec.

Les lettres remises à des Groseillers par le Père missionnaire, ainsi que ses conversations avec lui, éveillèrent des soupçons dans l'esprit des anglais du fort Moose. Des Groseillers avait trahi sa nation, il pouvait aussi bien trahir des étrangers. Les officiers de la Compagnie commencèrent à lui faire sentir qu'ils se méfiaient de lui. Humilié de ce traitement de leur part, des Groseillers songea à retourner en France, malgré la faute qu'il avait commise. Il partit de la baie sur les vaisseaux qui retournaient à Londres au mois de juillet 1674, et au mois d'octobre de la même année, il était rendu à Paris et se présentait au ministre Colbert.

A diverses reprises, le ministre Colbert avait

invité des Groseillers et Radisson à rentrer au service de la France. On savait bien à la cour que ces deux hommes étaient nécessaires pour reprendre pied à la baie d'Hudson. Dans toute autre circonstance ces deux traîtres eussent été châtiés; mais, ici, Colbert se borna à leur reprocher leur conduite déloyale et leur promit des lettres de pardon. Il leur offrit même un emploi lucratif qu'ils acceptèrent; pour le moment, cependant, il ne leur parla d'aucune expédition à la baie, voulant auparavant s'assurer de la sincérité de leur retour à la cause de la France. Des Groseillers revint au Canada et se fixa aux Trois-Rivières; Radisson prit du service dans la marine. Nous les retrouverons à la baie d'Hudson en 1682.

Durant les années qui s'écoulèrent de 1676 à 1682, nous ne voyons nulle part que l'Angleterre ait été troublée dans ses établissements à la baie. La Compagnie en profita pout étendre le champ de son commerce et bâtir d'autres forts. Les seuls rivaux que nous leur connaissons sont les coureurs des bois, du côté des grands lacs. La Compagnie durant ces six années de paix réalisa de gros profits, car les fourrures les plus riches lui venaient du nord et de l'ouest.

En Canada, les marchands de Québec, qui savaient quels profits donnait la traite des pelleteries, ne voyaient pas sans dépit des établissements anglais plantés pour ainsi dire à leurs portes.

L'intendant de la colonie, M. de la Chesnaie, offrit à des Groseilers de le mettre à la tête d'une expédition à la baie d'Hudson en lui disant que ce serait une occasion favorable de racheter sa trahison. Il se chargeait de lui fournir deux vaisseaux pour le printemps de 1682. Des Groseillers accepta. Il partit avec son beau-frère Radisson au mois de juillet, sur le *Saint Pierre* et la *Charente*.

Le vaisseau que montait des Groseillers était excellent ; l'autre était vieux et peu sûr pour un tel voyage. Ils firent escale à l'île Percé et repartirent le 11 juillet. Ils furent de nouveau obligés de relâcher dans une rade sur les côtes du Labrador ; ils en profitèrent pour faire la traite avec les Esquimaux. Le 28 août, les deux vaisseaux entrèrent dans la rivière Hayes sur le côté ouest de la baie. Ils remontèrent cette rivière jusqu'à une distance de quinze milles de son embouchure pour établir leurs quartiers d'hiver.

La traite qu'ils firent durant cet hivernement fut très abondante. Dès son arrivée à la baie, des Groseillers qui était déjà connu des indiens et qui parlait facilement leur langue, fit alliance avec toutes les tribus et il obtint d'elles la promesse de ne pas aller à la baie James porter des pelleteries aux anglais. Ils tinrent parole.

Deux vaisseaux anglais arrivèrent peu de temps après lui et se mirent en hivernement près de l'embouchure de la rivière Hayes. Radisson, avec une quinzaine d'hommes, alla les prévenir que les français étaient là les premiers occupants ; que leur fort, à quelques milles plus haut, était bien pourvu d'hommes et de munitions et qu'ils sauraient faire respecter leurs droits. Les anglais le crurent sur parole et se tinrent renfermés dans leur campement, sans chercher à se mettre en rapport avec les indiens. Au printemps, des Groseillers et Radisson repartirent pour la France, avec une riche cargaison de pelleteries, laissant le fort français sous la garde du fils de des Groseillers. Ils emmenèrent avec eux les équipages des vaisseaux anglais dont le nombre avait été fort diminué par la misère et la maladie.

En France, des Groseillers et Radisson furent très bien reçus. Le ministre de la marine donna ordre de leur préparer deux autres vaisseaux pour le printemps suivant, et il les récompensa généreusement pour le service qu'ils venaient de rendre.

Les choses paraissaient aller favorablement pour la France, quand Radisson fut de nouveau gagné à la cause de l'Angleterre et entraîna avec lui des Groseillers. (1)

---

(1) Nous avons trouvé tous ces détails dans le journal de Radisson lui-même.

Le 17 mai 1684, Radisson partit pour la baie d'Hudson à bord du *Happy Return*, tandis que des Groseillers, fatigué de ses courses, resta en Angleterre. En Canada et en France, on le croyait retourné à la baie d'Hudson, et l'on fit des démarches pour le ramener au service de son pays qu'il trahissait une seconde fois. Au mois d'août 1684, M. de la Barre envoya porter à M. Duluth qui faisait la traite près du lac Nepigon, une lettre pour des Groseillers. Duluth chargea un nommé Péré, métis très intelligent, d'aller remettre cette lettre à des Groseillers à la rivière Nelson.

" Comme je sortais du lac Nepigon, écrit
" Duluth à M. de la Barre, j'ai rencontré le sieur
" de la Croix avec ses deux camarades, qui me
" rendirent vos dépêches où vous m'ordonniez
" de ne rien omettre pour faire tenir vos lettres
" au sieur Chouart des Groseillers à la rivière
" Nelson. Il a fallu pour exécuter vos ordres
" que M. Péré y alla lui-même." (1)

On voit par ces dépêches qu'envoyait M. de la Barre, combien on tenait à ramener des Groseillers en Canada. Mais pendant qu'il se reposait en Angleterre, son beau-frère Radisson arrivait à la baie et livrait le fort français aux anglais, qui trouvèrent là pour quatre cent mille francs de fourrures.

(1) M. Péré fut fait prisonnier au fort Albany et envoyé en Angleterre.

A l'automne de 1684, la Compagnie du Nord à Québec (1) équipa à ses frais un vaisseau pour aller reprendre, par surprise, le fort français ; mais cette tentative échoua complètement et la Compagnie subit une perte de cent mille francs.

L'année suivante (1685), la cour de France se plaignit au cabinet de Londres et demanda la restitution des forts français de la baie d'Hudson. Les négociations traînèrent en longueur et en 1686 l'Angleterre n'avait pas encore répondu aux plaintes de la France. La Compagnie du Nord, pour se dédommager des pertes qu'elle avait subies deux ans auparavant, entreprit de se faire justice elle-même. Elle obtint du marquis de Denonville un détachement de quatre-vingts hommes, presque tous canadiens, commandés par le chevalier de Troyes, pour aller, par terre, reprendre tous les forts anglais dans la baie d'Hudson. MM. de Sainte Hélène, d'Iberville et de Méricourt firent partie de cette expédition.

Il fallait, pour un pareil voyage, des hommes brisés aux marches à travers les bois, habitués à conduire des canots, capables de supporter les froids piquants et habiles à faire la petite guerre.

Cette poignée de braves se mit en marche dans le cours du mois de mars. En partant de Montréal, ils remontèrent la rivière d'Ottawa jusqu'à Matawan. Ils allaient à la raquette et

(1) Compagnie de marchands organisée à Québec.

traînaient leur bagage sur des *toboganes*. (1) A Matawan ils se firent des canots d'écorce en attendant la débacle des lacs et des rivières. Aussitôt que la navigation fut ouverte, ils s'enfoncèrent dans des terres jusque là inexplorées. " Il fallait être canadien, dit à ce sujet M. de la Potherie, pour supporter de si longues traverses."

Voici en quels termes un officier français, M. de Catalogne, qui faisait partie de l'expédition, nous fait le récit de cette course aventureuse depuis le lac Témiscamingue jusqu'à la baie James.

" En partant de ce lac, nous prîmes à droite,
" montant la rivière où les portages sont fré-
" quents. De ces petits lacs, nous gagnâmes la
" hauteur des terres où se trouve un lac qui se
" décharge dans le lac Abbitibi, à l'entrée du-
" quel nous fîmes un fort de pierre, et y laissâmes
" trois canadiens et ensuite traversâmes ce lac
" qui se décharge, par une rivière extrêmement
" rapide, dans la baie d'Hudson où nous arri-
" vâmes le 18 juin."

Le fort Moose était construit sur une petite éminence dans une île séparée de la terre ferme par un espace d'environ un arpent. Il était de forme carrée, avec bastions aux quatre angles et muni de quatorze pièces d'artillerie. Au milieu de ce carré, il y avait une tour de vingt pieds de

(1) *Toboganes*, traînes sauvages, étroites et longues

hauteur, au sommet de laquelle se trouvaient quatre petits canons de deux livres.

En arrivant à la baie, M. d'Iberville, qui avait avec lui quelques sauvages familiers avec le pays, s'informa de l'endroit où était situé le fort ; il voulait l'attaquer immédiatement dans la crainte que l'arrivée de sa petite troupe fut annoncée aux anglais, par d'autres indiens, et qu'on prépara la défense, ce qui eut été facile. (1)

Le 18 au soir, ils essayèrent de s'approcher de l'île, mais comme les nuits sont très claires à cette époque de l'année, sous ces latitudes et que le crépuscule y touche presque à l'aurore, ils eurent peur d'être découverts et remirent l'attaque au lendemain, afin d'avoir le temps de faire des observations et de mieux prendre leurs mesures. Pendant tout le jour suivant, ils demeurèrent cachés dans une coulée sur la terre ferme.

Le 19 juin au soir, ils allèrent à la découverte ; ils s'approchèrent si près du fort qu'ils sondèrent les canons et constatèrent qu'ils n'étaient pas chargés. Voyant qu'ils n'avaient rien à redouter de cette artillerie, ils résolurent de donner immédiatement l'attaque de trois côtés à la fois.

Monsieur de Catalogne fut chargé avec quelques soldats d'ouvrir à coups de hache une brèche dans la palissade de pieux, pendant que le chevalier de Troyes et M. de Méricourt avec quel-

---

(1) Nous empruntons tous les détails qui vont suivre à M. J. B. Proulx dans son ouvrage *A la Baie d'Hudson*.

ques canadiens battraient du bélier dans la porte principale. MM. d'Iberville et de Sainte-Hélène devaient monter à l'assaut et escalader la palissade avec le reste de la troupe sur un autre point. De cette façon, la garnison, réveillée en sursaut, ne saurait plus de quel côté donner de la tête.

En deux coups de bélier la porte fut enfoncée ; le chevalier de Troyes s'élança dans la place et fit ouvrir le feu dans toutes les embrasures de la tour située au milieu du fort.

Un canonnier placé à l'entrée de cette tour se préparait à charger son canon ; M. de Sainte-Hélène lui cassa la tête d'un coup de fusil.

Quelques coups de bélier firent céder la porte de la tour qui s'ouvrit à demi.

" Soudain, dit Léon Guérin dans *son Histoire maritime de la France*, d'Iberville, l'épée d'une main et son fusil de l'autre, se jette dans la redoute, mais comme la porte tenait encore à une penture, un anglais qui se trouvait derrière la referma et d'Iberville séparé ainsi des siens, ne voyant plus ni ciel ni terre, put se croire un moment perdu. Cependant son courage et sa présence d'esprit ne l'abandonnèrent point, il soutint une lutte corps à corps, dans l'obscurité, avec les anglais qui étaient là. Il en entendit qui descendaient d'un escalier ; il tira à tout hasard. Enfin la porte finit par tomber sous les coups redoublés du bélier et les canadiens se précipitèrent au secours d'Iberville.

" Les anglais, à demi-vêtus, implorèrent quartier, et on leur fit grâce. Le fort fut remis aux français. L'action avait duré environ deux heures."

* * *

Après ce premier exploit, qui leur avait si bien réussi, les Canadiens prirent un peu de repos dans le fort, où une meilleure nourriture les remit des fatigues de leur longue et pénible marche.

Le fort le plus rapproché de celui de Moose était celui de Rupert, sur la rivière du même nom, à l'angle sud-est de la baie James. La distance de Moose à Rupert était d'environ quarante lieues. Quelques soldats montèrent sur un petit vaisseau trouvé dans la rade et firent voile vers le fort Rupert ; le reste de la troupe traversa la baie en canot à travers des glaçons flottants, qui venaient du nord poussés par une bise glaciale. Pendant la traversée, ils aperçurent un vaisseau anglais qui se dirigeait vers l'est. Quand d'Iberville arriva devant le fort Rupert, à la nuit tombante, le vaisseau anglais venait de mouiller dans la rade à une portée de fusil.

Sur les onze heures du soir, quand on supposa que l'équipage dormait profondément, des éclaireurs furent envoyés à la découverte ; sur leur rapport favorable, d'Iberville résolut d'aller s'emparer de ce navire et de faire prisonniers tous ceux qui s'y trouvaient. Il partit avec deux canots montés seulement par sept braves chasseurs et put arriver auprès du vaisseau sans éveiller l'attention des sentinelles.

M. d'Iberville se hissa sur le tillac sans opposition. Les canadiens, comme des enragés, se précipitèrent dans les cabines. Le capitaine, réveillé en sursaut, voulut saisir d'Iberville au collet ; mais celui-ci qui était d'une force peu commune, lui asséna un coup de sabre sur la tête et l'étendit raide mort à ses pieds. Un matelot fut aussi tué dans le premier moment de résistance ; tous les autres se rendirent à discrétion. Le gouverneur général de la baie d'Hudson se trouva parmi les prisonnniers.

" Aussitôt après, dit M. de Catalogne, le signal
" de l'attaque fut donné contre le fort. La porte
" principale fut vite enfoncée à coups de bélier.
" Mais à l'intérieur des palissades, il y avait un
" bâtiment où l'ennemi eut pu faire une belle
" résistance, s'il n'eut pas perdu la tête."

S'il y avait eu là dix hommes solides, ils auraient battu les canadiens.

Le bâtiment à l'intérieur du fort était en pierre et très solidement bâti ; il avait quatre guérites et un degré en rampe pour monter de plein pied, par conséquent le bélier était inutile.

La mousqueterie canadienne ne cessait de tirer aux embrasures et aux fenêtres ; les deux canons étaient braqués contre la porte.

Les assiégés atterés et affolés ne firent aucun mouvement. Une échelle conduisait sur le haut de la maison ; deux soldats y montèrent et par une ouverture pratiquée dans le toit ils se mirent à lancer des grenades dans une salle qui donnait sur toutes les chambres. Le vacarme était épouvantable : les assiégés crurent un moment que l'enfer, avec tous ses diables, venait de tomber sur le fort.

Une femme, plus brave que les hommes, ouvrit la porte de sa chambre pour se rendre compte de la cause de cette tempête inattendue et imprévue.

A la lueur d'une grenade qui éclatait, le commandant l'aperçut et lui cria : Madame, retirez-vous dans votre chambre. Il courut à la porte principale et l'ouvrit. D'Iberville se précipita dans la redoute avec M. de Catalogne et plusieurs soldats. D'un bond ils furent rendus dans la grande salle. A travers le bruit que font de tous côtés les assaillants, ils entendent des plaintes qui viennent d'une chambre voisine. Les canadiens, dans leur costume de voyage, pénètrent dans cette pièce ; à la lueur d'une simple chandelle, ils avaient l'air de vrais bandits.

Un cri déchirant les salue : la dame qui avait ouvert sa porte quelques instants auparavant, avait été blessée par les éclats de la grenade et gisait ensanglantée sur le plancher.

Elle appelle le docteur à son secours. M. de Catalogne répète par toute la maison : *le docteur, le docteur ;* celui-ci se présente et demande quartier. M. de Catalogne le rassure, le conduit à la chambre de la blessée et met deux sentinelles à la porte pour empêcher qui que se soit d'y pénétrer.

Le fort et toute sa garnison se rendirent au chevalier de Troyes. A l'aube du jour, la scène était finie, et les soldats prenaient tranquillement leur déjeuner.

La petite troupe se reposa quatre jours au fort Rupert, qu'on eut soin de démanteler complètement.

Il restait encore deux forts aux anglais : le fort Bourbon et le fort Sainte-Anne, (aujourd'hui fort Albany). Ce fut contre ce dernier que le commandant dirigea ses soldats. Il ne savait où prendre ce fort, situé sur le côté occidental de la baie. M. d'Iberville, après avoir appareillé le vaisseau qu'il avait capturé, mit à la voile pour traverser la baie, ayant avec lui quelques soldats pour équipage. Le reste de la troupe le suivit avec les canots, car le vaisseau ne pouvait guère approcher des côtes à cause des battures qui s'étendent très loin au large.

Après quatre jours de navigation, ils découvrirent enfin le fort Sainte-Anne, en amont d'une petite rivière sur laquelle on ne pouvait naviguer qu'avec des vaisseaux plats. Ce fort était le mieux fortifié de tous sur la baie. Il était flanqué de quatre bastions et muni de quarante-trois canons montés en batteries. La garnison était au complet et il y avait des munitions pour résister longtemps.

En face du fort se trouvait une île; les canadiens s'en emparèrent et y établirent leur camp, en attendant que le vaisseau, sur lequel étaient les canons, fut arrivé.

Les anglais qui voyaient exécuter tous ces préparatifs de siège, ne faisaient aucun mouvement pour s'y opposer.

Les vents retenaient toujours le vaisseau au large, et pendant ce temps, les vivres commençaient à diminuer; on ne pouvait guère attendre longtemps en cet endroit sans s'exposer à y souffrir de la faim. On tint conseil et il fut résolu de prendre le fort d'assaut. On commençait à construire des échelles quand par bonheur le vaisseau, poussé par une bonne brise, entra dans la rade.

On s'empressa de décharger les canons et d'établir des batteries et dès le lendemain le bombardement commença.

Les assiégés répondirent comme des gens bien décidés à se défendre. Le 26 juillet, jour de la fête de Sainte-Anne, les canadiens réussirent à démonter plusieurs pièces du fort ; mais pour continuer la canonnade, ils furent obligés de se faire des boulets avec du plomb.

Vers le midi, les assiégés envoyèrent un canot, portant à son bord un ministre protestant, pour demander au chevalier de Troyes quelles étaient ses intentions : " Je veux absolument," répondit-il " que la place me soit rendue." " Dans ce cas," répondit le ministre " veuillez en conférer avec notre gouverneur." Le commandant alla dans un canot rencontrer le gouverneur au milieu de la rivière et le sort du fort fut décidé le jour même de la fête de Sainte-Anne le 26 juillet.

Les articles de la capitulation signés, M. d'Iberville alla prendre possession du fort et les anglais sortirent avec les honneurs de la guerre. Le gouverneur, avec sa suite, fut transporté à Charleston, et les prisonniers faits dans les autres forts furent transportés en Angleterre.

Dans la prise du fort Sainte-Anne, les canadiens furent dédommagés de leurs travaux par un butin considérable. Les anglais y avaient entassé pour cinquante mille écus de pelleteries. Il ne restait plus à l'Angleterre dans la baie que le fort Bourbon, devenu plus tard le fort Nelson.

Le 10 août, le chevalier de Troyes repartait pour Montréal après avoir laissé les forts sous le commandement de M. d'Iberville, avec de bonnes garnisons. Les soldats furent de retour dans le cours du mois de novembre ; la campagne avait duré huit mois. La conduite du chevalier de Troyes, dans cette expédition, lui mérita de grands éloges de la cour, en France.

En 1870, on fit grand bruit en Angleterre, au sujet de l'expédition du colonel Wolsely à Manitoba. Les journaux en parlèrent comme d'un fait militaire sans pareil ; c'était décerner de la gloire à un homme à peu de frais. Wolsely et ses soldats n'eurent à supporter que les fatigues d'une longue marche, sans courir le moindre danger. Le chemin qu'ils suivaient était bien tracé depuis longtemps ; on le nommait : *la route Dawson*. Les gens y passaient en voiture.

Pour traverser les lacs, les soldats de Wolsely avaient de bonnes chaloupes conduites par des indiens ; ils s'avançaient en pays parfaitement connu. Arrivés à Manitoba, les mille soldats n'eurent qu'à prendre un fort ouvert, dans lequel ils trouvèrent deux hommes très-inoffensifs.

La campagne de Wolsely, à Manitoba, devient ridicule si on veut la comparer à l'expédition du chevalier de Troyes avec ses quatre-vingts canadiens.

" Quand la nouvelle du désastre causé à la baie
" arriva en Angleterre, dit Garneau (Histoire du
" Canada), on poussa les hauts cris ; on alla
" jusqu'à en accuser le roi d'en être la cause. Le

" monarque qui a perdu la confiance de ses sujets
" est bien à plaindre."

Jacques II, déjà si impopulaire, le devint encore bien davantage par cet évènement, que personne assurément n'aurait pu prévoir. Ainsi l'expédition d'une poignée de canadiens, contre quelques postes de traite à l'extrémité du monde, ébranla, sur son trône, un monarque de la Grande-Bretagne.

Jusqu'à 1692, les français gardèrent les forts dont ils s'étaient emparés. En 1693 l'Angleterre réussit à reprendre le fort Sainte-Anne qui n'était gardé que par cinq canadiens.

Un historien anglais, le Révérend Bryce de Winnipeg, prétend qu'en l'année 1688, deux ans après l'expédition du chevalier de Troyes, un jeune anglais (1) partit de la baie d'Hudson pour faire une excursion dans l'intérieur du pays, et qu'il eut la gloire de découvrir la Rivière Rouge, cinquante ans avant le sieur de la Vérendrye. Si le Révd. Bryce eut connu son histoire de la baie d'Hudson, et s'il eut pris la peine de se renseigner sur la géographie de cette partie du pays, il eut évité de revendiquer, pour un des siens, un honneur qui ne lui appartient pas.

Pendant onze ans, les anglais n'ont eu qu'un seul fort sur le littoral de la baie d'Hudson ; tout le

---

(1) Henry Kelsey.

reste du pays était au pouvoir des français, dont les anglais avaient une peur folle, à tel point, que jamais ils n'avaient osé s'aventurer dans une exploration vers l'ouest par crainte des sauvages et des français. Est-il probable, que la Compagnie va entreprendre de faire des découvertes dans un moment où les français sont à sa porte et où elle a besoin de toute sa prudence pour conserver un pied à terre dans ce pays.

Mais en admettant que Henry Kelsey eut fait, comme il le dit, un voyage de cinquante-cinq jours, aller et retour, jusqu'où se serait-il rendu dans le sud-ouest en suivant les sauvages à travers des déserts comme ceux du Nord ? Il se serait rendu à deux cent cinquante milles tout au plus, même en supposant qu'il eut fait, en moyenne, dix milles tous les jours sans perdre une seule journée. Tous ceux qui ont voyagé avec les sauvages à travers les bois, savent qu'ils ne font ordinairement que dix à douze milles par jour, car ils sont obligés de vivre de chasse et de courir après le gibier. Or la distance entre la baie d'Hudson et le Dakota, où le Révd. Bryce prétend que Kelsey a assisté à une chasse au buffalo, est de huit cents milles. Il serait donc resté cinq cent cinquante milles à faire à M. Kelsey pour arriver dans les prairies de l'Ouest, soit à la Rivière Rouge, ou dans le Dakota.

Cette simple donnée géographique prouve que Henry Kelsey a fait un rapport fantaisiste, s'il a prétendu avoir découvert les plaines de la Rivière Rouge.

* *

En 1694, M. d'Iberville voulut tenter de reprendre le fort Bourbon qui était le plus important.

Il partit de Québec au mois d'août, avec deux vaisseaux, *Le Poli* qu'il commandait lui-même et *La Salamandre* confié à M. de Sévigny son frère. Il arriva à la baie le 24 septembre.

Aussitôt que les vaisseaux furent entrés dans la rade, il fit descendre tout son monde avec ses canons et commença à établir ses batteries. Dans le fort Bourbon, il y avait trente-deux canons, quatorze pierriers et cinquante hommes pour le défendre.

." Depuis le 25 septembre jusqu'au 14 octobre,
" dit Jérémie (1) dans son journal, nous ne ces-
" sâmes pas un instant de harceler la garnison qui
" demanda enfin à capituler et se rendit à condition
" d'avoir la vie sauve, ce que nous lui accordâmes
" facilement. M. d'Iberville fit son entrée le 15
" octobre ; et la rivière sur laquelle est situé le
" fort prit le nom de rivière Sainte-Thérèse, parce
" que le fort passa aux mains des français le jour

(1) Français qui faisait partie de l'expédition de M. d'Iberville.

" de la fête Sainte-Thérèse, le 15 octobre (1694.)
" Nous perdîmes en cette occasion le frère de M.
" d'Iberville. Le fort était assez bien fourni de
" toutes sortes de marchandises et de munitions,
" tant de guerre que de bouche. Nos navires
" hivernèrent là parce que la saison était trop
" avancée pour retourner en Europe."

Durant l'hiver, la garnison eut beaucoup à souffrir du scorbut et une vingtaine d'hommes moururent. M. d'Iberville ne put repartir avec ses vaisseaux qu'à la fin de juillet (1695) pour retourner en France. Il laissa au fort Bourbon 67 hommes sous le commandement de M. de Laforest. M. de Martigny était lieutenant et Jérémie enseigne. Un missionnaire, le père Marest, jésuite, qui avait accompagné cette expédition, demeura à la baie d'Hudson pour donner ses soins à la garnison, et essayer d'instruire les naturels du pays.

Les français ne restèrent pas longtemps, les paisibles possesseurs du fort Bourbon. Le 2 septembre 1696, les anglais arrivèrent à la baie avec quatre vaisseaux de guerre et une galiote à bombe. M. de Sévigny qui était parti de La Rochelle avec deux petits navires, *Le Martyr* et *Le Dragon* arriva deux heures après les anglais, mais comme ceux-ci occupaient déjà la rade, il ne put donner aucun secours aux français et fut obligé de retourner en France pour ne pas s'exposer à périr dans les glaces.

Les anglais commencèrent l'attaque le 5 septembre, et dès le lendemain, quatre cents hommes firent une descente vers le fort. Le commandant français, M. de Laforest, ordonna à quatorze de ses hommes de sortir des retranchements, d'aller s'embusquer dans les buissons pour s'opposer aux anglais et les empêcher d'approcher trop près du fort. M. Jérémie les commandait. Ces quatorze hommes savaient si bien cacher leur nombre et tiraient si à propos que les anglais n'osaient pas s'avancer de peur de tomber dans quelqu'embuscade ; ils se bornèrent à lancer des bombes sans cependant causer de grands dommages. A la fin, les français, voyant leurs vivres et leurs munitions s'épuiser et n'attendant aucun secours d'Europe, songèrent à capituler.

Croyant avoir affaire à une nombreuse garnison, qui pouvait les tenir longtemps en échec et les exposer à souffrir beaucoup des rigueurs de la saison, les anglais se montrèrent extrêmement faciles et généreux sur les conditions de la capitulation. Ils promirent aux français de les faire transporter sur des terres françaises et leur donnèrent la permission d'emporter avec eux tous leurs effets. Mais quand les anglais virent la poignée d'hommes à qui ils avaient affaire, ils eurent honte d'avoir capitulé à si bon marché et à cette honte ils ajoutèrent celle de violer leur promesse. Au lieu de faire conduire les soldats honorablement jusqu'en France avec leurs effets, comme ils s'y étaient engagés, ils pillèrent tout, marchandises et pelleteries et transportèrent leurs prisonniers en Angleterre, où ils languirent en prison pendant quatre mois. Enfin, après ce laps de temps, ils furent remis en liberté et purent repasser en France où l'on faisait déjà les armements de quatre vaisseaux de guerre pour aller reprendre à la baie d'Hudson le poste perdu l'année précédente.

Le commandement de cette petite flotte fut confié à M. d'Iberville ; ces vaisseaux étaient le *Pélican* de cinquante canons, le *Palmier* de quarante canons, le *Profond* et la *Violente*. M. d'Iberville avait avec lui son frère, M. de Sévigny.

Lorsque les vaisseaux pénétrèrent dans la baie, ils la trouvèrent encore toute remplie de glaces flottantes ; ils furent obligés de se séparer pour éviter de se briser les uns contre les autres. M. d'Iberville prit les devants. M. Duguay qui commandait le *Profond* fut poussé vers le nord par les courants. Dans sa route, il rencontra trois vaisseaux anglais contre lesquels il se battit pour éviter d'être capturé. Les trois vaisseaux anglais étaient le *Hampshire*, le *Deering* et le *Hudson*, tous trois se rendant à l'intérieur de la baie pour fortifier le poste Bourbon.

Dans ces régions polaires, la navigation présente à chaque instant des dangers qui demandent, de la part des marins, une habileté et une hardiesse peu communes.

Les flots de la mer sont lourds comme le ciel qui les couvre. La plus grande partie de l'année, des montagnes de glaces flottantes y obstruent la navigation. Pour peu que la mer soit agitée, ces énormes banquises menacent constamment de broyer les vaisseaux qui s'aventurent dans ces dangereux passages. M. d'Iberville eut bientôt perdu de vue les trois autres navires, et le 4 septembre, il entra seul dans la rade du port Bourbon. Le 5, il envoya la chaloupe à terre avec 25 hommes de l'élite de son équipage ; il n'avait pas eu connaissance des vaisseaux anglais à l'entrée de la baie et, par conséquent, il ne se tenait nullement sur ses gardes.

Le 6, pendant que ses vingt-cinq hommes étaient encore à terre, M. d'Iberville aperçut, à quelques lieues au large, trois voiliers qui semblaient louvoyer pour se diriger vers lui ; il crut que c'étaient ses vaisseaux qui arrivaient. Il donna les signaux de reconnaissance, mais ne recevant pas de réponse, il comprit qu'il allait avoir affaire à trois vaisseaux ennemis qui venaient le bloquer dans la rade. La position était des plus critiques pour M. d'Iberville ; une partie de son équipage était absente ; ses vaisseaux n'apparaissaient pas pour lui apporter secours ; il ne lui restait donc qu'à choisir entre le combat ou la reddition.

" Le *Hampshire* était un gros vaisseau de guerre portant cinquante-six canons, le *Deering* en portait trente-six et l'*Hudson* trente-deux. Le vaisseau de M. d'Iberville portait cinquante pièces de canons, mais son équipage n'était pas au complet ; vingt-cinq de ses meilleurs hommes étaient à terre, la partie était donc inégale. M. d'Iberville préféra payer d'audace et courir les chances du combat plutôt que de se livrer aux anglais ; il leva l'ancre et sortit hardiment de la rade.

" Quand les anglais le virent ainsi s'approcher seul, ils crurent qu'ils allaient en avoir bon marché ; trois contre un, le combat ne pouvait pas être long, ni le résultat douteux pour eux. Les trois vaisseaux s'avançaient rangés en ligne, le *Hampshire* en tête. Ils s'attendaient si peu à une résistance que l'intrépidité de M. d'Iberville leur en imposa un moment.

" A neuf heures et demie le combat s'engagea. Le *Pélican* voulut aborder tout de suite le *Hampshire*. M. de la Potherie, à la tête d'un détachement canadien, se tenait prêt à sauter sur son pont, mais celui-ci l'évita. Alors M. d'Iberville rangea le *Deering* et l'*Hudson* en leur lâchant ses bordées. Le *Hampshire*, revirant de bord, s'attacha au *Pélican*, le couvrit de mousqueterie et de mitraille et hacha ses manœuvres. Le feu était extrêmement vif sur les quatre vaisseaux. Pendant plus de deux heures, M. d'Iberville manœuvra pour éviter la mitraille des ennemis qui cherchaient à le couler à fond. Jamais marin depuis Jean Bart ne déploya tant d'adresse. Enfin, après trois heures de combat, le *Hampshire*, courant pour gagner le vent, recueille toutes ses forces et pointe ses pièces pour couler bas son adversaire. M. d'Iberville qui a prévu son dessein le prolonge vergue à vergue. Ses boulets et la mitraille font un terrible ravage. Le *Pélican* redouble son feu, pointe ses canons si juste et lâche une bordée si à propos que son fier ennemi fit tout au plus sa longueur de chemin et sombra sous voile. Pas un seul homme de l'équipage ne fut sauvé.

"Aussitôt après, M. d'Iberville court droit à l'*Hudson*, qui était au moment d'entrer dans la rivière Sainte-Thérèse; mais celui-ci se voyant sur le point d'être abordé, amena son pavillon. Le *Deering*, auquel on donna la chasse, réussit à s'échapper." (1)

Cette victoire donna toute la baie d'Hudson aux français. Le fort Bourbon, attaqué quelques jours après, se rendit à la condition que les assiégés seraient transportés en Angleterre. Cette con-

(1) Garneau, *Histoire du Canada*.

dition fut remplie à la lettre, les français se montrant ici plus fidèles à leur parole que ne l'avaient été les anglais deux ans auparavant lors de la prise du même fort.

Le dernier poste que les anglais avaient à la baie d'Hudson leur échappait ; ils n'avaient plus là un seul pouce de terrain. La France demeura maîtresse de tout ce pays jusqu'à l'année 1713, où, par le honteux traité d'Utrecht, la baie d'Hudson retourna à l'Angleterre, qui l'a possédée jusqu'à ce jour.

CHAPITRE I.

SOMMAIRE.

Jusqu'où pénétrèrent les Trappeurs dans l'Ouest avant M. de la Vérendrye.—Voyage du canadien De Noyon au lac des Bois.—Divers projets d'exploration.

Il est certain que, dès les premiers temps de la colonie canadienne sur les bords du St-Laurent, les chasseurs, coureurs des bois, emportés par l'esprit d'aventure et épris des charmes de la vie sauvage, s'avancèrent très loin chez les indiens de l'Ouest. Il est même probable que plusieurs de ces trappeurs se fixèrent au milieu d'eux et ne revinrent plus à la vie civilisée. Ces blancs qui adoptèrent la vie sauvage, étaient braves, hardis, entreprenants et ne craignaient aucun danger. La vie civilisée qu'ils avaient menée d'abord leur donnait une grande supériorité sur les plus habiles d'entre les indiens. Ceux-ci les admettaient dans leurs conseils et souvent ils les choisissaient pour chefs de leur tribu, à cause des ressources qu'ils inventaient pour se tirer d'embarras dans les circonstances difficiles.

La vie aventureuse des trappeurs canadiens,

dont beaucoup de romanciers ont fait leurs héros, a été peut-être plus réelle qu'on ne le croit.

Les premiers missionnaires qui pénétrèrent chez les indiens de l'Ouest ont retrouvé des types frappants de descendants de race blanche, mêlée à la race sauvage. La couleur des cheveux et des yeux, la forme arrondie de la figure empêchaient toute méprise, sur le mélange de leur sang. On ne se trompe jamais sur les individus de pure race indienne. Les pommettes de leurs joues sont saillantes et leur chevelure est toujours noire et crépue.

Le fameux Pond Maker, ce chef cris qui a joué un rôle si important dans la guerre du Nord-Ouest, en 1885, quoique né dans une tribu sauvage, avait certainement du sang français dans les veines. Sa belle et ondoyante chevelure châtain clair, ses yeux bleus et doux ne dénotaient pas le sauvage pur sang.

En l'année 1688, un canadien du nom de De Noyon, né aux Trois-Rivières, hiverna chez les sauvages dans les îles du grand lac des Bois. Au retour de son voyage, il donna un rapport très détaillé de la route qu'il avait suivie pour se rendre au lac où il avait passé l'hiver.

Dans un mémoire joint à une lettre de MM.

de Vaudreuil et Bégon, adressée à Mgr le duc d'Orléans le 13 février 1717, nous lisons ce rapport *in extenso* :

" En sortant, on entre dans la rivière Kami-
" nistigoya. On remonte cette rivière pendant
" dix lieues, après quoi il y a un portage d'environ
" dix arpents où l'on hisse les canots. Après ce
" portage, il y a un rapide d'environ deux lieues
" et du dit rapide il y a un portage d'un arpent.

" A trois lieues du dit portage, il s'en trouve un
" autre d'une lieue, nommé le portage du Chien,
" après lequel on tombe dans un lac d'environ
" trois lieues de long, pour rejoindre la même
" rivière Kaministigoya que l'on suit pendant
" quinze lieues. Ensuite de quoi l'on trouve un
" portage d'une lieue et là se trouve un lac qui n'a
" point de décharge étant au milieu d'une
" savane. (1)

. " Ce lac a environ dix arpents de traverse et
" est à hauteur des terres.

" Au bout de ce lac, on fait un portage dans
" une savane d'environ une lieue ; ensuite l'on
" tombe dans une rivière qui a environ dix lieues
" et qui descend dans un lac qu'on nomme le lac
" au Canot. On marche dans ce lac environ six
" lieues sur la droite et on entre dans une anse, où
" l'on fait un portage dans une pointe de trembles

(1) La Compagnie du Pacifique a là aujourd'hui une station assez importante appelée *Savane*.

"que l'on traverse, d'environ trois arpents. De
"là, on tombe dans une petite rivière remplie de
"folles avoines; et dans laquelle on marche
"pendant deux jours en canot, faisant dix lieues
"par jour. Après cela, on arrive à une chute où
"l'on fait un portage d'environ un arpent.

"Au bout de ce portage se trouve un détroit
"de roches d'environ un arpent et qui tombe à
"l'embouchure du lac des Cristinaux. Ce lac a
"environ cinq cents lieues de tour. On en longe
"le côté à gauche l'espace de huit lieues au bout
"desquelles le lac se décharge et forme la rivière
"Takimamiwen, autrement appelée *Ouichichick*
"par les Cris. On descend cette rivière pendant
"huit jours sans rencontrer aucun rapide sur un
"parcours de quatre-vingts lieues. (1)

"A deux lieues, dans l'entrée de cette rivière,
"il faut cependant faire un petit portage l'un
"arpent environ. En sortant de cette rivière on
"tombe dans le lac des Iles, autrement appelé lac
"des Assiniboines par les gens de la Pierre Noire.

"Ce lac, sur la côte sud, est bordé de pays
"pelés tandis que la côte nord est couverte de
"toutes sortes de bois et bordée d'une multitude
"d'îles. Au bout de ce lac, il se trouve une
"rivière qui tombe dans la mer de l'Ouest, d'après
"le rapport des sauvages."

(1) Cette rivière est la rivière de la Pluie.

Les sauvages avaient offert à de Noyon de l'emmener avec eux à la mer de l'Ouest.

Le mémoire ci-dessus nous prouve d'abord, que la route depuis le lac Supérieur jusqu'au lac des Bois et même jusqu'à la rivière Winnipeg, avait été explorée longtemps avant le voyage de M. de la Vérendrye. C'est d'ailleurs la route qu'il suivit lui-même pour se rendre à l'endroit où il bâtit le fort Saint-Charles ; et c'est exactement la route que suivirent plus tard tous les voyageurs, au service des Compagnies de traite. Les noms que ces premiers explorateurs donnèrent aux rivières et aux portages ont été presque tous conservés jusqu'à ce jour. On reconnaît le lac Winnipeg dans cette mer de l'Ouest dont parlaient les sauvages et à laquelle ils arrivaient par la rivière Winnipeg qui est une décharge du lac des Bois.

Les sauvages qui donnaient ces renseignements, étaient de ceux qui avaient fait le voyage à la baie d'Hudson. Ils y avaient vu des vaisseaux sur la mer, entendu les détonations du canon, admiré les solides constructions des forts ; ils y avaient été témoins du flux et reflux de la mer qui se fait sentir très loin dans l'embouchure des rivières autour de la baie. Tous ces détails qu'ils donnaient aux français, faisaient soupçonner à ceux-ci que la mer de l'Ouest n'était pas très loin du lac Supérieur. Il a fallu bien des années pour se désillusionner sur ce point. La route que suivaient les indiens était celle de la rivière Winnipeg, du lac Winnipeg et de la rivière Nelson.

En l'année 1717, Monsieur de la Nouë fut envoyé à Kaministigoya pour y bâtir un fort qu'il occupa jusqu'à l'année 1721. Pendant son séjour dans ce fort, il invita toutes les tribus de l'Ouest à venir lui donner des renseignements sur leur pays. Comme d'ordinaire, ces renseignements donnés par les sauvages furent loin d'être exacts. A son retour à Québec, M. de la Nouë écrivit au Gouverneur que tout ce qu'il avait appris de plus certain sur le Nord-Ouest : " c'était qu'il y faisait un froid excessif et qu'il était impossible d'y cultiver aucun grain."

L'expérience a prouvé aujourd'hui que cette dernière affirmation est complètement fausse, puisque le Nord-Ouest est réputé le grenier de l'Amérique. Quant au froid, il n'est pas plus intense que dans le nord de l'Europe, habité et cultivé depuis des siècles.

" Cependant, ajoutait M. de la Nouë dans son rapport ; c'est l'endroit qui fournit la meilleure pelleterie et c'est ce qui fait tout le commerce des anglais à la baie d'Hudson. Pour empêcher les sauvages d'y aller, il faudrait faire un établissement à *Takimamiwen* qui est à cent lieues de Kaministigoya et dans les terres situées sur le bord d'un lac qui porte ce nom. (1)

Puisque le pays, à l'ouest du lac Supérieur jusqu'au lac des Bois, était connu depuis quarante ans, lorsque M. de la Vérendrye entreprit d'aller à la découverte de la mer de l'Ouest, cette mer tant cherchée par les voyageurs, comment se fait-il que personne en Canada n'avait encore osé entreprendre une expédition de ce côté ? On se contentait de faire des rapports au roi de France, pour lui parler des immenses avantages que le pays retirerait du commerce des fourrures, dont ces contrées abondaient ; mais là se bornait tout le zèle des officiers au service du roi en Canada.

Si l'ambition d'attacher son nom à une œuvre aussi importante eut suffi pour mener cette entreprise à bonne fin, les hommes avides de renommée et anxieux de tenter la fortune n'eussent pas manqué dans la colonie française, mais il fallait en outre des qualités qui ne sont pas toujours l'apanage des ambitieux : un peu de fortune, beaucoup d'énergie, des forces physiques et morales capables de surmonter les obstacles de la nature et de supporter les persécutions des jaloux ; mais, surtout, le noble motif d'agir pour Dieu et son roi, voilà ce qui manquait en tout ou

(1) Ce nom sauvage Taki-mamiwen est une corruption des deux mots cris : *Taki kimiwen, il pleut toujours*, de là *lac de la Pluie, toujours il pleut*.

en partie à ceux qui eussent désiré immortaliser leur nom dans la découverte de la mer de l'Ouest.

Le roi de France ne voulait rien fournir de son trésor pour aider en quoi que ce soit l'expédition au Nord-Ouest.

Les officiers français qui avaient du service dans la colonie, voulaient d'abord faire leurs affaires, tout en faisant un peu celles du roi. En France, on ne soupçonnait guère les dépenses exorbitantes qu'entraînaient ces découvertes et ajoutons qu'on s'y intéressait peu à cette époque où la Cour était plus occupée de ses plaisirs que de l'agrandissement de ses colonies.

Cependant les temps étaient arrivés, dans les desseins de la divine Providence, de faire briller les lumières de la foi, aux yeux des nombreuses peuplades infidèles de ces déserts inconnus. C'est alors que Dieu inspira au cœur d'un noble canadien, au sieur Pierre Gaulthier de Varennes de la Vérendrye, né aux Trois-Rivières, l'héroïque résolution de faire, à ses propres frais, la découverte de l'ouest et de risquer dans cette entreprise toute sa fortune et l'avenir de sa famille.

CHAPITRE II.

SOMMAIRE.

M. de la Vérendrye ; sa détermination à tenter la découverte du Nord-Ouest.—Son départ de Montréal.—Son arrivée au grand lac Supérieur.—Le Grand Portage.—Retard éprouvé en cet endroit.—Etablissement du fort Saint-Pierre par M. de la Jemmeraie au lac la Pluie.—Dommages causés à M. de la Vérendrye durant l'hiver.—Retour des voyageurs du lac la Pluie au printemps de 1732.—M. de la Vérendrye continue son voyage ; il se rend au lac des Bois et construit le fort St-Charles.

Pierre Gaulthier de Varennes de la Vérendrye, fils de René Gaulthier de Varennes était né aux Trois-Rivières, en 1686 ; il était âgé de quarante ans, lorsqu'il prit la détermination d'aller à la découverte des pays à l'ouest du grand lac Supérieur. A l'âge de dix-huit ans, en 1704, il avait fait une campagne dans la Nouvelle-Angleterre et une autre l'année suivante, dans l'Ile de Terre-Neuve.—Revenu aux Trois-Rivières, comme il avait du goût pour l'art militaire, il s'engagea au service de la France et passa en Europe. En 1709, il assistait à la bataille de Malplaquet, où il reçut neuf blessures. Après quelques années passées dans l'armée française, il revint au Canada et en 1728 commandait au poste de Nipigon sur les bords du lac Supérieur. Ce fut dans ce poste qu'il prit ses premiers renseignements sur les grands pays de l'ouest.

Il descendit à Montréal en 1730, pour communiquer son projet à M. de Beauharnois gouverneur du pays qui l'approuva. Pendant l'hiver de 1730 à 1731, il fit des arrangements avec des marchands qui devaient lui fournir des effets pour la traite des pelleteries chez les indiens ; il engagea son monde et, au printemps, il partit de Montréal ayant, avec lui, trois de ses fils, son neveu M. de la Jemmeraie et cinquante hommes pour conduire les canots et porter les bagages. (1)

Quoique le chiffre des hommes engagés ne soit pas mentionné dans le journal de M. de la Vérendrye, cependant il est certain qu'il s'éleva à cinquante, car nous lisons dans plusieurs lettres adressées à la cour de France, relativement au projet de la découverte du Nord-Ouest, que pour une première tentative il fallait partir avec au moins cinquante hommes. (2)

(1) M. de la Jemmeraie qui partit avec M. de la Vérendrye était le frère de la Vénérable Mère d'Youville, fondatrice de la communauté des Sœurs Grises de Montréal.

(2) Dans un mémoire du roi de France, adressé au Marquis de Vaudreuil, en 1717, Sa Majesté approuve le projet d'aller établir des postes, à Kaministigoya, au lac de la Pluie et au lac des Bois.

" Pour réaliser ce projet, dit-il, il est nécessaire d'avoir cinquante bons
" voyageurs, dont vingt-quatre occuperont les trois postes et les vingt-
' six autres seront employés à faire la découverte depuis le lac des
" Bois jusqu'à la mer de l'Ouest."

M. de la Vérendrye s'associa de plus quelques marchands pour l'aider à supporter les frais de son entreprise.

" J'associai, dit-il, plusieurs personnes avec moi, afin de pouvoir plus facilement fournir aux dépenses que cette entreprise pourrait occasionner et je pris en passant à Missilimakinaw le Père Messaiger, jésuite, pour notre missionnaire."

Comme tous les découvreurs des pays nouveaux de l'Amérique, M. de la Vérendrye voulut avoir un prêtre avec lui. Ces hommes de foi ne partaient jamais pour des expéditions lointaines sans se mettre sous l'égide de la religion et sans avoir avec eux un missionnaire.

Pour se faire une idée des difficultés qu'on rencontrait alors en voyageant dans ces pays sauvages, il suffit de dire que, malgré toute la diligence apportée par les voyageurs, il leur fallut soixante et dix-huit jours pour franchir la distance entre Montréal et la baie du Tonnerre sur le côté nord du lac Supérieur. Aujourd'hui, on parcourt cette même distance en deux jours par les chars du Pacifique Canadien.

" Nous arrivâmes, dit M. de la Vérendrye, le 26 août, au Grand Portage du lac Supérieur, qui est à quinze lieues de Kaministigoya."

Cette rivière Kaministigoya se jette dans le lac Supérieur tout près de Port Arthur.

C'est de ce point (le Grand Portage) que les

voyageurs devaient quitter les bords du lac pour s'aventurer dans l'intérieur des terres. De là, pour atteindre une rivière navigable, il y avait un portage de dix milles à traverser.

Les portages, sont des endroits où la navigation se trouvant interrompue, soit par une chute ou un rapide, les voyageurs sont obligés de transporter par terre, sur leur dos, les marchandises et les canots jusqu'à une autre partie navigable de la rivière. Un long portage est toujours pour les canotiers une corvée redoutable.

Les hommes de M. de la Vérendrye, déjà harassés par les fatigues d'un long voyage, furent épouvantés, quand on leur proposa d'entreprendre la traverse du Grand Portage. Voici comment M. de la Vérendrye rend compte du malheureux contre-temps qu'il éprouva à cet endroit.

" Le 27 août, tout notre monde épouvanté de la longueur du portage qui est de trois lieues, se mutina et tous me demandèrent de relâcher. Mais, à l'aide de notre Père missionnaire, je trouvai moyen de gagner quelqu'un parmi le nombre de mes engagés pour aller, avec mon neveu qui était mon second et mon fils, établir un poste au lac de la Pluie. J'en eus assez pour équiper quatre canots. Je fis faire sur le champ le portage et leur donnai un bon guide.

" Je fus obligé d'hiverner à Kaministigoya, ce qui m'a fait un tort notable, tant pour le paiement de mes engagés et les marchandises dont j'étais chargé, sans aucune espérance de pouvoir rien retirer de tous ces frais qui étaient considérables." (Mémoire du Sieur de la Vérendrye.)

Comme nous l'avons dit plus haut, toute la route depuis le lac Supérieur jusqu'au lac des Bois était déjà explorée depuis plusieurs années, aussi M. de la Vérendrye ne parle pas de découverte pour cette partie du pays. Il envoie son neveu et son fils au lac de la Pluie, comme à un endroit connu, pour y bâtir un fort qui lui servirait de première étape.

Monsieur de la Jemmeraie atteignit heureusement le lac de la Pluie avec tout son monde, assez tôt pour y construire, avant l'hiver, un fort auquel il donna le nom de Fort Saint-Pierre.

Pendant l'hiver il se mit en rapport avec les sauvages, et les invita à venir échanger leurs pelleteries avec les français ; mais l'arrivée de ces étrangers n'ayant pas été connue assez tôt, les sauvages ne vinrent au fort qu'en très petit nombre.

Au printemps, le fils de M. de la Vérendrye revint au Grand Portage rendre compte à son père des travaux exécutés au lac de la Pluie. Il arriva le 29 mai au lac Supérieur, rapportant avec lui quelques pelleteries, faible dédommagement des pertes occasionnées à son père depuis l'automne précédent.

" A l'arrivée des canots que j'avais envoyés dans les terres, dit M. de la Vérendrye, j'envoyai mon fils à Missilimakinaw pour porter le peu de pelleteries qui m'étaient venues et pour rapporter les effets qui devaient me venir de Montréal."

Le 8 juin, M. de la Vérendrye se mit en route avec tout son monde, bien déterminé à pousser l'exploration aussi loin que ses moyens et ses forces le lui permettraient.

Il eut grand soin tout le long de la route de faire accommoder les portages par où il aurait à passer dans la suite.

Le 14 juillet, il arriva au fort Saint-Pierre. Ce fort était construit à la décharge du lac de la Pluie. Là, plus de cinquante canots, montés par les indiens, attendaient pour accompagner plus loin les découvreurs.

Monsieur de la Vérendrye ne s'arrêta au fort, que pour en examiner les travaux et pour prendre de nouvelles provisions, puis il continua sa route, escorté par les canots des sauvages.

Au mois d'août les explorateurs entraient dans le grand lac des Bois que les sauvages désignaient sous le nom de lac des Iles à cause de la multitude d'îles qu'il renferme. Ils cotoyèrent la rive sud du lac, puis poussèrent à l'ouest jusqu'à l'embouchure d'une petite rivière qui se décharge dans le lac à l'endroit connu aujoud'hui sous le nom de l'*Angle Nord-Ouest*. Cet endroit parut propre à M. de la Vérendrye pour y construire un fort.

D'après une lettre du Père Auneau qui passa l'hiver dans ce fort, en 1735, le fort fut construit sur la petite rivière à trois milles de son embouchure (Lettre du Père Auneau 1735.) Ce second fort fut appelé Fort Saint-Charles. Le plan de M. de la Vérendrye était de faire de cette place le centre de ses opérations entre l'est et l'ouest.

Son fils qu'il avait envoyé à Missilimakinaw ne fut de retour au fort Saint-Charles que le 12 novembre. Les glaces étaient déjà formées sur le lac ; le convoi fut obligé de laisser les canots à dix lieues du fort et de transporter à dos les provisions et les marchandises pour la traite. Ce premier contretemps éprouvé au fort Saint-Charles devait être suivi de beaucoup d'autres. M. de la Vérendrye avait choisi ce fort pour être le centre de ses opérations entre l'est et l'ouest, et dans les desseins de la Providence, c'était le lieu où il aurait à supporter les plus cruels chagrins et les plus dures épreuves.

CHAPITRE III

SOMMAIRE.

Projets de M. de la Vérendrye au printemps de 1733.—M. de la Jemmeraie descend à Montréal.—Le Père Messaiger s'en retourne. —Mécomptes de M. de la Vérendrye trompé par ses fournisseurs. —Impossibilité pour le moment de continuer la découverte —Le fils aîné de M. de la Vérendrye est envoyé au bas de la rivière Maurepas pour y bâtir un fort.—Mort de M. de la Jemmeraie.

Au printemps de 1733, M. de la Vérendrye avait formé le dessein d'aller bâtir un fort aux environs du lac Winnipeg. Les tribus du nord insistaient pour cela auprès de lui ; c'était d'ailleurs l'unique moyen d'attirer tout le commerce des pelleteries chez les français, et d'empêcher les sauvages d'aller à la baie d'Hudson. Il eut bien voulu exécuter immédiatement son plan, mais son conseil lui fit remarquer qu'il valait mieux, avant de pousser l'exploration plus à l'ouest, attendre que les canots, envoyés à Missilimakinaw, fussent de retour. Pendant ce temps, M. de la Vérendrye envoya à Montréal son neveu M. de la Jemmeraie pour rendre compte au gouverneur des travaux déjà faits, de la manière favorable dont il avait été reçu par les nations sauvages, et des nouvelles connaissances que ces sauvages avaient données sur l'ouest.

Le Père Messaiger, incommodé par la rigueur du climat, profita du voyage de M. de la Jemmeraie pour retourner à Montréal.

Les canots envoyés à Missilimakinaw devaient rapporter des marchandises pour la traite ; c'était là-dessus que M. de la Vérendrye comptait pour se rembourser de ses dépenses et se mettre en état de continuer l'exploration.

Malheureusement les affaires n'avaient pas marché aussi bien qu'il l'espérait. Au printemps de 1733, il n'arriva qu'un seul canot allége, au fort Saint-Charles. Les nouvelles qu'il apportait étaient mauvaises. Les gardiens, laissés par les intéressés pour prendre soin des marchandises et faire la traite, avaient tout dépensé et maintenant il fallait attendre l'automne pour équiper les autres canots.

Ceux-ci n'arrivèrent qu'au mois de septembre au fort Saint-Charles et encore étaient-ils très mal assortis. Ce fâcheux contretemps mit M. de la Vérendrye dans l'impossibilité de rien faire pour la découverte. Il passa l'hiver de 1733 à 1734 au fort Saint-Charles avec tout son monde.

Les sauvages assiniboines ayant renouvelé leurs instances pour avoir un fort dans leur voisinage, M. de la Vérendrye envoya son fils aîné, au commencement de mars, au bas de la rivière

Maurepas pour explorer ce lieu et y choisir un endroit convenable pour un fort.

Celui-ci fut de retour de cette exploration le 27 mai (1734.)

Vu le mauvais état de ses affaires, M. de la Vérendrye se décida à descendre à Montréal. Il mit tout en ordre au fort Saint-Charles, donna commission à son fils de partir avec trois canots bien équipés pour aller construire le fort Maurepas aussitôt que M. de la Jemmeraie serait de retour au fort Saint-Charles, dont il devait avoir la garde pendant l'absence de M. de la Vérendrye.

M. de la Vérendrye arriva à Montréal le 25 août 1734. Il rendit compte des établissements qu'il avait faits et de ses espérances pour l'avenir; il fit part au gouverneur de tout ce que ces découvertes promettaient de bien pour la colonie et de l'honneur qui en résulterait pour la France. Cet exposé le fit accueillir très favorablement et lui valut l'honneur de recevoir de nouveaux ordres pour continuer la découverte. Le 6 juin, il repartit de Montréal pour le fort Saint-Charles, où il arriva le 6 septembre (1735.)

Il le trouva complètement dénué. Les vivres manquaient. La récolte du riz sauvage avait été détruite à cause de l'abondance des eaux. C'était une ressource importante de moins. Les indiens en souffraient comme les français ; cette disette les forçaient à s'éloigner dans les bois afin de pourvoir à leur subsistance pàr la chasse.

Sitôt après son arrivée, M. de la Vérendrye envoya son neveu rejoindre son fils aîné au fort Maurepas.

"Je l'équipai, dit-il, de ce que j'avais apporté pour ma découverte, dans l'espérance que les intéressés me rendraient les avances que je faisais pour eux."

Avant son départ de Montréal, M. de la Vérendrye avait donné à ses fournisseurs la traite et le commerce des postes qu'il établissait.

Le Père Messaiger qui était retourné à Montréal pour cause de santé, fut remplacé par le Révd Père Auneau, S. J., en 1735 ; il était parti de Montréal avec M. de la Vérendrye.

Pendant longtemps, à la Rivière Rouge, ceux qui ont parlé des voyages de M. de la Vérendrye, ont été sous l'impression que le premier missionnaire qui s'était rendu à Winnipeg était le Père Messaiger. Nous venons de voir qu'il n'alla pas plus loin que le lac des Bois. Son successeur, le Père Auneau, ne vit pas, lui non plus, la rivière Rouge.

En remontant de Montréal au fort Saint-Charles, M. de la Vérendrye avait dévancé les canots qui apportaient ses marchandises et ses provisions. Il les attendait de bonne heure à l'automne pour la traite et pour nourrir son monde. Mais, par la mauvaise manœuvre du conducteur, ces canots ne sè rendirent qu'au Grand-Portage, ce qui réduisit le fort Saint-Charles à une grande disette de vivres pendant l'hiver.

Au printemps de 1736, M. de la Vérendrye se trouvait encore dénué de tout. Il avait envoyé ses deux fils avec deux hommes rejoindre M. de la Jemmeraie au fort Maurepas. Pendant l'hiver, la disette, dans ce fort, avait été extrême. Le 4 juin, les deux fils de M. de la Vérendrye revinrent au fort Saint-Charles apportant la triste nouvelle de la mort de M. de la Jemmeraie. Ce fut un coup pénible pour M. de la Vérendrye. Son neveu était celui sur qui il se reposait le plus pour l'aider ; il l'avait nommé son second et lui confiait le soin des forts.

Au fort Saint-Charles, les provisions étaient presque épuisées, et la famine allait se faire sentir. Pour ne pas exposer ses gens à mourir de faim, M. de la Vérendrye envoya en grande diligence trois canots à Missilimakinaw pour y chercher des vivres.

Le Père Auneau qui avait passé l'hiver au fort Saint-Charles partit avec les voyageurs. A la demande du missionnaire, M. de la Vérendrye permit à son fils aîné de faire le voyage avec eux.

Ils s'embarquèrent le 8 juin (1736) et allèrent le soir du premier jour camper dans une île située à sept lieues du fort.

Vu que les sauvages, jusqu'alors, n'avaient jamais manifesté aucun sentiment hostile aux français, la petite troupe ne prit aucune précaution pour se garder durant la nuit.

Cependant une bande d'indiens composée de cinq Sioux des prairies et d'une douzaine de Sioux des bois, ayant eu connaissance du départ des canots, les avaient épiés tout le jour. Quand la nuit fut venue, ils abordèrent dans l'île, et à la faveur des ténèbres massacrèrent tout le petit camp.

Le 23 août, deux canots de sauvages qui portaient des lettres à M. Legardeur de Saint-Pierre, au fort des Sioux sur le Mississipi racontèrent comment avait eu lieu ce massacre. (1)

Monsieur de la Vérendrye passa l'été au fort Saint-Charles. A l'automne, il ne reçut que de très faibles secours, pour l'hiver, de sorte qu'au printemps de 1737, il se trouva à manquer des choses les plus nécessaires à la vie. Il se détermina donc à descendre à Montréal de nouveau.

" Je partis le 6 juin, dit-il, et j'arrivai à Mont-
" réal le 24 août. J'allai saluer M. le Général et
" lui rendre compte des raisons qui m'avaient
" obligé à descendre. Il eut la bonté de m'ap-
" prouver, et me fit l'honneur de me continuer
" ses ordres pour la poursuite de la découverte
" dont j'étais chargé."

(1) C'est par cette lettre de M. de Saint-Pierre que nous savons par qui les français de M. de la Vérendrye furent massacrés.

M. de la Vérendrye ne repartit pour l'ouest que le printemps suivant (1738). Il se mit en route le 18 juin, après avoir pris toutes les mesures pour continuer son entreprise. Il n'arriva au fort Saint-Charles que le 2 septembre. Pendant ce temps, ses deux fils étaient restés pour garder le fort. Ceux-ci par leurs bons procédés avec les indiens avaient gagné toutes leurs sympathies.

C'est un fait digne de remarque, et qui n'a pas échappé à l'attention des historiens que cette sympathie des sauvages de l'Amérique pour les français et les canadiens, dès qu'ils eurent des rapports avec eux.

Les indiens avouaient que leur confiance dans les français venait de ce qu'ils leur reconnaissaient une grande sincérité et qu'ils trouvaient en eux des amis fidèles et généreux. Nos trappeurs canadiens ont tous été bien vus des sauvages. Pour ceux-ci le nom de Français signifiait : *ami*.

Les tribus, ennemies entre elles, tenaient beaucoup à rester les alliés des français : ces pauvres enfants des bois n'attendaient en retour ni argent, ni présents ; ils se trouvaient assez honorés de cette amitié.

Au contraire, partout où les Anglais ont pénétré dans le Nord-Ouest, ils ont été immédiatement l'objet d'une profonde antipathie de la part des indiens. Je ne dis pas ceci pour insulter une nationalité, mais pour constater un fait dont j'ai acquis la certitude par un quart de siècle d'observations au Nord-Ouest. Souvent j'ai questionné les vieux voyageurs à ce sujet ; j'ai lu en outre un grand nombre d'histoires sur les rapports des anglais avec les sauvages et toujours les récits et les histoires ont servi à me convaincre que l'indien n'aime pas les anglais.

Ce même sentiment existe encore aujourd'hui chez les sauvages du Manitoba.

En 1870, quand le bataillon des volontaires anglais arriva au fort Garry, les soldats campèrent sur les bords de l'Assiniboine. Le soir, quand les ténèbres étaient venus, des sauvages de la tribu des Sauteux, campés en face des soldats sur la rive opposée criaient à tue-tête aux volontaires anglais : *Saganache! Saganache!* mot qui dans leur langue était une grosse insulte.

Nous, canadiens-français, qui avons été si souvent victimes du fanatisme anglais, nous n'avons pas de peine à comprendre l'antipathie des sauvages pour cette nation.

CHAPITRE IV.

SOMMAIRE.

Départ de M. de la Vérendrye pour le fort Maurepas.—Découverte de la rivière Rouge et de l'Assiniboine..—Construction du fort la Reine.—Voyage chez les mandanes. Retour au fort la Reine.

Après son retour de Montréal, M. de la Vérendrye songea à profiter des beaux jours de l'automne pour s'avancer plus loin dans l'intérieur du pays.

A la demande des sauvages, il laissa ses deux fils au fort Saint-Charles, et après y avoir mis tout en bon ordre, il partit avec six canots bien équipés pour le fort Maurepas où il arriva le 23 septembre. Toute cette partie du pays avait déjà été explorée, en 1734, par le fils de M. de la Vérendrye. En 1735, M. de la Jemmeraie y avait été envoyé pour y passer l'hiver; ce fut là qu'il mourut et qu'il fut enterré.

Aujourd'hui, l'endroit où fut bâti le fort Maurepas est connu; c'est sur le côté nord de la rivière Winnipeg, près de son embouchure. Ne serait-il pas convenable d'élever, au moins, une modeste croix à la mémoire de cet illustre canadien, qui partagea les travaux du découvreur de la rivière Rouge et qui mourut à la peine ? Son nom, trop oublié jusqu'à présent, mérite bien d'être conservé dans l'histoire et d'être gravé sur un monument.

M. de la Vérendrye ne s'arrêta qu'un jour au fort Maurepas ; dès le lendemain de son arrivée, il continua sa route vers l'embouchure de la rivière Rouge.

Cette rivière portait alors le nom de rivière des Assiniboines. La rivière Assiniboine actuelle était regardée comme la rivière principale dont la rivière Rouge n'était qu'un affluent. M. de la Vérendrye était guidé par des sauvages. Ses canots remontèrent les nombreux détours de cette rivière qui semble revenir à chaque instant sur ses pas.

Ce fut vers les derniers jours de septembre que le découvreur de la rivière Rouge passa en face du lieu où s'élève aujourd'hui la jolie ville de Winnipeg, et la petite ville de St-Boniface, là même où un siècle plus tard un parent de ce noble canadien, Mgr Alexandre Taché, devait illustrer son nom par une vie toute de sacrifices, pour répandre le bienfait de la civilisation chrétienne chez les peuplades sauvages de ces immenses contrées.

M. de la Vérendrye remonta le cours de l'Assiniboine jusqu'à l'endroit où est bâtie aujourd'hui la ville du Portage de la Prairie. Le 3 octobre, il descendit à terre avec son monde et commença immédiatement à construire un fort pour y passer l'hiver. Il donna à ce fort le nom de *fort de la Reine.*

Pendant longtemps les historiens de la rivière Rouge ont discuté pour savoir où avait été construit ce fort, (1) mais aujourd'hui il n'y a plus de doute que ce fort était au Portage de la Prairie, puisque M. de la Vérendrye le dit lui-même dans son journal.

" Mon quatrième fort, dit-il, est le fort de la Reine
" sur le côté nord de la rivière des Assiniboëls.

" Du fort de la Reine il y a un portage de trois
" lieues au nord-est pour tomber dans le lac des
" Prairies."

Le lac des Prairies dont parle M. de la Vérendrye, est le lac Manitoba.

Ce nom de Manitoba lui fut donné par les sauvages assiniboines qui en habitaient les bords au temps de la découverte du pays. Les découvreurs se faisaient donner par les sauvages les noms des lacs et rivières qu'ils rencontraient sur leur route ; ils les écrivaient dans leur journal tels qu'ils les avaient entendu nommer ou bien en donnaient la traduction française.

De nos jours, on a prétendu et soutenu que Manitoba dérivait de deux mots sauteux, *Manito*,

---

(1) Plusieurs ont cru qu'il était à l'embouchure de la rivière Souris.

Wapan. Ceci n'est pas probable du tout, et personne ne le prouvera d'une manière satisfaisante. Je demande par quelles transitions il a fallu faire passer *Manito Wapan* pour en arriver à Manitoba. Ce ne sont pas les Sauteux eux-mêmes qui auraient changé ce nom qui est dans leur propre langue ; assurément ils eussent continué à prononcer Manito Wapan. Seraient-ce les français qui auraient fait le changement ? Ce n'est pas probable non plus, puisqu'ils ont conservé une foule de noms sauvages beaucoup plus difficiles à prononcer que Manito Wapan. Dans le journal de M. de la Vérendrye on trouve les noms de *Missilimakinaw, de Kaministigoya, Winipigon, Takamamiwen* parfaitement conservés.

Pourquoi *Manito Wapan* aurait-il été torturé pour devenir *Manitoba*.

Les sauvages qui habitaient les bords du lac Manitoba et les bords de l'Assiniboine au temps de la découverte étaient des assiniboines dont la langue ressemble à celle des sioux. Il y avait les tribus des : *Mata toba*, des *Hic toba*, des *Ti toba*. Cette terminaison toba dans leur langue signifie *prairie* et *mine* veut dire eau. Mi ne sota veut dire : *eau jaune: Mine apolis*, ville des eaux.

Mine toba veut dire eau des prairies ou lac des prairies. Les anglais venus dans le pays après les français ont prononcé *mine* comme *my ni*, et de là Manitoba. Monsieur de la Vérendrye en appelant dans son journal Manitoba le lac des Prairies donne tout simplement la traduction du nom sauvage.

D'ailleurs ce lac devait naturellement s'appeler lac des Prairies et non pas *le détroit de l'esprit qui parle*.

Longtemps on a donné au mot Canada une origine qui n'était pas du tout la sienne. On a dit qu'il venait des mots *cris : piko anata*, ce qui veut dire (*sans dessein*). Or, il est prouvé aujourd'hui que le mot *Canada* est un mot iroquois qui signifie amas, ou *groupe de cabanes*. La chose est toute naturelle puisque le pays était habité par les iroquois. Pareillement, *Manitoba* est d'origine assiniboine, puisque le pays où il est situé, était habité par les assiniboines à l'époque de sa découverte. Inutile donc de le faire dériver de *Manito Wapan*.

Le 8 octobre, deux canots restés en arrière et montés par douze hommes, arrivèrent au fort de la Reine ; le Sieur de la Marque et son frère étaient sur l'un de ces canots. Ils venaient dans l'intention de suivre M. de la Vérendrye chez les tribus sauvages de l'Ouest.

Quoique la saison fut déjà très avancée (car, dans ces pays du nord, l'hiver commence assez souvent au mois de novembre), M. de la Vérendrye résolut de se rendre chez les Mandanes, tribu nombreuse et importante qui habitait non loin des bords du Missouri, au sud-ouest du fort de la Reine.

Il partit accompagné de vingt français au nombre desquels se trouvaient le Sieur de la Marque et son frère. Il prit en outre quatre sauvages pour les guider.

M. de la Vérendrye déclare que lui et sa troupe eurent beaucoup de misères à essuyer pour se rendre chez les Mandanes. Ceux qui connaissent le Nord-Ouest savent combien il est imprudent d'y entreprendre de longs voyages à cette saison. Les habitants de la Rivière Rouge redoutaient les longues routes à travers les prairies vers la fin de novembre. Les chasseurs, accoutumés au rude climat de ces contrées, ont plus d'une fois failli périr dans des tempêtes de neige qui se déchaînent à l'entrée de l'hiver.

La troupe de M. de la Vérendrye s'était grossie le long de la route. Un gros village d'assiniboines s'était joint à eux. La curiosité de ces sauvages, était vivement excitée par la présence de ces blancs qu'ils voyaient pour la première fois ; mais surtout l'espoir de les piller, ou de recevoir d'eux des présents était le principal motif qui les attirait à leur suite.

M. de la Vérendrye avait apporté avec lui une cassette et un sac qui renfermaient des objets pour faire des présents aux Mandanes afin de se les rendre favorables. Or le jour de son arrivée au camp des Mandanes, un assiniboine, qui avait découvert ce trésor s'en empara et prit la fuite dans la prairie. Dans les circonstances où se trouvait M. de la Vérendrye, ce vol lui causa un dommage considérable. Les assiniboines qui l'avaient suivi, se sauvèrent pour aller rejoindre le voleur et partager le magot enlevé.(1) Avec eux s'enfuit aussi l'interprète qui avait été d'avance grassement payé. Toutes ces épreuves jetèrent le découragement parmi les voyageurs, et les déterminèrent à retourner au fort de la Reine, malgré la rigueur de la saison.

Monsieur de la Vérendrye laissa chez les Mandanes deux français pour y apprendre la langue et obtenir des renseignements sur le pays et les nations qui l'habitaient.

Quoique très souffrant, M. de la Vérendrye se mit en marche avec son monde pour retourner à son fort. Il espérait éprouver du mieux en route, ce fut tout le contraire qui arriva.

Il voyageait au mois de janvier, durant la saison la plus rude. Il ne fut de retour au fort de la Reine que le 11 février (1739) après avoir enduré toutes les misères qu'un homme peut endurer sans mourir.

(1) On voit ici que les sauvages ont leur politique comme les blancs et qu'ils savent faire du boodlage.

CHAPITRE V.

SOMMAIRE.

Nouvelles instances des sauvages pour avoir des forts plus à l'Ouest. —La civilisation rend les sauvages plus exigeants.—Hésitation de M. de la Vérendrye à s'orienter en quittant le fort de la Reine.— M. de la Vérendrye envoie ses fils explorer les alentours du lac des Prairies.—Les fournisseurs de M de la Vérendrye n'envoient aucune marchandise pour la traite.—M. de la Vérendrye descend à Montréal.

A mesure que M. de la Vérendrye s'avançait dans l'intérieur du pays, les sauvages les plus éloignés venaient en députation au-devant de lui et lui demandaient la construction de nouveaux forts dans leur voisinage. Après le fort Saint-Pierre et le fort Saint-Charles, on établit le fort Maurepas, puis le fort de la Reine. Maintenant les tribus des bords du lac des Prairies en voulaient un plus rapproché de leurs terres, c'est-à-dire sur les bords mêmes du lac.

Depuis près d'un siècle, tous les sauvages du nord et de l'ouest avaient été habitués à faire chaque année le voyage à la baie d'Hudson pour y vendre leurs fourrures aux commerçants anglais. Quoique ce trajet fut long et pénible, ils le faisaient volontiers pour se procurer les objets dont ils sentaient le besoin depuis leurs rapports avec les blancs. Ils ne songeaient pas à un sort meilleur avant l'arrivée des français au lac Supérieur. Les premiers forts construits à l'ouest du lac Supérieur épargnaient aux sauvages une marche de neuf cents milles. Leur condition s'améliorait. Tout sauvages qu'ils étaient, ils sentaient les avantages de ce progrès et étaient loin d'y être indifférents. Quoique le fort de la Reine ne fut qu'à une douzaine de milles du lac des Prairies, les Assiniboines trouvaient leur sort à plaindre s'ils n'avaient pas un fort sur les bords mêmes du lac. Tout est relatif en ce bas monde. Un jour (en 1850) un missionnaire dans un fort vit venir à lui un sauvage, qui paraissait très attristé. Il le crut malade ou dans les souffrances d'un jeûne forcé, ce qui arrive fréquemment aux sauvages.

— Comment te portes-tu? lui dit le missionnaire; tu m'as l'air malade.

— Ah! répondit-il, en poussant un soupir, je fais bien pitié de ce temps-ci.

— Comment! est-ce que tu n'as rien à manger?

— Oui, j'ai de quoi manger; mais je manque de moutarde.

Il avait vu un bourgeois du fort en faire usage et il considérait ce condiment comme une chose indispensable pour un chef de tribu.

La Compagnie de la baie d'Hudson a prétendu

que la multiplication des forts a fait du mal aux sauvages et au commerce. Elle parlait de la sorte à son point de vue.

Quoiqu'il en soit, M. de la Vérendrye pour se rendre à la demande des sauvages et aussi pour prendre connaissance du pays, envoya son fils aîné explorer les bords du lac des Prairies. Celui-ci se mit en route le 10 avril ; il avait ordre de se rendre jusqu'à l'embouchure de la rivière Paskoyac dont les sauvages lui avaient parlé, et d'y choisir des endroits avantageux pour l'établissement de deux forts, l'un sur le bord du lac, l'autre vers l'embouchure de la rivière. (1)

De l'endroit où M. de la Vérendrye père, était rendu pour son exploration, il hésitait à prendre une direction. Devait-il continuer à marcher vers le nord-ouest ou vers le sud-ouest, ou bien encore, devait-il remonter le cours de l'Assiniboine, comme il l'avait fait jusque là ?

Depuis le lac Supérieur, il n'avait eu qu'une seule route à suivre : descendre ou remonter le cours des rivières qui conduisaient à l'intérieur du pays ; les forêts et les montagnes interdisaient tout autre chemin. Mais une fois rendu à l'ouest de la rivière Rouge, l'aspect du pays n'étant plus le même, il était plus difficile de s'orienter. Les vastes prairies, unies comme l'océan, offraient

---

(1) La rivière Paskoyac. Son embouchure est à cinquante milles environ au sud-est du fort Cumberland.

autant de routes que l'océan lui-même. Plus de cours d'eau, plus de vallées pour indiquer un chemin. Le but principal de M. de la Vérendrye, en envoyant son fils vers la rivière Paskoyac, était de faire examiner le pays et de s'assurer s'il ne serait pas plus avantageux de pousser l'exploration dans cette direction.

En attendant le retour de son fils, M. de la Vérendrye resta au fort de la Reine.

Ses fournisseurs associés lui avaient promis d'envoyer au Grand Portage sur le lac Supérieur tous les effets nécessaires pour la traite et l'équipement des forts. Le 27 mai, il fit partir du fort de la Reine les canots qui devaient lui rapporter ces marchandises. Malheureusement, par une négligence impardonnable, les fournisseurs n'envoyèrent rien.

Les hommes de M. de la Vérendrye attendirent dix-huit jours au Grand-Portage au risque d'y mourir de faim, souffrant, dans tous les cas, d'un long jeûne forcé.

Enfin, les conducteurs des canots, ne voyant rien arriver au Grand-Portage, prirent le parti de descendre jusqu'à Missilimakinaw. A leur arrivée dans ce poste, au lieu de trouver un équipement tout prêt, ils virent leurs pelleteries saisies par *l'équipeur* pour une somme de quatre mille livres, quoiqu'il eut lui-même manqué à sa parole et causé un grand dommage à M. de la Vérendrye, en ne faisant pas rendre au Grand-Portage les effets pour la traite, comme il avait été convenu.

Une telle conduite de la part des commerçants avait pour M. de la Vérendrye les conséquences les plus graves.

Privé de secours, il lui était impossible de continuer l'exploration. Ses forts ne contenaient plus aucune marchandise pour les échanges avec les sauvages. Ses objets destinés à faire des présents pour gagner les sympathies des indigènes lui avaient été volés chez les Mandanes et maintenant ses fournisseurs, après avoir saisi ses pelleteries, refusaient de lui donner de nouvelles marchandises.

Si ses canots étaient obligés de remonter à vide, que deviendrait le personnel de ses forts ?

Les gens de M. de la Vérendrye s'adressèrent au commandant du fort de Missilimakinaw et lui représentèrent les risques que couraient dans l'intérieur du pays ceux qui ne comptaient pour vivre que sur les provisions rapportées par les canots. Mais comme c'était avec la permission du commandant que les fournisseurs s'étaient emparés des pelleteries, il ne se montra guère favorable à leur demande et ce ne fut qu'après de vives instances qu'ils purent obtenir quelques marchandises pour la traite.

Les canots reprirent la route du nord-ouest

et le 20 octobre ils étaient de retour au fort de la Reine.

Les fils de M. de la Vérendrye, partis au mois d'avril pour aller explorer le lac des Prairies et le bas de la rivière Paskoyac, avaient exécuté les ordres de leur père et étaient revenus lui rendre compte de leur voyage.

Ils avaient trouvé deux endroits très avantageux pour l'établissement des forts et ils eussent été prêts à les construire, si les secours attendus de Montréal avaient été envoyés. Mais pour le moment, M. de la Vérendrye dût renoncer à toute nouvelle entreprise. Bâtir des forts, sans avoir des marchandises pour les approvisionner, eut été un travail inutile.

Se voyant sans ressources, avec beaucoup de monde à payer et à nourrir, il se décida à descendre à Montréal pour aller représenter au gouverneur la triste situation dans laquelle il se trouvait. Cependant il passa l'hiver de 1739 au fort de la Reine et ce ne fut qu'au printemps de 1740 qu'il se mit en route pour Montréal.

Il arriva à Missilimakinaw le 16 juillet. Là il se procura des marchandises et les envoya à ses enfants qui étaient restés dans les forts.

Il avait confié la garde du fort de la Reine à l'un de ses fils. Il lui écrivit de se rendre dès l'automne chez les Mandanes avec les deux français qui avaient appris la langue de cette nation, lui enjoignant de se procurer de bons guides pour se faire conduire à la mer de l'Ouest.

Les affaires qu'il eut à traiter à Missilimakinaw, retardèrent son voyage de plusieurs jours et ce ne fut que vers la fin d'août qu'il arriva à Montréal.

CHAPITRE VI.

SOMMAIRE.

Arrivée de M. de la Vérendrye à Montréal (1740).—Procès qu'on lui intente.—Le gouverneur du Canada le traite avec bonté et lui rend sa confiance.—M. de la Vérendrye passe l'hiver à Québec.—Quelques considérations sur son œuvre.—Départ pour l'Ouest au printemps.

A Montréal, M. de la Vérendrye trouva qu'on lui avait intenté un procès au sujet des postes qu'il avait établis. " Moi, dit-il, qui les ai en " horreur, n'en ayant jamais eu de ma vie, je " m'accommodai à ma grande perte n'ayant, " cependant, à beaucoup près, aucun tort." (1)

Il ne dit pas ce qu'on lui reprochait au sujet de ses postes, mais il est bien probable qu'on l'accusait de les multiplier inutilement et de retarder ainsi l'entreprise de la découverte.

Cependant, en 1740, neuf ans après le commencement de l'exploration, M. de la Vérendrye n'avait encore bâti que quatre postes et ils étaient tous les quatre indispensables au succès de l'entreprise.

Ceux qui, plus tard, ont succédé à M. de la

---

(1) Mémoire de M. de la Vérendrye

Vérendrye se sont promptement aperçus qu'il était plus facile de critiquer cet homme de génie que de continuer son œuvre.

Le gouverneur auquel M. de la Vérendrye rendit compte de ses travaux et des difficultés sans nombre qu'il avait eues à surmonter, comprit que l'envie seule faisait parler ses accusateurs. Aussi, il le traita avec égard, le reçut chez lui et lui témoigna une grande confiance.

M. de la Vérendrye passa l'hiver à Québec, et, au printemps, le gouverneur lui donna de nouveau l'ordre de continuer ses découvertes. Encore une fois les plans de ses ennemis étaient déjoués. Ceux-ci avaient écrit à la cour de France des lettres pleines de calomnies, accusant M. de la Vérendrye de passer tout son temps à faire la traite, à son profit, avec les indiens, et d'amasser une immense fortune aux dépens de la France et de la colonie.

Il est digne de remarque que toutes le œuvres qui doivent contribuer à la gloire de Dieu et au salut des âmes, sont marquées du sceau de la persécution. La découverte des pays de l'ouest devait apporter le salut aux indiens, en ouvrant le chemin aux apôtres de l'Evangile. Ces peuples nombreux qui jusqu'alors avaient vécu dans les ténèbres de l'ignorance, allaient entrer dans le sein de l'Eglise et participer aux bienfaits de la rédemption : c'en était assez pour désigner à la rage de l'enfer les instruments dont Dieu voulait se servir pour opérer cette œuvre.

Christophe Colomb, en découvrant le Nouveau-Monde, avait ouvert les voies aux missionnaires porteurs de la bonne nouvelle ; pour cela, Dieu permit que la haine des méchants se déchaînât contre lui. Les envieux, après l'avoir poursuivi pendant sa vie avec un acharnement féroce, continuèrent à le calomnier après sa mort, et vouèrent son nom à l'oubli pendant des siècles.

Le nom de M. de la Vérendrye sera, lui aussi, oublié pendant un siècle et demi, et les grandes compagnies marchandes qui, plus tard, exploiteront les richesses de ces immenses contrées de l'ouest, ne donneront pas à sa mémoire le plus léger souvenir. Bien plus, il se trouvera des historiens qui lui disputeront la gloire d'avoir découvert la Rivière Rouge.

" Je suis mal connu," écrivait-il lui-même. " Je
" me suis sacrifié avec mes enfants pour le ser-
" vice de Sa Majesté et le bien de la colonie.
" On pourra connaître par la suite les avantages
" qui en pourraient résulter. Au surplus, ne
" compte-t-on pour rien le grand nombre de
" gens à qui cette entreprise fait gagner la vie ?"
. . . . , , ...
" Dans tous mes malheurs, j'ai la consolation
" de voir que M. le gouverneur-général pénètre
" mes vues, reconnaît ma droiture et continue de

" me rendre justice, malgré les oppositions qu'on
" voudrait y mettre."

Non-seulement M. de la Vérendrye ne faisait pas fortune, mais, en 1740, neuf ans après son premier voyage, il avait dépensé tout ce qu'il possédait et, de plus, contracté une dette de quarante mille livres (40,000) sans parler des chagrins qu'il avait éprouvés dans la perte de son neveu, M. de la Jemmeraie, mort de misère au fort Maurepas et de son fils, massacré par les Sioux au lac des Bois avec le Père Auneau et une douzaine de français.

Au printemps de 1741, M. de la Vérendrye partit de Montréal accompagné d'un missionnaire, le Révd Père Coquart, Jésuite. Depuis la mort du Père Auneau, assassiné au lac des Bois, il n'est plus fait mention d'aucun prêtre dans l'expédition de M. de la Vérendrye au Nord-Ouest. On a vu que les deux premiers missionnaires, le Père Messaiger et le Père Auneau, n'étaient pas allés au-delà du fort Saint-Charles. Le Père Claude Coquart est le premier prêtre qui se soit rendu jusque dans les grandes prairies de l'ouest et qui ait offert le saint sacrifice de la messe sur les bords de la rivière Assiniboine, au fort de la Reine, là où est aujourd'hui la ville du Portage de la Prairie.

Cependant le Père Coquart n'arriva au fort de la Reine qu'en 1742. A Missilimakinaw les autorités ne lui permirent pas d'aller plus loin. " Des intrigues, ourdies par la jalousie, dit M. de la Vérendrye, empêchèrent le missionnaire de continuer sa route avec moi." (*Mémoire de M. de la Vérendrye.*)

On se demandera, peut-être, quelle crainte pouvait inspirer aux autorités un pauvre religieux, missionnaire dans ces pays sauvages ?

Il est bien probable qu'une telle tracasserie venait de la part de ceux qui convoitaient la place de M. de la Vérendrye. Tout ce qui pouvait contribuer à le décourager était mis en œuvre par eux.

M. de la Vérendrye fut de retour au fort de la Reine le 13 octobre (1741.) Il s'était arrêté quelques jours au fort Saint-Charles pour pacifier les sauvages qui étaient en guerre. Comme toujours, ceux-ci firent mille promesses de garder la paix, afin d'avoir des présents ; mais ils ne tardèrent pas à manquer à leur parole.

Pendant le voyage de M. de la Vérendrye à Québec, ses fils, comme ils en avaient reçu l'ordre, étaient allés chez les Mandanes dans l'intention de se rendre à la mer de l'ouest ; mais n'ayant pas réussi à se procurer des guides, ils étaient revenus au fort de la Reine.

Ce contretemps obligea M. de la Vérendrye à diriger ses opérations d'un autre côté. Il envoya, dès l'automne de 1741, son fils aîné construire le fort Dauphin au lac des Prairies et le fort Bourbon, à la rivière aux Biches.

Voici comment le découvreur lui-même désigne la place de ces deux forts.

" Du fort de la Reine, il y a un portage de trois
" lieues au nord-est pour tomber dans le lac des
" Prairies. On suit le sud du lac jusqu'à la
" décharge d'une rivière qui vient des grandes
" prairies, au bas de laquelle est le fort Dauphin,
" cinquième établissement fait à la demande des
" Cris des prairies et des Assiniboines de canot.
" Il y a une route de là au fort Bourbon qui est
" mon sixième établissement. Mais le chemin
" n'est pas avantageux. L'usage est, partant
" du fort Maurepas, de passer par le nord du lac
" Winnipigon jusqu'à son premier détroit, où l'on
" traverse au sud, d'île en île, puis on côtoie les
" terres jusqu'à la rivière aux Biches, où est le
" fort Bourbon, près du lac du même nom. Du
" fort Bourbon à la rivière Paskoyac, il y a trente
" lieues."

Deux autres petits forts furent construits sur la Rivière Rouge par le fils aîné de M. de la Vérendrye, l'un à cinq lieues du lac Winnipeg et l'autre à l'embouchure de l'Assiniboine, mais ils furent tous deux abandonnés à cause de leur proximité du fort Maurepas et du fort de la Reine.

Les forts Dauphin et Bourbon furent terminés pendant l'automne et l'hiver de 1741 à 1742.

CHAPITRE VII

SOMMAIRE.

Voyage des fils de M. de la Vérendrye aux Montagnes Rocheuses.—Découverte des Montagnes le 1er janvier 1743.—Retour au fort La Reine.—Etablissement d'un fort à la rivière Paskoyac.—Rappel du Chevalier de la Vérendrye à Montréal.—M. de la Vérendrye, père, est remplacé au Nord-Ouest par M. de Noyelles.—Le Chevalier retourne dans l'Ouest en 1747.—Le Gouverneur confie de nouveau à M. de la Vérendrye l'exploration.

Au printemps de 1742, les deux fils de M. de la Vérendrye et deux français, (quatre voyageurs en tout) partirent du fort la Reine pour se rendre chez les Mandanes dans le but de poursuivre l'exploration jusqu'à la mer de l'Ouest.

Ils se mirent en route le 29 avril 1742 et le 19 mai ; vingt-deux jours après leur départ, ils arrivaient sur les bords du Mississipi où habitait cette tribu.

Il est assez difficile de préciser la route qu'ils suivirent de là pour atteindre les Montagnes Rocheuses et à quel point de cette chaîne ils touchèrent, après huit longs mois de marche.

D'après leur journal, ils s'orientèrent presque toujours vers le sud-ouest et l'ouest-sud ouest. L'historien Parkman dit que très-probablement ils aperçurent le sommet des montagnes à l'endroit appelé : *Big Horse Range*, cent vingt milles à l'Ouest de Yellow Stone Park.

Ils ne rencontrèrent sur leur route aucune tribu hostile. La lenteur de leur marche ne vient que de la difficulté qu'ils eurent à se procurer des guides.

Ce fut le premier janvier 1743 qu'ils aperçurent les montagnes. Ils auraient désiré les gravir jusqu'à leur sommet dans l'espoir d'avoir de là une vue de la mer, mais les guides qui les avaient conduits jusqu'alors, refusèrent d'aller plus loin " parce que, disaient-ils, les tribus féroces sur les terres desquelles ils étaient arrivés ne manqueraient pas de les massacrer."

Ce ne fut pas sans une profonde douleur qu'ils se virent obligés de retourner sur leurs pas. Après douze jours de marche, ils atteignirent à un endroit que M. Edmond Mallet, de Washington, suppose être la ville d'Helena, dans le Montana.

Puis se dirigeant vers le sud, les voyageurs passèrent Musselshell où ils rencontrèrent les Têtes Plates. Ils croisèrent le Yellow Stone jusqu'à la rivière du Vent, près du pic de Frémont (Wyoming) où les indiens Serpents leur parlèrent de la rivière Verte de l'autre côté des Montagnes Rocheuses et de la rivière du Vent qui est un tributaire du Colorado de l'Ouest tombant dans le golfe de Californie.

Le 19 mars, ayant regagné le haut du Missouri, ils prirent possession du pays chez une tribu appelée les gens de la petite Cerise. Le 2 juillet 1743, ils étaient enfin de retour au fort de la Reine. Leur voyage avait duré quatorze mois.

La longue absence des fils de M. de la Vérendrye avait inspiré à leur père de très sérieuses inquiétudes sur leur sort; aussi ce fut pour lui une grande joie lorsqu'il les vit de retour.

Le Chevalier de la Vérendrye écrivit immédiatement à M. le Marquis de Beauharnois pour lui faire le rapport de ce voyage et lui prouver par là que les envieux qui accusaient le découvreur de passer son temps à faire la traite étaient des calomniateurs. Malheureusement ces calomnies étaient crues à la cour, car malgré l'immensité des services que M. de la Vérendrye rendait à la France, cependant ni lui, ni ses fils ne recevaient de l'avancement.

Monsieur le Marquis de Beauharnois qui était favorable à M. de la Vérendrye et qui savait apprécier son dévouement comme celui de ses fils, s'empressa d'adresser au ministre des colonies le mémoire du Chevalier de la Vérendrye, auquel il joignit la lettre suivante :

27 octobre 1744.

" J'ai l'honneur de vous envoyer ci-joint le journal que le fils du Sieur de la Vérendrye m'a adressé à l'occasion du voyage qu'il a fait chez les Mandanes pour suivre la découverte de la mer de l'Ouest, suivant les ordres et instructions que le sieur de la Vérendrye lui avait donnés et dont j'ai eu l'honneur de vous rendre compte l'année dernière. Quoiqu'il ne soit pas encore parvenu au but qu'il s'était proposé, il ne paraît pas, Monseigneur, qu'il ait rien négligé sur la diligence qu'il devait y apporter et il ose se flatter que vous voudrez bien en juger ainsi, si vous avez la bonté d'attacher quelque considération aux oppositions qu'il a eu à surmonter, soit pour se concilier l'amitié des nations chez lesquelles on n'avait point encore pénétré, soit pour parvenir même à s'en servir, comme il était indispensable de le faire, afin d'avoir d'eux les secours et les connaissances qui sont nécessaires pour cette entreprise.

" Cet officier, Monseigneur, m'a paru dans la dernière mortification, de ce que l'on ait essayé de donner à la pureté de ses sentiments pour parvenir à cette découverte un caractère opposé aux vues qu'il avait. Je ne prendrai point la liberté d'entrer dans les détails des raisons qui peuvent justifier sa conduite ; mais je ne puis lui refuser les témoignages qui paraissent lui être dus, qu'il n'a, dans cette découverte, fait que l'avantage de la colonie par le nombre d'établissements qu'il a faits dans des endroits où personne n'avait encore pénétré, qui produisent aujourd'hui quantité de castors et pelleteries, dont les anglais profitaient, sans qu'il ait occasionné aucune dépense à Sa Majesté pour ces établissements ; que l'idée qu'on s'est faite des biens qu'il avait ramassés dans ces endroits tombe d'elle-même par l'indigence où il est, pouvant vous assurer, Monseigneur, sans aucune complaisance, ni prédilection pour lui, que les douze années qu'il a passées dans ces postes, ne lui produisent pas environ 4,000 livres, qui sont tout ce qu'il a et qui pourront peut être lui rester après qu'il aura payé les dettes qu'il a contractées pour cette entreprise, et qu'enfin, Monseigneur, les choses, dans l'état où il les a mises, me paraissent toujours entièrement dignes de vos bontés sur lui. C'est aussi dans l'espérance où je suis que vous voudrez bien les lui accorder, que je vous supplie, Monseigneur, de lui donner des marques sensibles, en lui procurant son avancement à la première occasion.

" Je ne connais aucun endroit par lequel il ait pu mériter la mortification, qu'il a eue, de n'être point avancé, et j'oserais même ne l'attribuer qu'à l'oubli que vous avez fait, Monseigneur, de la proposition que j'ai eu l'honneur de vous faire du sieur de la Vérendrye, comme le plus ancien des lieutenants et le sujet qui me paraissait être le plus digne des grâces du Roy. En effet, Monseigneur, six années de service en France, trente-deux en cette colonie, sans reproche, du moins je n'en sache aucun à lui faire, et neuf blessures sur le corps, étaient des motifs qui ne m'ont pu faire balancer à vous le proposer pour remplir une des compagnies vacantes et si j'ai eu lieu de me flatter, Monseigneur, que vous étiez persuadé que je n'admettais sur mes listes que des officiers capables de servir et qui méritaient vos bontés, c'était particulièrement dans l'attention que vous auriez bien voulu faire en faveur du sieur de la Vérendrye.

" Je suis avec un profond respect, Monseigneur, votre très humble et très obéissant serviteur,
" Beauharnois."

Malgré cette haute recommandation, la calomnie avait si bien fait son chemin, qu'on va voir bientôt M. de la Vérendrye et ses fils complètement dépouillés du fruit de leurs travaux.

. Quelques tribus sauvages des bords de la Saskatchewan continuaient encore à porter leurs pelleteries aux anglais de la baie d'Hudson, même après la construction des forts Dauphin et Bourbon.

Les anglais avaient usé de tous les moyens pour indisposer les sauvages contre les français. Un mémoire présenté par M. le chevalier de la Vérendrye à Mgr Rouillé, ministre des colonies, nous apprend que les officiers, employés dans les postes de la baie d'Hudson, allaient jusqu'à offrir de l'argent aux sauvages pour faire la guerre aux traiteurs de M. de la Vérendrye.

Si les français firent concurrence aux anglais, dans le commerce des pelleteries, ce fut toujours de leur part une lutte loyale dans laquelle ils respectaient les droits de chacun et les lois de l'humanité. Pour bénéficier du commerce des indiens de la Saskatchewan, M. de la Vérendrye envoya son fils aîné bâtir un fort à l'embouchure de la rivière Paskoyac. Celui-ci travailla en même temps, par de bons procédés, à effacer de l'esprit des indiens les mauvaises impressions qu'y avaient jetées les anglais ; il les invita à venir, sans crainte, échanger avec les français les produits de leur chasse et il réussit à ramener chez eux la confiance. C'est au fort de la Reine qu'il revint passer le reste de l'hiver.

Au printemps de 1745, le fils aîné de M. de la Vérendrye fut rappelé à Montréal par M. le Marquis de Beauharnois qui lui donna du service dans l'armée, sous les ordres de M. de Saint-Pierre.

La même année, le Révd Père Claude Coquart qui était dans les forts de l'ouest depuis trois ans, retourna à Montréal et jusqu'à l'année 1750, il n'est plus fait mention de missionnaire avec les gens de M. de la Vérendrye.

En 1746, M. de la Vérendrye, accusé de nouveau par ses calomniateurs, fut obligé de revenir à Montréal. On lui reprochait toujours de négliger les travaux de l'exploration et de passer son temps à faire la traite dans les forts.

On le remplaça par M. de Noyelles qui ne paraît pas avoir été plus loin que le lac Supérieur.

Après le départ de M. de la Vérendrye et de son fils aîné, les sauvages ne fréquentèrent plus les forts des français et reprirent le chemin de la baie d'Hudson.

Le chevalier de la Vérendrye, jusqu'en 1747, fut continuellement tenu en service sous les ordres de M. de Saint-Pierre, afin qu'il n'eut pas le loisir de retourner dans les postes de l'ouest pendant que son père restait à Québec pour répondre aux accusations de ses ennemis.

En 1747, il fit la campagne contre les Agniers qui venaient faire des prisonniers près de Montréal. A la suite de cette campagne, où il se distingua, il eut la permission de retourner dans les forts pour essayer d'y rétablir l'ordre, car les tribus étaient en guerre depuis le départ de M. de la Vérendrye.

Avant de repartir pour l'ouest, il reçut l'aiguillette en récompense des services qu'il venait de rendre à la colonie.

En arrivant à Missilimakinaw, il rencontra M. de Noyelles qui chercha à le détourner de ce voyage, sous prétexte qu'il n'était pas prudent d'aller chez les indiens pendant que ceux-ci étaient en guerre. Cependant, au bout de quelque temps, il prit sur lui de se rendre, non sans peines, dans les postes ; mais il n'y trouva pas de sauvages.

Il dut, pour les rejoindre, aller dans leurs camps, où il vint à bout de les persuader de revenir chez les français.

Déjà les anglais de la baie d'Hudson leur avaient donné des colliers et d'autres présents pour les décider à faire la guerre aux gens de M. de la Vérendrye et à se défaire de tous les français dans le Nord-Ouest. (*Mémoire du chevalier de la Vérendrye.*)

Le chevalier de la Vérendrye leur parla des bontés de son père pour les tribus sauvages et de tous les présents qu'il leur avait faits. Touchés de ces bonnes paroles, ils redevinrent traitables et mieux disposés.

Le cadet de ses frères fut laissé parmi les sauvages au fort Saint-Charles, tandis que lui revenait à Missilimakinaw, où il reçut avec les ordres de M. de la Galissonnière une expectative d'enseigne en second.

De là il repartit pour le fort de la Reine, qu'il trouva presque tombé en ruines. Il le fit rétablir et mettre en bon ordre ainsi que le fort Maurepas qui avait été brulé par les sauvages.

Le chevalier de la Vérendrye, après avoir terminé ces travaux, entreprit, comme son père le lui avait ordonné, de remonter la grande Saskatchewan. A l'automne de 1749, il se rendit avec de bons guides jusqu'à la jonction des branches nord et sud de cette rivière. Les sauvages désignaient cet endroit sous le nom de la Fourche. Là, toutes les tribus des prairies, des montagnes et des bois, se réunissaient au printemps chaque année pour délibérer sur les questions de chasse et de traite.

Le chevalier de la Vérendrye en profita au printemps de 1750 pour s'informer très exactement des pays plus à l'ouest. Il leur demanda d'où venait cette grande rivière : tous lui répondirent qu'elle venait de très loin, d'une hauteur de terres, où il y avait des montagnes très élevées; que de l'autre côté de ces montagnes "il y avait un grand lac dont on ne pouvait boire l'eau."

M. le Chevalier fit alliance avec toutes ces différentes tribus ; il les invita à venir l'année suivante porter leurs pelleteries aux français, et recevoir les présents qu'il leur destinait.

Les réparations des forts et les dépenses des voyages avaient épuisé les provisions et les marchandises destinées à la traite. Le fils de M. de la Vérendrye descendit à Missilimakinaw pour s'en procurer de nouvelles, avec l'espoir de remonter immédiatement dans les postes avec son père, mais la Providence en décida autrement.

CHAPITRE VIII

SOMMAIRE.

Mort du Sieur de la Vérendrye.—Triste situation faite à ses fils ; on leur refuse de continuer les travaux de la découverte.—Legardeur de Saint-Pierre succède à M. de la Vérendrye.—Son séjour dans les postes de l'Ouest.—Sa honteuse conduite à l'égard des fils du Sieur de la Vérendrye.—Rien n'est fait pour la découverte de la mer de l'Ouest

Monsieur de la Vérendrye, dès son arrivée à Québec, en 1746, eut bientôt exposé et prouvé au Gouverneur, qu'avec les faibles ressources mises à sa disposition et les tracasseries que les envieux ne cessaient de lui susciter, il lui avait été impossible de pousser plus activement les travaux de la découverte.

Loin d'être pour lui une source de revenus fabuleux, l'entreprise de l'exploration compromettait l'avenir de sa famille qui sacrifiait là sa jeunesse et sa santé.

M. de Noyelles, envoyé aux postes de l'Ouest en 1746, n'y demeura pas longtemps sans s'apercevoir qu'il était plus aisé de critiquer les travaux du découvreur et de ses fils que de les continuer. En effet, dès l'année suivante, il se hâta de demander son rappel à Montréal.

M. de la Vérendrye écrivit de Québec au ministre de la marine en France pour lui apprendre que M. de Beauharnois lui donnait à espérer que l'ordre de poursuivre l'exploration lui serait continué.

Québec, 1er novembre 1741.

" Monseigneur,

" C'est avec la plus vive reconnaissance que je prends la liberté de vous remercier de la grâce que vous avez bien voulu m'accorder en me procurant mon avancement. Je sens tout le prix de cette faveur qui ne peut qu'augmenter en moi l'émulation et le zèle que j'ai toujours eus pour mon service.

" M. le marquis de Beauharnois, notre général, m'a fait l'honneur de m'apprendre les vues qu'il a de me faire continuer la découverte de la mer de l'Ouest à défaut de M. de Noyelles qui lui demande d'être relevé.

" Je ferai, je vous assure, Monseigneur, les derniers efforts pour répondre à la confiance qu'il veut bien avoir en moi. Les connaissances que j'ai de cet endroit, jointes à celles qu'ont acquises mes enfants, dont deux sont dans ce poste aujourd'hui, me mettront en état de faire de nouvelles découvertes encore plus satisfaisantes ; du moins il ne tiendra pas à moi.

" Je vous supplie, Monseigneur, d'être très

persuadé de l'attention que j'y apporterai, ayant encore plus en vue la réussite de cette entreprise que mon intérêt particulier que je saurai toujours sacrifier quand il s'agira du service du Roi.

" Je suis avec un très profond respect,
 Monseigneur,
  " De votre Grandeur, le très humble
   et très obéissant serviteur,

" La Vérendrye."

Monsieur le marquis de Beauharnois, comme on le voit par cette lettre, ne s'était pas laissé tromper par les accusations, toujours renouvelées, des jaloux et des ambitieux et il continuait à honorer M. de la Vérendrye de sa confiance.

En 1747, M. le marquis de Beauharnois fut rappelé en France et remplacé par M. le marquis de la Galissonnière. A son arrivée, les mêmes accusations contre M. de la Vérendrye furent portées au nouveau Gouverneur. Mais celui-ci, comme son prédécesseur, eut le bon esprit de n'y pas croire, ainsi qu'il est prouvé par la lettre suivante adressée au ministre de la marine :

Québec, 23 octobre 1747.

" Monseigneur,

" J'ai pensé ne point répondre au sujet de la découverte de la mer de l'Ouest, étant encore trop peu instruit. Il me paraît seulement que ce qu'on vous a mandé au sujet du Sieur de la Vérendrye, comme ayant plus travaillé à ses intérêts qu'à la découverte est très faux, et qu'au surplus tous les officiers qu'on y emploiera seront toujours dans la nécessité de donner une partie de leurs soins au commerce tant que le Roi ne leur fournira pas d'autres moyens de subsister ; ce qui peut être ne serait pas convenable. Mais ce n'est pas une bonne façon de les encourager que de leur reprocher quelques médiocres profits ou de leur retarder leur avancement sous ce prétexte, comme le Sieur de la Vérendrye prétend qu'il lui est arrivé.

" Ces découvertes causent de grandes dépenses et exposent à de plus grandes fatigues, et de plus grands dangers que les guerres ouvertes.

" Le Sieur de la Salle et le fils du Sieur de la Vérendrye et tant d'autres qui y ont péri en fournissent la preuve.

" Au surplus, je m'en rapporte entièrement à ce que vous a mandé M. de Beauharnois le 15 octobre 1746.

" Je suis avec un profond respect,
Monseigneur, etc., etc.
" La Galissonnière."

Cette lettre produisit un bon effet auprès du ministre de la marine, car bientôt après, M. de la Vérendrye fut décoré de la croix de Saint-

Louis et ses fils, restés dans les postes de l'Ouest, reçurent de l'avancement. Voici comment il en remercie lui-même le Ministre, dans une lettre datée de Québec le 17 septembre 1749.

" Monseigneur,

" Je prends la liberté de vous faire mes très humbles remerciements de ce que vous avez bien voulu me procurer de Sa Majesté une croix de Saint-Louis et à deux de mes enfants de l'avancement.

" Mon zèle, accompagné de reconnaissance, m'engage à partir le printemps prochain, honoré des ordres de M. le Marquis de la Jonquière, notre général, pour poursuivre les établissements et les découvertes de l'Ouest qui ont été interrompues depuis plusieurs années. (1)

" J'ai remis à M. le Marquis de la Jonquière la carte et le mémoire de la route qu'il me faut tenir pour le présent. M. le comte de la Galissonnière en a une pareille.

" Je tiendrai un journal très exact de la route depuis l'entrée des terres jusqu'aux extrémités où je pourrai parvenir avec mes enfants.

" Je ne puis partir de Montréal que dans le mois de mai prochain qui est le temps où la navigation est libre pour les pays d'En-Haut.

(1) M. de la Jonquière venait de succéder à M. de la Galissonnière.

" Je compte faire toute la diligence possible pour aller hiverner au fort Bourbon, qui est le dernier, au bas de la rivière des Biches, de tous les forts que j'ai établis.

" Trop heureux si à l'issue de toutes les peines, fatigues et risques que je vais essuyer dans cette longue découverte, je pouvais parvenir à vous prouver mon désintéressement, mon zèle, aussi bien que mes enfants, pour la gloire du Roy et le bien de la colonie.

" Je suis avec un profond respect,
Monseigneur,
" Votre très humble et
très obéissant serviteur,

" LA VÉRENDRYE."

L'ordre de continuer les découvertes avait été donné à M. de la Vérendrye par M. de la Galissonnière dont les vues, comme il a été dit, étaient les mêmes que celles de M. de Beauharnois. Mais M. de la Galissonnière n'avait été envoyé dans la colonie qu'en attendant l'arrivée de M. de la Jonquière, retenu, en Angleterre, comme prisonnier de guerre.

Ce dernier n'arriva en Canada qu'en 1749, quand déjà M. de la Vérendrye faisait les préparatifs de son départ pour l'Ouest.

Si M. de la Jonquière eut été dans la colonie deux ans plus tôt, il est très probable, pour ne pas dire certain, que la commission de poursuivre la découverte eut été confiée à un autre qu'à M. de la Vérendrye, mais il paraissait difficile de retirer cet ordre à un homme d'un mérite aussi reconnu.

Les jaloux qui l'accusaient depuis plus de quinze ans sans jamais avoir pu rien prouver contre lui, durent se résigner pour le moment et attendre une occasion favorable à leurs desseins. Malheureusement elle ne tarda pas à se présenter.

On sait que M. le marquis de la Jonquière se distinguait par une avarice sordide ; qu'il n'eût pas honte de s'immiscer dans le commerce, tout gouverneur qu'il était et qu'il fit fermer les maisons qui lui faisaient concurrence. La traite des pelleteries ne pouvait manquer d'attirer son attention et de tenter sa cupidité. D'ailleurs il avait sous la main les hommes qu'il lui fallait pour servir sa passion de l'argent. Un bon nombre des officiers français qui occupaient alors les premiers postes dans le gouvernement de la colonie, étaient de vrais fléaux pour le pays.

L'intendant Bigot, cet infâme concussionnaire qui volait partout et qui encourageait ses amis au pillage, ne demandait pas mieux que de trouver des associés selon ses goûts pour exploiter en grand le commerce des fourrures.

Le gouverneur et lui s'entendirent à merveille. Pour remplir leurs coffres, tous les moyens leur étaient bons et ils savaient éloigner d'eux ceux qui pouvaient être un obstacle à l'accomplissement de leurs desseins.

Le 6 décembre 1749, au beau milieu de ses préparatifs de voyage, M. de la Vérendrye mourut presque subitement à Montréal ; il n'était âgé que de soixante-trois ans, et était encore plein de force et de vigueur.

. Immédiatement, M. de la Jonquière donna avis de cet événement au ministre des colonies en France et lui annonça en même temps qu'il avait déjà confié à Legardeur de Saint-Pierre l'ordre de poursuivre les travaux de la découverte.

" J'ai l'honneur," dit-il, " de vous rendre compte
" de la mort de M. de la Vérendrye, capitaine à
" Montréal, arrivée le 6 décembre.

" Comme ce dernier était chargé de continuer
" en personne la découverte de la mer de l'Ouest
" et qu'il me paraît que l'intention du Roy est
" qu'on poursuive ce projet, j'ai chargé M. de
" Saint-Pierre de cette exécution et je compte
" qu'il partira dès le petit printemps. C'est le
" seul officier de toute la colonie qui a le plus de
" connaissance de ce pays-là."

. . . .

Cette affirmation de la connaissance que M. de Saint-Pierre possédait des pays déjà parcourus par M. de la Vérendrye, est un mensonge inventé par le gouverneur pour tromper le ministre et pallier l'odieux de la conduite qu'il allait tenir à l'égard des fils de M. de la Vérendrye.

La meilleure preuve que M. de Saint-Pierre n'était pas l'homme qui connaissait le mieux le pays de la Rivière Rouge, c'est qu'il n'y était jamais allé. Non-seulement il ne connaissait pas le pays où l'envoyait le gouverneur, mais il n'était nullement préparé à continuer l'œuvre si difficile commencée par M. de la Vérendrye, ignorant la langue, les mœurs et les habitudes des tribus avec lesquelles il aurait à traiter.

Si M. de la Jonquière eut eu le moindre souci de la découverte, il n'avait tout simplement qu'à accomplir à l'égard des fils de M. de la Vérendrye un acte de stricte justice, en les nommant pour continuer l'œuvre de leur père.

Le chevalier de la Vérendrye qui, depuis près de vingt ans, vivait au milieu des tribus de l'ouest avec son père et ses frères, qui avait traversé les immenses prairies pour se rendre au pied des Montagnes-Rocheuses, était, sans contredit, bien mieux qualifié que M. de Saint-Pierre pour mener à bonne fin les travaux de la découverte.

Avec un peu de sentiment d'honneur, le gouverneur, Bigot et M. de Saint-Pierre auraient rougi de honte de déposséder ainsi de leur bien des hommes qui, depuis tant d'années, se sacrifiaient pour la France et la colonie.

Mais, dans le cœur de ces vampires, attachés aux flancs de la Nouvelle-France pour lui sucer le sang, il n'y avait place que pour l'égoïsme.

Ils étaient trop heureux d'être débarrassés du père, pour garder les fils. On ne voulut pas même leur confier le plus petit poste dans l'ouest; tous les trois reçurent l'ordre de revenir à Montréal. Ils auraient été des témoins trop gênants pour le commerce auquel ces traiteurs de haut parage voulaient se livrer. Leur conduite à l'égard des fils de M. de la Vérendrye restera attachée à leur mémoire comme une infamie.

CHAPITRE IX.

SOMMAIRE.

Retour du chevalier de la Vérendrye à Montréal ; il fait valoir ses titres à la succession de son père.—Le gouverneur reste sourd à ses instances.—Lettre du chevalier de la Vérendrye au ministre de la marine.—Indigne conduite du gouverneur, de Bigot et de M. de Saint-Pierre à l'égard des fils de M. de la Vérendrye.

Pour satisfaire la rapacité de Bigot et remplir les coffres du marquis de la Jonquière, "il n'y avait pas, dit une chronique du temps, assez d'or dans toute la colonie." Les riches fourrures de l'ouest étaient la Californie de cette époque et les officiers français qui venaient dans la colonie, déployaient plus de zèle à s'enrichir dans ces mines qu'à coloniser la Nouvelle-France. Ce furent l'égoïsme et l'ambition de ces hommes qui préparèrent la perte du Canada. Les sympathies que le peuple canadien a gardées pour la mère-patrie ne seraient pas si vivaces, s'il eut continué à subir plus longtemps le régime des dernières années du gouvernement français en Canada. La séparation est venue justement à temps pour empêcher notre affection de se changer en mépris, à la vue des injustices qui se commettaient contre nous.

Le chevalier de la Vérendrye apprit la mort de son père en arrivant à Missilimakinaw, où il était descendu pour acheter de quoi approvisionner ses forts. Prévoyant que les ambitieux allaient travailler à le supplanter dans les postes de l'ouest, il se rendit, en toute hâte, à Montréal pour faire valoir ses titres à la succession de son père. Mais, déjà, tout était réglé d'avance ; on ne daigna même pas entendre ses réclamations. Voyant que toute démarche en Canada lui était inutile et que son sort, ainsi que celui de ses frères, était décidé dans le conseil du gouverneur, il prit le parti de s'adresser au ministre des colonies en France pour lui exposer tout l'odieux des procédés de M. de Saint-Pierre à son égard. Voici cette lettre qui est un beau document méritant d'être cité en entier.

30 septembre 1750.

" Monseigneur,

" Il ne me reste plus qu'à me jeter aux pieds de Votre Grandeur et de l'importuner du récit de mes malheurs.

" Je m'appelle La Vérendrye. Feu mon père est connu ici et en France par la découverte de la mer de l'Ouest, à laquelle il a sacrifié plus de quinze des dernières années de sa vie. Il a marché et nous a fait marcher, mes frères et moi, d'une façon à pouvoir toucher le but, quel qu'il soit, s'il eut été plus aidé et s'il n'eut pas été, surtout, tant traversé par l'envie. L'envie est encore ici plus qu'ailleurs une passion à la mode dont il n'est pas possible de se garantir.

" Tandis que mon père et moi s'excédaient de fatigue et de dépenses, ses pas n'étaient représentés que comme des pas vers la découverte du castor, ses dépenses forcées n'étaient que dissipations et ses relations n'étaient que mensonges. *L'envie de ce pays n'est pas une envie à demy ;* elle a pour principe de s'acharner à dire du mal dans l'espérance que, pour peu que la moitié des mauvais discours prenne faveur, cela suffira pour nuire. Effectivement, mon père ainsi desservi a eu la douleur de retourner, et de nous faire retourner plus d'une fois en arrière, faute de secours et de protection Il a même quelquefois reçu des reproches de la Cour, plus occupé de marches que de raconter jusqu'à ce qu'il pût raconter plus juste. Il n'avait point de part aux promotions et il n'en était pas moins zélé pour son projet, persuadé que tôt ou tard ses travaux ne seraient pas sans succès et ne resteraient pas sans récompense.

" Dans le temps qu'il se livrait le plus à ces bonnes dispositions, l'envie eut le dessus. Il vit passer entre les mains d'un autre des postes tout établis et son propre ouvrage. (1)

" Pendant qu'il était ainsi arrêté dans sa course, le castor arrivait assez abondamment pour un autre que lui, mais les postes bien loin de se multiplier disparaissaient et la découverte ne faisait aucun progrès, c'est ce qui le désolait le plus.

" Monsieur le marquis de la Galissonnière arriva dans le pays, sur ces entrefaites, et, à travers tout ce qui se disait en bien et en mal, il jugea qu'un homme qui avait poussé de pareilles découvertes à ses frais et à ses dépens sans qu'il en eut rien coûté au Roi, et qui s'était endetté pour de bons établissements, méritait un autre sort. Beaucoup de castor de plus dans la colonie et au profit de la Compagnie des Indes ; quatre et cinq postes établis au loin par des forts aussi bons qu'ils puissent être dans ces contrées éloignées ; nombre de sauvages devenus les sujets du Roi et dont quelques uns, dans un parti que je commandais, donnèrent l'exemple à nos sauvages domiciliés de frapper sur les autres sauvages dévoués à l'Angleterre, parurent de véritables services ; indépendamment du projet commencé de la découverte, dont le succès ne

(1) Ce fut M. de Noyelles qui fut envoyé pour le remplacer, mais il ne fut qu'un an dans les postes, et n'alla qu'à Missilimakinaw.

pouvait être ni plus prompt, ni plus efficace qu'en restant entre les mêmes mains.

" C'est ainsi que M. le marquis de la Galissonnière a bien voulu s'en expliquer et sans doute il s'en est expliqué de même à la Cour puisque mon père, l'année dernière, se trouva honoré de la croix de Saint-Louis et invité à continuer l'ouvrage commencé par ses enfants.

" Il se disposait à partir de tout son cœur et il n'épargnait rien pour réussir ; il avait déjà acheté et préparé toutes ses marchandises de traite ; il m'inspirait à moi et à mes frères son ardeur, lorsque la mort nous l'a enlevé le 6 du mois de décembre dernier.

" Quelque grande que fut alors ma douleur, je n'aurais jamais pu imaginer, ni prévoir ce que je perdais en perdant mon père. Succédant à ses engagements et à ses charges, j'osais espérer la succession des mêmes avantages. J'eus l'honneur d'en écrire sur le champ à M. le marquis de la Jonquière, en l'informant que j'étais rétabli d'une indisposition qui m'était survenue et qui pouvait servir de prétexte à quelqu'un pour me supplanter. Il me fut répondu qu'il avait fait choix de M. de Saint-Pierre pour aller à la mer de l'Ouest. Je partis aussitôt de Montréal, où j'étais, pour Québec. Je représentai la situation où me laissait mon père ; qu'il y avait plus d'un poste à la mer de l'Ouest ; que mon frère et moi nous serions charmés d'être sous les ordres de M. de Saint-Pierre ; que nous nous contenterions, s'il le fallait, d'un seul poste et du poste le plus reculé ; que même nous ne demandions qu'à aller en avant ; qu'en poussant la découverte nous pouvions tirer parti des derniers achats de mon père et de ce qui restait encore dans les forts ; que du moins nous aurions ainsi la consolation de faire nos plus grands efforts pour répondre aux vues de la Cour. M. le Marquis de la Jonquière pressé par mes représentations me dit enfin que M. de Saint-Pierre ne voulait ni de moi, ni de mes frères. Je demandai ce que deviendraient nos crédits. M. de Saint-Pierre avait parlé ; il ne me restait rien à obtenir.

" Je retournai à Montréal avec ce consolant éclaircissement. Je mis en vente une petite terre, seul effet de la succession de mon père dont les deniers ont servi à satisfaire les créanciers les plus pressés. Cependant la saison s'avançait. Il s'agissait d'aller à l'ordinaire au rendez-vous marqué de mes engagés pour leur sauver la vie et recevoir leur retour, sujets sans cette précaution à être pillés et abandonnés. J'ai obtenu cette permission avec bien de la peine, malgré M. de Saint-Pierre et seulement à des conditions faites pour le dernier des voyageurs. Encore à peine M. de Saint-Pierre me vit-il partir qu'il se plaignit que mon départ lui faisait un tort de plus de dix mille francs et qu'il m'accusa sans autre cérémonie d'avoir chargé mon canot au-delà de la permission qui m'avait été accordée. L'accusation fut examinée ; on envoya à la poursuite de mon canot, et si on m'eut rejoint dès lors M. de Saint-Pierre se serait rassuré plus tôt.

 « Il m'a rejoint à Missilimakinaw et, si je dois l'en croire, il a tort d'en avoir agi ainsi. Il est bien fâché de ne pas m'avoir, ni mes frères avec lui. Il m'a témoigné beaucoup de regrets et m'a fait bien des compliments. (1)

 « Quoiqu'il en soit, tel est son procédé ; il est difficile d'y trouver de la bonne foi et de l'humanité. M. de Saint-Pierre pouvait obtenir tout ce qu'il a obtenu, assurer ses intérêts particuliers par des avantages qui surprennent et amener un parent avec lui, sans nous donner une entière exclusion.

 « M. de Saint-Pierre est un officier de mérite, mais je n'en suis que plus à plaindre de l'avoir ainsi trouvé contre moi et avec toutes les bonnes idées qu'il a pu donner de lui dans différentes occasions, il aura de la peine à prouver qu'en cela il a eu en vue le bien de la chose, qu'il s'est conformé aux vues de la Cour et qu'il a respecté les bontés dont M. de la Galissonnière nous honorait. Il faut, pour qu'il nous soit fait un

---

(1) M. de Saint-Pierre jouait là le rôle d'hypocrite, car il lui eut été facile de réparer ses torts à l'égard du chevalier de la Vérendrye.

pareil tort, qu'il nous ait bien nui auprès de M. de la Jonquière. (1)

" Je n'en suis pas moins ruiné. Mes retours de cette année, recueillis à moitié et à la suite de mille inconvénients, achèvent ma ruine. Comptes arrêtés tant du fait de mon père que du mien, je me trouve endetté de plus de vingt mille livres ; je reste sans fond, ni patrimoine, je suis simple enseigne en second. Mon frère aîné n'a que le même grade que moi et mon frère cadet n'est que cadet à l'aiguillette : voilà le fruit actuel de tout ce que mon père, mes frères et moi avons fait.

" Celui de mes frères qui fut assassiné il y a quelques années par les Sioux, n'est pas le plus malheureux. Son sang n'est pour nous d'aucun mérite, les sueurs de mon père et les nôtres nous deviennent inutiles. Il nous faut abandonner ce qui nous a tant coûté, à moins que M. de Saint-Pierre ne reprenne d'autres sentiments et ne les communique à M. le marquis de la Jonquière.

" Certainement nous n'aurions point été inutiles à M. de Saint-Pierre. Je ne lui ai rien caché de ce que j'ai cru pouvoir lui servir, mais quelqu'habile qu'il soit et en lui supposant la meilleure volonté, j'ose croire qu'il s'est exposé à faire bien des faux pas et à s'égarer plus d'un jour en

---

(1) M. de la Jonquière, Bigot et de Saint-Pierre s'entendaient ici. C'était les *bood'ers* de l'époque tout simplement.

nous excluant d'avec lui. C'est une avance que de s'être déjà égaré et il nous semble que nous serions sûrs actuellement de la droite route pour parvenir au terme, quel qu'il puisse être. Notre plus grand supplice est de nous voir arrachés d'une sphère que nous nous proposions de terminer de tous nos efforts.

" Daignez, Monseigneur, juger la cause de trois orphelins. Le mal tout grand qu'il est, serait-il sans remèdes ? Il est entre les mains de Votre Grandeur. Des ressources de dédommagements et de consolations, j'ose les espérer.

" Nous trouver ainsi exclus de l'Ouest, ce serait nous trouver dépouillés avec la dernière cruauté d'une espèce d'héritage dont nous aurions eu toute l'ouverture et dont les autres auraient toutes les douceurs."

Cette noble lettre du chevalier en révèle long sur les mauvais procédés de M. de Saint-Pierre envers lui et ses frères ; elle confirme bien une relation de cette époque qui dit: *"que l'intendant Bigot et M. de Saint-Pierre s'entendirent pour exploiter à leur profit le commerce des fourrures dans l'ouest après la mort de M. de la Vérendrye, et qu'au bout de trois ans ils réalisèrent des sommes immenses aux dépens de l'Etat."*

Le marquis de la Jonquière n'eut pas la satisfaction de voir tomber ces profits dans ses mains, car il mourut en 1752, un an avant le retour de M. de Saint-Pierre.

Il n'y a pas le moindre doute qu'il favorisait l'ambition de ces deux hommes. L'indifférence, on pourrait même dire la cruauté qu'il fit paraître à l'égard des fils du découvreur, en est la preuve. Il connaissait les intentions de la Cour et les vues des deux gouverneurs qui l'avaient précédé dans la colonie ; il connaissait aussi le mérite de cette famille qui se dévouait depuis près de vingt ans pour le service de la France ; s'il n'eut pas été aveuglé par la cupidité, il n'eut jamais permis qu'on la dépouilla aussi odieusement de son patrimoine. L'histoire ne pourra jamais trop flétrir la conduite de ces trois hommes dans cette circonstance.

CHAPITRE X.

SOMMAIRE.

Départ de M. de Saint-Pierre pour l'Ouest.—Missilimakinaw.—Fort Saint-Pierre.—Discours aux Indiens —Fort Maurepas.—M. de Niverville envoyé à Paskoyac.—Arrivée de M. de Saint-Pierre au fort de la Reine.—Le fort dépourvu de provisions.—Établissement du fort la Jonquière.—Maladie de M. de Niverville.—M. de Saint-Pierre passe tranquillement l'hiver au fort de la Reine.

Nous allons maintenant voir à l'œuvre, M. de Saint-Pierre dans les postes de l'ouest. Désormais les noms de la Vérendrye disparaissent de l'histoire de la Rivière Rouge et, étrange destinée des choses humaines, les trésors que renferme ce vaste pays, pour la découverte duquel ils ont dépensé leur vie et leur fortune, serviront à enrichir d'obscurs traiteurs, dont le principal mérite aura été d'être d'audacieux voyageurs et de vigoureux marcheurs.

Dépouillés odieusement du fruit de leurs travaux, les fils du découvreur des grandes prairies de l'ouest furent laissés sans protection et sans espoir de recouvrer le moindre dédommagement pour les pertes que leur faisaient subir le Marquis de la Jonquière, Bigot et Legardeur de Saint-Pierre ; car c'était bien ce trio qui avait décidé de leur sort.

Le 5 juin 1750, Legardeur de Saint-Pierre se mit en route pour les postes de l'ouest, emmenant avec lui M. de Niverville comme second. Le 12 juillet, il arrivait à Missilimakinaw. Il s'y arrêta pendant trois semaines, tant pour donner un peu de repos à ses hommes que pour se remettre lui-même de ses fatigues ; car il nous apprend dans son mémoire qu'il avait trouvé cette partie du voyage assez rude ; cependant il n'était qu'au commencement de ses misères.

" Je repartis, dit-il, de Missilimakinaw le 6
" août et je me rendis le 29 septembre au lac de
" la Pluye. C'est là le premier établissement de
" l'ouest. Je dois remarquer que cette route est
" des plus difficiles et qu'il faut une pratique bien
" formée pour connaître les chemins ; quelques
" mauvais que j'eusse lieu de me les figurer, je
" ne puis qu'en être surpris. Il y a trente-huit
" portages. Le premier de ces portages a quatre
" lieues, et le moindre des autres est d'un quart
" de lieue."

Dès les premières lignes, le rapport de M. de Saint-Pierre dénote un homme qui veut faire valoir ses services outre mesure ; ce n'est qu'un tissu d'exagérations et de mensonges. Les missionnaires qui connaissent aujourd'hui le pays de la Rivière Rouge savent à quoi s'en tenir sur ces rapports des voyageurs d'autrefois dans ces contrées sauvages.

A celui qui possède tant soit peu la science des hommes, le récit de M. de Saint-Pierre n'en impose pas.

On sait que du lac Supérieur au lac de la Pluie il n'y a que dix portages, et non trente-huit ; que le plus long de ces portages est de neuf milles seulement et qu'on en compte trois qui n'ont qu'un arpent. Je relève ces exagérations pour rappeler ce que j'ai dit dans un chapitre précédent, à savoir que Legardeur de Saint-Pierre ne connaissait pas du tout le pays de la Rivière Rouge et qu'il n'était pas, comme le dit M. de la Jonquière au ministre des colonies, *l'homme qui connaissait le mieux* ces pays sauvages. Tout le reste du rapport ressemble au commencement. Le langage de M. de Saint-Pierre dénote partout un caractère vaniteux, sans loyauté et cherchant à se faire valoir aux dépens de son prédécesseur.

Avant son départ de Montréal, M. de Saint-Pierre avait méprisé une foule de renseignements importants que le chevalier de la Vérendrye avait eu la bonté de lui donner. Il ne s'était pas fait, comme il l'avoue, une idée des difficultés qu'on rencontrait pour voyager dans ces contrées lointaines. C'est pourquoi il fit bévues sur bévues et finit par ruiner, en trois ans, des postes qui avaient coûté à M. de la Vérendrye dix-huit années de travaux, tout son avoir et celui de sa famille.

Au lac de la Pluie, M. de Saint-Pierre rencontra les sauvages. " Je leur fis grandement valoir " la bonté que le roy, mon maître, a de les visi- " ter et pourvoir à tous leurs besoins. Je me " renfermai à cet égard à ce qui m'est prescrit " dans mon instruction. Je fus très bien reçu et " à en juger par l'extérieur, ces sauvages étaient " mieux disposés pour les Français. Je ne tardai " pas cependant à m'apercevoir que toutes ces " nations en général étaient très dérangées et très " impertinentes, ce qu'on peut attribuer à la trop " grande mollesse qu'on a eue pour elles."

La plus grande impertinence, selon nous, c'est celle que commet ici M. de Saint-Pierre en se mêlant de critiquer la conduite de M. de la Vérendrye qui aurait *dérangé* les sauvages en leur faisant trop de présents et en ne les traitant pas assez sévèrement. Nous l'avons dit : M. de Saint-Pierre ne connaissait rien, ni le pays, ni les mœurs des sauvages, et il était bien l'homme le moins qualifié pour continuer l'œuvre de M. de la Vérendrye. Aussi, il ne fera que la ruiner.

En passant au fort Saint-Charles, M. de Saint-Pierre promit aux sauvages qu'il ferait bâtir un fort au pied des Montagnes-Rocheuses. " Je " promis, dit-il, à toutes les nations que M. de " Niverville irait faire un établissement à trois

" cents lieues plus haut que celui de Paskoyac.
" Je convins avec toutes ces nations qu'elles se
" joindraient à moi dans ce nouveau poste."

Ce projet proposé aux sauvages du lac des Bois de les traîner à quatre cents lieues pour aller vendre leurs pelleteries, tandis qu'ils ne sont qu'à quatre cents milles de la baie James, dut leur sourire médiocrement. Mais M. de Saint-Pierre ne fait un mémoire que pour la forme, persuadé que le gouverneur ne fera pas d'enquête pour s'assurer de la vérité.

Arrivé au fort Maurepas, M. de Niverville prit le chemin du fort Paskoyac. La saison était trop avancée pour voyager en canot ; depuis l'embouchure de la Rivière Rouge, il se dirigea à travers les bois du côté du fort Bourbon. Ce fut pour lui un voyage de misères. Obligé de porter à dos ou sur de légers traîneaux le bagage et les provisions, la fatigue et l'épuisement le forcèrent à laisser une partie des vivres le long de la route.

N'ayant rien trouvé dans les forts, il fut exposé à mourir de faim avec tous ses gens. Rendu à Paskoyac à l'entrée de l'hiver, M. de Niverville n'eut pour se nourrir qu'un peu de poisson bouilli, pêché au jour le jour ; cette famine dura jusqu'au printemps.

M. de Saint-Pierre n'eut pas un meilleur sort, mais on peut dire qu'il l'avait bien mérité. L'automne tirait à sa fin quand il arriva au fort de Reine. Ce fort, délaissé depuis le départ de M. de la Vérendrye, était vide de toutes provisions. A cette saison, les sauvages étaient allés prendre leurs campements d'hiver dans les bois le long des rivières. M. de Saint-Pierre envoya immédiatement ses hommes à la recherche de quelque camp, mais le peu de nourriture qu'ils rapportèrent ne les sauva pas d'un jeûne rigide qui altéra la santé de M. de Saint-Pierre.

Au printemps, M. de Niverville qui avait reçu l'ordre de remonter la Saskatchewan et de faire un établissement au pied des montagnes, se trouva tellement malade qu'il ne put entreprendre ce long voyage.

Cependant le 29 mai (1751), il fit partir dix hommes en avant, leur donnant l'espoir qu'il irait les rejoindre un mois après. Il n'avait pas oublié les misères de l'automne précédent pour se rendre au fort Paskoyac ; avec sa santé minée par le jeûne de l'hiver et la maladie, il n'osa pas se mettre en route.

Ces dix voyageurs atteignirent heureusement le pied des montagnes et bâtirent un fort auquel il donnèrent le nom de la Jonquière, en l'honneur du gouverneur de la colonie. Comme a chasse abondait en cet endroit, ils se pourvurent de vivres abondamment.

Quelques historiens ont dit que ce fort avait

été bâti à peu près à l'endroit où se trouve aujourd'hui Calgarry ; mais des voyageurs anciens qui connaissaient le pays et les traditions recueillies par les sauvages, affirment qu'il était beaucoup plus près des montagnes, dans un endroit où l'on croit retrouver des traces de cet établissement. On dit que les sauvages en passant près de cette place ont coutume d'y jeter une pierre. (1) Ceux qui ont visité ces lieux disent que l'emplacement convient à un poste de traite, beaucoup mieux encore que Calgarry.

Quand la nouvelle de la maladie de M. de Niverville parvint au fort de la Reine où se trouvait M. de Saint-Pierre, celui-ci se préparait à descendre au Grand-Portage du lac Supérieur pour y recevoir des provisions et des marchandises. Pour le moment, M. de Niverville fut abandonné à lui seul dans son fort Paskoyac, où il passa l'été, la maladie l'empêchant d'aller rejoindre ses dix hommes au fort la Jonquière.

M. de Saint-Pierre ne fut de retour au fort de la Reine que le 7 octobre (1751). Pendant ce temps, la découverte n'avançait pas vite.

Le 14 novembre, il entreprit d'aller rejoindre M. de Niverville au fort Paskoyac. "Je me " suis mis en chemin. dit-il, pour me rendre au

---

(1) Le fait est qu'il y a là un monceau de pierres.

" fort la Jonquière sur les glaces et poursuivre
" ma découverte. (1)

" Je faisais ma route de la meilleure grâce du
" monde et tout semblait s'accorder pour favoriser
" mes désirs, lorsque je rencontrai deux français
" avec quatre sauvages qui venaient m'informer de
" la continuation de la maladie de M. de Niver-
" ville et par surcroît de malheur, de la trahison
" que les Assiniboines avaient faite aux Jhate-
" heolini qui devaient être mes conducteurs chez
" les Kinon-geolini."

Après cela, M. de Saint-Pierre entre dans de longs et insignifiants détails sur cette trahison d'aucune conséquence pour lui, surtout dans le moment, puisque le fait s'était passé à trois cents lieues du fort de la Reine, et que les dix hommes résidants au fort la Jonquière n'en souffrirent aucun dommage. D'ailleurs il n'y avait aucun danger à se rendre au fort Paskoyac pour voir M. de Niverville sérieusement malade. M. de Saint-Pierre trouve plus commode de rebrousser chemin pour retourner au fort de la Reine où il n'aura qu'à échanger tranquillement ses marchandises pour des pelleteries sans courir aucun risque de s'égarer.

" Dans l'impossibilité (2), dit-il, de continuer

---

(1) Vous allez voir qu'il ne va pas loin et qu'il a bientôt une raison pour revenir sur ses pas, au fort de la Reine.

(2) *Impossibilité* ; le mot est heureux.

" ma découverte, je m'attachai à prendre autant
" de connaissances qu'on le peut des sauvages,
" pour savoir s'il n'y avait pas quelque rivière
" qui menât ailleurs qu'à la baie d'Hudson.

" Un vieux sauvage m'assura que, depuis peu
" de temps, la nation des Serpents avait pénétré
" dans un établissement très éloigné de chez eux,
" et que la route qu'elle avait suivie pour y aller
" va droite au soleil couchant.

" Je mis tout en usage pour déterminer ce
" sauvage à aller à cet établissement. Je lui
" promis une bonne récompense s'il me rap-
" portait une réponse à une lettre que je lui
" donnerais.

" Ceux que je dépêchai pour porter cette
" lettre ne sont pas revenus, je n'ai pas même
" eu de leurs nouvelles."

C'est ainsi que M. de Saint-Pierre travaillait à la découverte de la mer de l'Ouest. Les fils de M. de la Vérendrye suivaient, on le sait, une autre méthode.

CHAPITRE XI

SOMMAIRE.

M. de Saint-Pierre aux postes de l'Ouest (Suite).—Une aventure au fort de la Reine.—M. de Saint-Pierre revient au Grand-Portage avec des chefs indiens.—Son rappel à Montréal par le Gouverneur Duquesne.—Le chevalier de la Corne remplace M. de Saint-Pierre dans l'Ouest.—Après 1756, les forts de l'Ouest sont abandonnés.—Fin de la domination française dans l'Ouest.

Pendant l'hiver de 1752, M. de Saint-Pierre eut au fort de la Reine une aventure qui mérite d'être rapportée. Voici comment il la raconte lui-même :

" J'avais eu le plaisir de réparer le fort de la
" Reine sans m'attendre à l'aventure dont je vais
" parler.

" Le 22 février, sur les neuf heures du matin,
" je me trouvais dans ce fort avec cinq fran-
" çais (1). J'avais envoyé le surplus de mes
" hommes chercher des vivres dont je manquais
" depuis plusieurs jours. J'étais tranquille dans
" ma chambre, lorsqu'il entra dans mon fort deux
" cents assiniboines tout armés. Ces sauvages se

---

(1) Le nombre de ses hommes au fort était de dix-neuf. Quatorze étaient absents dans le moment.

" dispersèrent en un instant dans toutes les mai-
" sons ; plusieurs entrèrent chez moi sans armes,
" les autres restèrent dans le fort. Mes gens
" vinrent m'avertir de la contenance de ces sau-
" vages. Je courus à eux. Je leur dis vertement
" qu'ils étaient bien hardis de venir en foule dans
" mon fort, armés. L'un d'eux me répondit en
" cristinau qu'ils venaient pour fumer. Je leur
" dis que ce n'était pas de la façon dont ils
" devaient s'y prendre et qu'ils eussent à se retirer
" sur le champ. Je crus que la fermeté avec
" laquelle je leur avais parlé les avait un peu
" intimidés, surtout ayant mis à la porte quatre
" de ces sauvages, les plus insolents, sans qu'ils
" eussent dit un mot. Je feus tout de suite chès
" moy ; mais dans le même instant, un soldat vint
" m'avertir que le corps de garde était plein de ces
" sauvages et qu'ils s'étaient rendus maistres des
" armes. Je me hastay de me rendre au corps
" de garde. Je fis demander à ces sauvages par
" un cristinau, qui me servait d'interprète, quelles
" estoient leurs vues, et, pendant ce temps là, je
" me disposai au combat avec ma faible troupe.
" Mon interprète qui me trahissait me dit que ces
" sauvages n'avaient aucun mauvais dessein, et,
" dans la minute, un orateur assiniboine qui
" n'avait cessé de me faire de belles harangues,
" dit à mon interprète que, malgré lui, sa nation
" voulait me tuer et piller. A peine eus-je pénétré

" leur résolution que j'oubliay qu'il fallait prendre
" les armes. Je me saisis d'un tison de feu
" ardent. J'enfonçai la porte de la poudrière ; je
" défonçai deux barils de poudre sur lesquels je
" promenay mon tison en faisant dire à ces sau-
" vages d'un ton assuré, que je ne périrois pas
" par leurs mains et qu'en mourant j'aurais la
" gloire de leur faire subir à tous mon même
" sort. Ces sauvages virent plutost mon tison
" qu'ils n'entendirent mes paroles. Ils volèrent
" tous à la porte du fort, qu'ils ébranlèrent con-
" sidérablement tant ils sortaient avec précipi-
" tation. J'abandonnay bien vite mon tison et
" je n'eus rien de plus pressé que d'aller fermer
" la porte de mon fort.

" Le péril dont je m'étais heureusement délivré,
" en me mettant en danger de périr moy-même,
" me laissoit une grande inquiétude pour les
" quatorze hommes que j'avais envoyés chercher
" des vivres. Je fis bon quart sur mes bastions ;
" je ne vis plus d'ennemis, et, le soir, mes qua-
" torze hommes arrivèrent sans avoir eu aucune
" mauvaise rencontre."

Monsieur de Saint-Pierre passa tranquillement
le reste de l'hiver dans son fort. Au printemps,
les Assiniboines revinrent au fort de la Reine
pour donner des explications sur leur malheureuse tentative de pillage au mois de février.
M. de Saint-Pierre, ne voulant ni les rebutter, ni

leur accorder un pardon complet, leur répondit qu'il exposerait le fait au Gouverneur, son maître, et qu'il intercèderait pour eux. On connait cette eau bénite de cour ; les sauvages tout barbares qu'ils sont ne s'y laissent pas prendre. M. de Saint-Pierre, lui non plus, n'ajouta pas foi aux témoignages de regrets des sauvages. Étant sur le point de descendre au Grand-Portage pour y chercher des marchandises, il n'osa laisser personne pour garder le fort de la Reine. L'aventure du mois de février avait effrayé tout son monde. Il demanda aux sauvages de vouloir bien en prendre soin ; ce que ceux-ci lui promirent sans hésiter. On verra bientôt comment ils remplirent leur promesse.

Le 24 juillet 1752, M. de Saint-Pierre arrivait heureusement au Grand-Portage. Il est probable qu'il avait laissé une partie de son monde dans les différents forts le long de sa route.

Il repartit aussi pour l'ouest avec des vivres, des munitions et des marchandises pour la traite. Malgré la guerre entre les sauvages, M. de Saint-Pierre ne négligeait pas la traite. Chaque année, il monte une quantité de provisions et jamais il ne se plaint qu'on les lui ait volées. Les dangers n'existaient que lorsqu'il s'agissait de la découverte.

Le 29 septembre, il apprit au bas de la rivière Winnipeg, que les sauvages assiniboines avaient brûlé le fort de la Reine quatre jours après son départ pour le Grand-Portage. C'était le plus court moyen pour eux de ne pas avoir de préoccupation pour sa garde.

" Arrivé au bas de la rivière Nipik, dit M. de
" Saint-Pierre, j'eus la douleur d'apprendre par
" les cristinaux que quatre jours après mon
" départ du fort de la Reine, les sauvages y
" avaient mis le feu. Ceci, joint à la disette de
" vivres où je me trouvay, me contraignit d'aller
" hiverner à la Rivière Rouge où la chasse est
" plus abondante."

Nous avons déjà vu que le fils de M. de la Vérendrye avait bâti un petit fort vers l'embouchure de l'Assiniboine à l'endroit encore appelé aujourd'hui Fort-Rouge. Ce fut probablement dans ce fort que M. de Saint-Pierre hiverna en 1753.

Pendant l'hiver, il reçut une lettre de l'officier Marin qui avait été envoyé chez les Sioux par le marquis de la Jonquière. Marin, tout comme M. de Saint-Pierre, travaillait de son mieux à pacifier les sauvages, mais sans trop de succès. Cet officier, lui aussi, était une des créatures de Bigot, pour faire la traite dans l'ouest. "Il *avait été*
" *chargé conjointement avec M. de Saint-Pierre*,
" par l'intendant Bigot, dit un document de
" l'époque, d'aller faire la traite dans l'extrême

" ouest tout en explorant les contrées jusqu'à
" la mer, si *c'était possible.*"

Marin disait, dans sa lettre, que les chefs sioux désiraient avoir une entrevue avec les chefs cristinaux et les invitaient à venir les rencontrer à Missilimakinaw, pour y tenir conseil. M. de Saint-Pierre communiqua cette lettre aux cristinaux qui consentirent à envoyer trois des leurs avec M. de Saint-Pierre.

Il partit le 18 juin, du bas de la rivière Winnipeg avec trois chefs cristinaux pour se rendre au Grand-Portage et de là à Missilimakinaw.

Le 10 juillet, il passait au fort Saint-Charles sur le lac des Bois. A ce poste, il eut le plaisir de trouver deux français qui étaient depuis longtemps, prisonniers chez les Sioux. Ceux-ci les avaient envoyés rencontrer M. de Saint-Pierre pour montrer la bonne volonté qu'ils avaient de conclure un traité de paix au Grand-Portage, supposant que les délégués des différentes tribus ne pourraient pas se rendre à Missilimakinaw.

Le 28 juillet, le chevalier de Niverville rejoignit M. de Saint-Pierre au lac Supérieur. Lui aussi, avait abandonné son fort Paskoyac d'où il n'était pas sorti depuis trois ans. Tous les deux continuèrent leur route avec les chefs cristinaux. Quelques jours avant d'arriver à Missilimakinaw, ils firent rencontre du chevalier de la Corne qui s'en allait prendre la charge des postes de l'Ouest. M. de Saint-Pierre était rappelé à Montréal par le gouverneur Duquesne. Les chefs sioux qui s'étaient rendus à Missilimakinaw étaient déjà retournés vers leurs tribus avec l'officier Marin ; ils n'avaient pas attendu l'arrivée de M. de Saint-Pierre pour affirmer leurs bonnes dispositions et promettre de garder la paix. Les chefs cristinaux rebroussèrent chemin sous la conduite du chevalier de la Corne, et M. de Saint-Pierre, ainsi que le chevalier de Niverville, descendirent à Montréal où ils arrivèrent le 20 septembre.

Ainsi finit cette expédition de M. de Saint-Pierre. L'œuvre de M. de la Vérendrye s'en allait en ruine.

Le chevalier de Niverville n'était pas allé plus loin que le fort Paskoyac. Les hommes qu'il avait envoyés au pied des Montagnes Rocheuses y avaient bâti le fort la Jonquière, mais lui-même ne se rendit pas jusque là. M. de Saint-Pierre n'alla que tout juste au fort de la Reine. Ainsi la découverte, sous sa direction, n'avait pas progressé d'un pas. En revanche, il fit une ample moisson de pelleteries, et réalisa avec Bigot des profits énormes aux dépens de l'État, qui ne bénéficia en rien de cette expédition.

Le 2 novembre, M. de Saint-Pierre fut chargé par le gouverneur, le marquis Duquesne, du commandement de la Belle-Rivière à la place de

Marin qui était mourant. En 1755, il commandait un parti de six cents sauvages, au lac du Saint-Sacrement; il y fut tué par un anglais. Bigot fut rappelé en France et jeté à la Bastille. Le marquis de la Jonquière était mort en 1752. Ainsi ces trois compères qui s'étaient entendus pour dépouiller à leur profit les fils de M. de la Vérendrye n'eurent pas le plaisir de jouir du fruit de leurs rapines.

Après l'expédition de M. de Saint-Pierre, le chevalier de la Corne fut le dernier officier français chargé de garder les forts de l'Ouest. Sous ses ordres, aucune nouvelle découverte ne fut entreprise. Il fit bâtir un fort un peu au-dessous du confluent des deux branches de la Saskatchewan ; il lui donna le nom de fort la Corne qu'il porte encore aujourd'hui. C'est le seul fort de tous ceux élevés par les français qui existe encore. Des forts de la Reine, Maurepas, Saint-Charles, Bourbon, Dauphin et la Jonquière, il ne reste pas la moindre trace, et les Compagnies marchandes qui s'établirent plus tard dans le pays, ne cherchèrent pas à les rebâtir.

Après 1756, les forts furent abandonnés et les sauvages reprirent le chemin de la baie d'Hudson à la grande satisfaction des anglais. Il est probable, cependant, que plusieurs français ou canadiens qui avaient suivi les découvreurs et les traiteurs dans l'ouest et qui avaient pris le goût des aventures, continuèrent à vivre chez les tribus indiennes.

Les sauvages conservèrent longtemps le souvenir des français qui avaient habité parmi eux et fait pénétrer la civilisation au milieu de leurs tribus. Aussi, pendant bien des années, ils en conservèrent les vestiges.

En 1811, un voyageur anglais, Cox, dans son livre *Adventures of the Columbia River*, dit que durant son voyage on lui montrait très souvent, dans ces déserts sauvages, de petites huttes en bois encore ornées de crucifix et autres symboles du christianisme. "Ces demeures sont maintenant désertes, ajoute-t-il, mais elles sont encore regardées avec un pieux respect par les voyageurs. Les pauvres sauvages eux-mêmes, qui, depuis le départ des Jésuites, sont retombés dans leurs vieilles habitudes, portent le plus grand respect à ces maisons qui étaient habitées, disaient-ils, *par les bons pères blancs qui ne les volaient jamais, ne les trichaient jamais comme les autres hommes blancs.*"

Ici se termine le règne des Français dans l'Ouest.

IIᴱ PÉRIODE—1760 A 1822

LES COMPAGNIES DES TRAITEURS

CHAPITRE I.

SOMMAIRE.

Les coureurs des bois et les traiteurs isolés.

La seconde période de l'histoire de l'Ouest canadien commence à l'année 1760, c'est-à-dire à la conquête du Canada par l'Angleterre et se termine à l'année 1822, au moment de l'établissement d'une hiérarchie catholique au Nord-Ouest. Pour comprendre l'histoire de ces soixante-deux années, il faut interroger les desseins de la divine providence et les étudier à la lumière de la foi, sinon le lecteur n'y verra qu'un chaos informe où rarement apparaissent quelques germes de civilisation.

Les aventures étonnantes de quelques coureurs des bois qui vont tenter de faire fortune chez les tribus sauvages, et qui, après avoir risqué cent fois leur vie, reviennent terminer leurs jours au pays, tiennent plus du roman que de l'histoire proprement dite. Tout ce merveilleux perd bientôt son intérêt, quand on ne peut pas le ramener à un dessein général. Ces sortes de légendes sont bonnes pour amuser un auditoire dans une veillée de famille. L'historien a des lignes plus larges à tracer que le conteur au coin du feu ; nous le verrons en parlant des personnages qui ont passé sur la scène au Nord-Ouest pendant les soixante-deux années que nous appelons la seconde période de l'histoire de l'Ouest Canadien.

Pour Dieu, le plan qui domine tout, c'est l'établissement de la Sainte Eglise pour le salut des âmes et la glorification de son Christ. Là, apparaît la raison unique de tous les événements que l'histoire déroule sous nos yeux. Que les faits se passent sur un grand ou sur un petit théâtre ; qu'ils fassent plus ou moins de bruit dans le monde ; qu'ils attirent plus ou moins longtemps l'attention, au fond ils ont tous la même importance devant Dieu, puisqu'il les ménage pour avoir des élus au ciel. C'est à ce point élevé que nous devons nous placer pour étudier l'histoire et surtout pour l'écrire, sous peine de ne rencontrer que des événements sans but et des bouleversements causés par le hasard. Tout ce qui arrive ici-bas n'acquiert de l'intérêt qu'en vue de ce but suprême. Alors nous voyons dans les grands succès que Dieu accorde aux entreprises humaines des échafauds pour l'édifice qu'il veut construire, et nous ne sommes plus étonnés de les voir jetés par terre dès que l'édifice est terminé.

Le Sieur de la Vérendrye avait découvert le pays de l'ouest jusqu'au pied des Montagnes Rocheuses, mais là s'était borné sa mission. Cependant, par le concours des missionnaires qu'il avait conduits avec lui dans ses longs voyages, il avait fait entrevoir aux nations infidèles qui habitaient ces contrées, les premières lueurs de la vraie civilisation. Elles désiraient maintenant connaître la vérité et les temps approchaient où des apôtres viendraient se fixer au milieu de leurs tribus pour les instruire.

Mais auparavant, il fallait ouvrir, dans ces déserts sauvages, des routes sûres et y établir des moyens de communications.

Les découvreurs, tout occupés à pousser de l'avant leur exploration, n'avaient pas eu le temps de tracer ces voies, ni aussi de multiplier les établissements afin d'y mettre en réserve des provisions pour les besoins de la vie. D'ailleurs les dépenses exigées pour l'exécution de tels travaux eussent excédé les moyens des particuliers : seules des associations parfaitement organisées y pouvaient suffire.

Pour rendre le Nord-Ouest accessible aux missionnaires et leur faciliter les moyens de porter la foi aux tribus sauvages qui habitaient ce pays, Dieu va, pendant quelques années, le livrer à la cupidité d'une grande Compagnie, qui, pour en exploiter les richesses, ouvrira des chemins et y créera des voies sûres de communication. De plus, pour stimuler le zèle de cette Compagnie et hâter les travaux, il favorisera ses gigantesques entreprises; enfin, lorsque tout sera préparé pour les recevoir, il appelera ses apôtres et la Compagnie disparaîtra. Il est évident que les fortunes colossales acquises par les Bourgeois du Nord-Ouest ne furent pas le terme final des desseins de la Providence sur ce pays pendant la seconde période de son histoire.

* * *

Pendant la domination française en Canada, le commerce des pelleteries se fit sous le système des privilèges exclusifs. Le Gouverneur de la colonie accordait à des officiers une licence pour aller faire la traite dans les limites d'un territoire désigné. Les sauvages chez qui ils allaient, n'avaient pas la permission de s'adresser à d'autres qu'à ce traiteur pour se procurer les objets dont ils avaient besoin.

Avec ce système, le gouvernement atteignait

plus facilement son but qui était de civiliser les sauvages, en les groupant par familles et par villages. Il pouvait ainsi les former à des habitudes de travail et les faire instruire par les missionnaires. Les traiteurs favorisés du gouvernement étaient ordinairement des personnes de bonne éducation qui s'étudiaient à correspondre aux vues qu'on avait sur eux. Leur conduite d'ailleurs était surveillée de près par les missionnaires qui mettaient tous leurs soins à empêcher la vente des liqueurs enivrantes aux sauvages. Au moment de la conquête, il restait encore quelques villages formés par les familles indiennes sous le régime français.

Après la cession du Canada à l'Angleterre, le système du privilège de la traite fut abandonné et chacun fut libre d'aller commercer chez les sauvages. La rivalité qui résulta de cette liberté illimitée ouvrit la porte à toutes sortes de désordres et de crimes, et, en moins de vingt ans, toute trace de civilisation avait disparu. Ce fut un grand malheur pour la colonie, pour le commerce, et pour les sauvages. Les marchands y trouvèrent la ruine du commerce des pelleteries et les sauvages la ruine de leurs mœurs et, comme conséquence, la misère.

Tout le monde connaît l'insurmontable passion du sauvage pour les liqueurs enivrantes. Pour s'en procurer, il cède tout ce qu'il a ; il se vendrait lui-même pour en avoir. Les traiteurs ne manquèrent pas d'exploiter à leur profit ce malheureux penchant. Ce fut le grand moyen dont ils se servirent pour l'emporter sur un concurrent. Tous ces traiteurs rivaux, disséminés sur une immense étendue de territoire, et à des distances énormes des pays civilisés, savaient que les lois ne pourraient pas les atteindre et ils pouvaient se flatter de l'impunité en commettant tous les crimes.

Un M. Henry, qui fit la traite des pelleteries, dit dans le journal de ses voyages, que lorsqu'il arriva, en 1775, au Grand Portage du Lac Supérieur, (1) " il trouva les traiteurs dans un état " d'inimitié réciproque ; chacun d'eux faisant " ses affaires de la manière qu'il pensait la " plus propre à nuire à son voisin, conduite, " ajoute-t-il, qui avait un effet dangereux auprès " des sauvages." (page 239.)

Les mêmes faits sont rapportés par Sir Alex. Mackenzie, dans ses " *Observations sur le commerce des pelleteries.*" " Ce commerce, dit-il, se " faisait dans un pays très éloigné de toute res-" treinte légale ; où rien n'empêche d'employer " tous les moyens qui peuvent procurer le succès. " La mauvaise conduite des traiteurs leur faisait

---

(1) Le Grand-Portage se trouve sur le côté nord du Lac Supérieur, à l'endroit où les traiteurs pénétraient dans les terres pour se rendre à la Rivière Rouge. Ce fut longtemps un poste important.

" perdre non seulement l'occasion de faire des
" profits, mais encore l'estime des sauvages et le
" respect de leurs engagés que trop disposés à
" suivre leur exemple."

" L'hiver pour eux n'était qu'une scène non
" interrompue de querelles et de batailles. Les
" sauvages n'avaient plus que du mépris pour
" des gens qui se conduisaient avec tant de
" dérèglement et de mauvaise foi."

Les vingt premières années de l'histoire du Nord-Ouest après la conquête pourraient se résumer en quelques pages, si quatre ou cinq parmi ces traiteurs ne s'étaient pas distingués des autres, sinon par une conduite plus honnête. du moins par les succès qu'ils obtinrent et les fortunes qu'ils amassèrent.

Alexandre Henry fut un des premiers anglais qui s'aventura dans les pays d'En-Haut, après l'abandon des forts par les français. Il s'associa ou plutôt il prit pour guide un ancien traiteur français du nom d'Etienne Campion, chasseur d'une grande habileté et surtout d'une admirable fidélité. Tous deux s'embarquèrent à Lachine au mois d'août 1760. Alexandre Henry n'était âgé que de vingt-trois ans. Il n'avait jamais fait la traite et ne connaissait pas du tout les pays où il allait s'aventurer avec son guide. Il fut un des premiers qui songea à exploiter, pour la traite, la malheureuse passion des indiens pour le rhum.

Il en avait fait une bonne provision pour les échanges, mais son premier coup d'essai ne lui réussit pas.

Les premiers sauvages que rencontra Henry, lui volèrent une partie de son rhum, disant pour le consoler, qu'après tout c'était le sort qui devait lui arriver plus loin.

En effet, à Missilimakinaw, il perdit tout ce qu'il possédait de marchandises pour la traite, se cacha pendant longtemps pour éviter la mort et parvint après avoir enduré beaucoup de misères à descendre jusqu'à Niagara. Après un pareil début, un autre se fut découragé et n'eut plus songé à retourner au Nord-Ouest. Henry voulut tenter le sort encore une fois. Il partit en 1765 avec un autre associé du nom de J. Bte Cadotte, très connu dans les pays d'En-Haut (1) Il était déterminé à ne revenir au Canada qu'après avoir fait fortune. En effet, il ne retourna à Montréal qu'en 1776, après une absence de seize ans. Les succès qu'il avait obtenus dans la traite des pelleteries devinrent le sujet de toutes les conversations. A cette époque, les récits des voyageurs qui avait vécu longtemps chez les sauvages, avaient un intérêt qu'ils n'ont plus aujourd'hui.

(1) Il y a encore dans Manitoba plusieurs familles Cadotte descendantes de ce premier traiteur qui épousa une indienne. Une de ces familles réside à St-Norbert, près de Winnipeg.

Après avoir fait un voyage en Europe, Henry s'établit à Montréal, et en 1784 il prit part à la formation de la Compagnie du Nord-Ouest.

Pendant que Alex. Henry s'était enrichi dans le Nord-Ouest, les autres traiteurs, jusqu'à 1770, n'avaient guère pénétré plus loin que le Grand Portage et le lac Népigon. Cette année-là, un nommé Curry alla jusqu'au lac Bourbon où il passa l'hiver comme on sait près du fort Bourbon bâti par un des fils de la Vérendrye en 1741. Son succès dépassa toutes ses espérances ; il revint l'année suivante avec une cargaison assez riche pour n'avoir plus besoin de s'occuper de la traite.

D'autres voulurent suivre son exemple et aller jusqu'aux forts les plus éloignés qu'avaient bâtis les français. Un M. Finlay se rendit au fort La Corne en 1771. Ce fort était bien le dernier bâti par les français ; mais il n'était pas le plus éloigné, car en 1751, M. de Niverville avait fait construire le fort la Jonquière aux sources de la Saskatchewan, six cents milles plus loin. Le fort La Corne n'avait été construit que cinq ans après.

Comme depuis la conquête, tous les sauvages du nord avaient cessé de fréquenter les forts français et avaient repris le chemin de la baie d'Hudson, il est très probable que la traite sur la Saskatchewan n'était pas aussi abondante qu'autrefois. En 1772, Joseph Frobisher de

Montréal soupçonna qu'il aurait plus d'avantage à s'avancer tout droit vers le Nord pour y rencontrer les sauvages sur la route de la baie d'Hudson. Il se rendit d'abord au fort Paskoyac, non loin de l'embouchure de la grande Saskatchewan, et de là se dirigea sur la rivière Churchill, où personne encore n'était allé faire la traite. Les sauvages y arrivèrent en grand nombre, chargés des plus précieuses pelleteries. Ces pelleteries étaient toutes destinées à payer les dettes que les sauvages avaient contractées l'année précédente chez les anglais de la baie d'Hudson.

Quand Frobisher leur offrit de tout acheter le produit de leur chasse, ils refusèrent de le lui céder, se faisant un scrupule de manquer à leur parole et de commettre une injustice à l'égard des marchands qui leur avaient avancé des marchandises et des provisions. Mais Frobisher fit tant d'instances auprès d'eux qu'ils se laissèrent gagner, surtout par l'appât du prix élevé qu'il leur offrit. La quantité de fourrures qu'ils lui cédèrent était si grande qu'il fut obligé d'en laisser une partie dans un fort qu'il bâtit exprès, et qui depuis ce temps a porté le nom de *fort de traite*. L'année suivante, quand il vint pour reprendre ses fourrures, il les trouva intactes. Les pauvres sauvages s'étaient donc montrés plus honnêtes que les blancs, qui venaient leur enseigner à tromper et à manquer de justice dans leurs marchés.

Frobisher de retour à Montréal vendit sa cargaison et réalisa un profit net de $50,000 piastres. Une telle fortune, faite en si peu de temps, donnait la fièvre à tous les commerçants de pelleteries ; tous auraient voulu partir pour les pays d'En-Haut. Pendant plusieurs années, une foule d'autres traiteurs isolés s'aventurèrent dans l'Ouest avec des marchandises, mais surtout avec des liqueurs enivrantes, qu'ils débitèrent sans scrupule aux sauvages. Ces traiteurs, disséminés partout au milieu des tribus, y donnaient l'exemple de tous les vices et volaient odieusement les pauvres indiens. Pour eux, tous les moyens étaient bons. Faire fortune le plus tôt possible sans s'occuper des suites de leur conduite, tel était leur unique but.

A force d'être témoins de leur avarice et de leur cupidité, les sauvages prirent en haine tous ces traiteurs qui venaient les piller et ils résolurent secrètement de tous les mettre à mort à un moment donné. A l'automne de 1780, les sauvages de la rivière Assiniboine, pour venger la mort de l'un des leurs tué par une trop forte dose de liqueur que lui avait versée un commis, attaquèrent deux forts et tuèrent trois canadiens. De nombreux postes furent attaqués dans le même temps et le complot formé pour exterminer tous les blancs était à la veille d'éclater, quand un événement inattendu vint jeter l'épouvante dans le pays et sauver tous les traiteurs d'une mort certaine.

Une bande d'Assiniboines, s'étant mis en campagne pour aller lever des chevelures chez les Mandanes, rapporta une maladie inconnue jusque là chez les tribus du Nord ; c'était la petite vérole. Cette affreuse maladie qui porte partout l'épouvante et la terreur, produisit chez les sauvages des scènes de désolation indescriptibles. Ceux-là seuls qui en ont été les témoins, peuvent en avoir une idée.

Les soins hygiéniques que prennent les peuples civilisés pour contrôler les ravages de cette épidémie, ne sont pas même soupçonnés chez les sauvages. Logés sous de misérables tentes où la température varie comme en plein air ; exposés nuit et jour aux courants froids des vents qui soufflent continuellement sur ces immenses prairies, on comprend avec quelle rapidité tous deviennent les victimes du fléau chaque fois qu'il fait irruption dans une tribu. Presque pas un de ceux qui en sont atteints n'en réchappe.

En 1780, les traiteurs rapportent que les trois quarts de la nation assiniboine furent emportés. Les blancs échappèrent ainsi au massacre comploté contre eux ; mais d'un autre côté, la traite fut ruinée par la mort des chasseurs. Pendant deux ans, les marchands de Montréal ne reçurent aucune pelleterie du Nord-Ouest. Prévoyant les dommages qui pouvaient résulter de ce fait et voulant rétablir un système de traite plus régulier, ils s'assemblèrent durant l'hiver de 1783 à 1784 et jetèrent les bases de la Compagnie du Nord-Ouest.

CHAPITRE II.

FORMATION DE LA COMPAGNIE DU NORD-OUEST.
1784.

SOMMAIRE.

Pourquoi la Compagnie prit le nom de Compagnie française.—Sa première organisation, noms des premiers Bourgeois.—Première scission.—Lutte contre quelques traiteurs mécontents.—Etablissements des forts dans l'extrême nord à l'ile à La Crosse et au lac Athabaska.—Réunion des traiteurs en 1787.

Disons tout de suite, en commençant ce chapitre, que le nom de Compagnie française adopté par la Compagnie du Nord-Ouest ne lui appartenait pas plus qu'à sa rivale, la Compagnie de la baie d'Hudson, puisque tous ses bourgeois et les trois quarts de ses commis étaient anglais ou écossais. Dès le commencement, elle ne fut composée que d'anglais et en 1804, sur quarante bourgeois, il y avait trente-huit anglais et seulement deux français, MM. Chaboillez et de Rocheblave. Il en fut presque de même de ses commis. Il est vrai que tous ses serviteurs étaient canadiens, mais ces portefaix et ces manœuvres qui agissaient comme des esclaves sous les ordres des chefs anglais, ne faisaient pas plus partie de la Compagnie que les chasseurs sauvages qui venaient commercer dans les postes de traite.

Si on a fait sonner si haut ce titre de français pour une compagnie marchande composée d'anglais, c'était pour avoir les sympathies des sauvages qui avaient toujours estimé beaucoup les français et détesté les anglais.

Les indiens avaient conservé le souvenir des premiers français qui avaient pénétré dans l'ouest ; ils se rappelaient les bons procédés dont ils avaient usé envers eux, et les paroles de paix qu'ils leur avaient apportées avec les missionnaires qui les suivaient. Le nom de français résonnait bien à leur oreille et réveillait en eux les sympathies qu'ils avaient données à M. de la Vérendrye et à ses fils. La Compagnie du Nord-Ouest connaissait la répulsion des sauvages pour les anglais ; elle voulut bénéficier du prestige attaché au nom français pour capter la confiance, non seulement des indigènes, mais de tous les canadiens qu'elle prenait à son service et en même temps pour rendre odieuse sa rivale en l'appelant Compagnie anglaise.

On a abusé de ce titre en faveur des bourgeois du Nord-Ouest pour leur faire pardonner des fautes que l'histoire doit juger avec impartialité. Il faut donc considérer la Compagnie du Nord-Ouest, comme une Compagnie anglaise, dans laquelle la nationalité canadienne n'a rien de plus à défendre que dans la Compagnie de la baie d'Hudson. Toutes deux n'ont eu qu'un but, faire fortune *per fas et nefas*, ou, comme on dit en anglais, *any way and any how*. La civilisation des tribus indiennes et le progrès matériel du pays qu'elles exploitaient, ont été le moindre de leurs soucis. Si deux ou trois associés de la Compagnie du Nord-Ouest ont travaillé, dans un but scientifique, à étendre le champ des découvertes, ce fut contrairement aux idées de la Compagnie qui ne comprenait rien en dehors de son trafic des fourrures.

Quoique cette Compagnie ait joué, en Canada, un rôle très marquant durant plusieurs années, cependant son histoire n'était guère connue qu'au point de vue mercantile. On savait qu'elle faisait un immense trafic de pelleteries, chez les sauvages de l'ouest ; que la plupart de ses bourgeois réalisaient de belles fortunes et qu'elle gardait à son service toute une armée de serviteurs canadiens, qu'on appelait : *les voyageurs des pays d'En-Haut.*

Mais comment les choses se passaient là-bas chez les sauvages ; quelle vie menaient tous ces bourgeois, tous ces commis et tous ces coureurs des bois ; quelle morale on y gardait, quelle justice on y observait, voilà ce qu'on a ignoré, sinon complètement, du moins en grande partie.

Comme toutes les grandes compagnies, la Compagnie du Nord-Ouest avait des influences en haut lieu, et, par son or, elle avait su se créer des sympathies jusque dans les plus hauts rangs de la société.

Assurément, il n'est pas désirable que tous les mystères du Nord-Ouest soient jamais révélés au grand jour ; une histoire détaillée de tous les faits et gestes de ces traiteurs serait loin d'être édifiante. Mais le devoir de l'historien est de révéler tout ce qui peut l'être convenablement.

Les actionnaires de cette Compagnie étaient généralement des hommes qui avaient reçu une éducation distinguée ; ils étaient ce qu'on appelle dans le monde des *gentlemen*. A Montréal et à Québec, ils étaient admis et fêtés dans la haute société à cause du rang qu'ils tenaient et des manières gracieuses qu'ils savaient prendre à leur retour des pays d'En-Haut. On les appelait les *Nord-Ouest*. Ils menaient un train princier comme des millionnaires. Leurs causeries étaient intéressantes, et partout on aimait à entendre le récit de leurs courses lointaines. Ils tenaient aux formes extérieures et à tout ce qui pouvait contribuer à augmenter leur prestige. Mais chez eux, il y avait deux hommes ; le civilisé et le traiteur. Si en Canada, ils se montraient aimables et faisaient paraître de belles qualités, dans les pays sauvages, ils étaient, comme trafiquants, sans entrailles, et, pour défendre ce qu'ils appelaient *leurs droits de commerce*, ils ne reculaient devant aucun moyen. Du haut en bas, depuis le premier bourgeois jusqu'au dernier des serviteurs, tous étaient animés du même esprit.

En succédant aux traiteurs isolés, les membres de cette Compagnie se mirent en état de réaliser plus sûrement de grosses fortunes, mais le Nord-Ouest n'y gagna rien au point de vue de la morale et de la civilisation. Les sauvages furent exploités et démoralisés plus systématiquement, et les coureurs des bois continuèrent, comme par le passé, à s'abrutir par toutes sortes de vices. La suite de cette histoire le prouvera.

Les graves inconvénients, résultant d'une concurrence portée trop loin avaient préparé la formation de la Compagnie du Nord-Ouest. Celle-ci, dès le principe, eut soin de fermer le Nord-Ouest à tout traiteur isolé, voulant faire le commerce des pelleteries sur le même terrain qu'elle. Ces marchands qui se formaient ainsi en société n'avaient aucun droit particulier. Tout sujet anglais pouvait y prétendre. Ils n'ignoraient pas que le fait de s'adresser au Parlement, pour obtenir un privilège exclusif de commerce, eut été de leur part une démarche inutile. A défaut d'un titre légal, ils espérèrent garder ce monopole par la force et en payant d'audace.

La traite, qui avait été complètement ruinée

par la honteuse conduite des blancs chez les sauvages et par la mort de la plupart des chasseurs tombés victimes de la picote en 1780, commençait à se relever en 1784. Les animaux à belles fourrures, laissés en paix durant ces trois dernières années, s'étaient beaucoup multipliés et les chasseurs devenus insouciants après l'épidémie qui avait décimé les tribus commençaient à reprendre leur genre de vie d'autrefois.

Les traiteurs anglais, cependant, ne voulurent plus user du même système que par le passé. Les dommages qu'ils avaient éprouvés durant les dernières années les avaient convaincus qu'il fallait adopter un autre mode de faire la traite pour y trouver des profits. Durant l'hiver de 1783 à 1784, les plus importants d'entre eux se réunirent pour faire le commerce en société. Les chefs de cette association furent messieurs Benjamin et Joseph Frobisher, les plus anciens traiteurs du Nord-Ouest et M. Simon McTavish à qui on donna une commission comme agent. Une partie de ceux qui devaient être associés se trouvaient alors dans les territoires de l'ouest et n'avaient pu descendre à Montréal pour s'entendre avec les chefs, mais ceux-ci avaient promis aux nouveaux associés de donner satisfaction aux actionnaires absents.

Le principe fondamental de cet arrangement était que les capitaux séparés de chaque marchand seraient mis en commun et que chaque particulier aurait dans les profits une part proportionnée à sa mise.

Dès le commencement du printemps, les associés se rendirent au Grand Portage avec leurs lettres de créance et là ils rencontrèrent ceux qui n'étaient pas venus à Montréal pour assister à la convention.

MM. Peter Pond, Peter Pangman et quelques autres se montrèrent très mécontents de la part qu'on leur avait faite et refusèrent de se joindre aux autres. Cette difficulté inattendue dérangea les calculs de la Compagnie naissante. Pour lutter avec avantage contre sa rivale qui allait se réveiller de son apathie sur les bords de la baie d'Hudson et sortir de sa tanière pour s'avancer vers l'ouest, la nouvelle Compagnie avait besoin de toutes ses forces et de tous ses hommes, afin de s'emparer immédiatement des postes du nord et de l'ouest. Pangman, et Pond étaient des hommes habiles, énergiques et habitués avec les sauvages : ils pouvaient nuire beaucoup à la Compagnie du Nord-Ouest en attirant à eux les serviteurs de celle-ci et en indisposant contre elle les vendeurs de fourrures. Mais, d'un autre côté, céder immédiatement aux réclamations de quelques mécontents, c'était aux yeux des chefs ouvrir la porte à une foule d'inconvénients pour l'avenir ; ils préfèrèrent accepter la lutte dans l'espoir que l'opposition ne durerait pas longtemps. Il fallait chez les dissidents une audace peu commune pour se poser en face d'une Compagnie bien organisée comme l'était celle du Nord-Ouest, ayant à son service toute une armée d'employés.

Pangman et Pond descendirent à Montréal pour s'entendre avec une maison de commerce qui leur fournirait des marchandises pour la traite. La maison Gregory et McLeod accepta leurs propositions et même prit des parts dans la nouvelle Compagnie.

Au printemps de 1785, Pangman et Ross se rendirent de bonne heure au Grand Portage pour y choisir un site avantageux, y bâtir un magasin et des hangars. Leurs associés allèrent les rejoindre au mois de juin. Le dessein de la Compagnie du Nord-Ouest était de pénétrer immédiatement jusqu'au fond du nord pour y élever des forts et couper d'avance le chemin à la Compagnie de la baie d'Hudson. Depuis un siècle, tous les sauvages d'Athabaska et l'île à la Crosse avaient toujours porté leurs pelleteries à cette Compagnie sur les bords de la mer. On a vu qu'en 1775, M. Frobisher les avait rencontrés à la rivière Churchill au portage de traite, et les avait décidés à lui vendre le produit de leur chasse : mais, depuis lors, ils avaient continué à faire le long voyage à la baie. Les plus belles et les plus précieuses pelleteries venaient de ce côté qui était le pays des loutres et des castors.

La Compagnie du Nord-Ouest avait à sa disposition un personnel assez nombreux pour établir des postes sur tout le parcours depuis le lac Supérieur jusqu'au lac Athabaska et pour avoir un pied à terre partout où ses antagonistes viendraient se placer. On peut dire que, dès la première année, fut elle maîtresse du terrain. Néanmoins la Compagnie des dissidents prit vis-à-vis de sa rivale une attitude tellement énergique que celle-ci n'osa pas d'abord user de violence. Mais cette paix n'était qu'apparente ; l'ambition y mit bientôt un terme. Durant l'hiver 1787, des batailles sérieuses eurent lieu entre les serviteurs des deux Compagnies dans les forts du nord ; il y eut des morts et des blessés.

Les scènes de désordre dont le Nord-Ouest avait été témoin durant les vingt années qui avaient précédé la formation des Compagnies, étaient reparues et même elles étaient dépassées. Elles avaient autrefois ruiné le commerce ; elles menacèrent de le ruiner encore. Les bourgeois en furent effrayés et songèrent à réunir les deux Compagnies. Il faut entendre Sir Alex. McKenzie parler de ces jours de crimes. " Après la
" plus rude opposition qu'on vit jamais, dit-il,
" dans cette partie du monde ; après avoir souffert
" tout ce que la jalousie et la rivalité peut causer

" d'oppression ; après qu'un de nos associés eût
" été tué, un autre estropié, et qu'un de nos
" commis se fut avec peine échappé à la mort,
" ayant reçu une balle à travers sa corne à
" poudre pendant qu'il faisait son devoir, nos
" adversaires furent enfin forcés de nous accorder
" une part dans le commerce. Comme nous
" avions fait des pertes énormes, la jonction des
" Compagnies était sous tous les rapports fort à
" désirer pour nous ; elle eut lieu au mois de
" juillet 1787."

La lutte avait duré à peine deux ans, mais elle avait été rude et le même Sir Alex. Mackenzie avoua quelques années plus tard qu'il lui avait fallu quatre ans pour réparer les pertes qu'il avait subies.

CHAPITRE III.

La Compagnie du Nord-Ouest après 1787.—Son plan de rester seule maîtresse du commerce de la traite.—Elle construit des forts jusque dans l'extrême Nord pour arrêter les sauvages qui allaient à la baie d'Hudson.—Travaux des découvreurs Alex. Mackenzie, Fraser, Quesnel.—Voyage chez les Mandanes.—Réflexions d'un chef sauvage.

Délivrée après 1787 de toute compétition sérieuse, la Compagnie ne songea plus qu'à étendre le champ de ses opérations commerciales et à s'assurer le monopole exclusif de la traite dans tout le Nord-Ouest. Pendant qu'au sud de la rivière Saskatchewan, les tribus, après la découverte, s'étaient empressées d'avoir des rapports avec les traiteurs français, celles du nord avaient toujours continué depuis un siècle à porter leurs fourrures aux anglais de la baie d'Hudson. Pour attirer les sauvages de ces régions vers le sud et les détourner de la baie d'Hudson, l'unique moyen était de se mettre sur leur chemin et de faire alliance avec eux.

Les associés de la Compagnie étaient des hommes habiles et qui avaient le génie du commerce. Ils comprenaient que, pour devenir les maîtres de ces immenses pays, il ne fallait pas reculer devant les entreprises dispendieuses, parce que la mine à exploiter dédommagerait abondamment des dépenses encourues pour l'ouvrir. Ils échelonnèrent donc leurs forts sur la route depuis le lac Supérieur jusqu'au grand lac des Esclaves, et munirent tous ces postes d'un personnel assez nombreux pour qu'aucun camp sauvage n'échappa à leur surveillance. De cette façon, la Compagnie de la baie d'Hudson, confinée sur les bords de la mer, allait périr par la famine, ou bien elle serait obligée de sortir de sa tanière pour venir engager la lutte ; alors les membres de la Compagnie du Nord-Ouest la ruineraient en peu de temps et ils seraient débarrassés d'elle pour toujours. Tel était leur calcul. Nous verrons plus tard qu'ils se trompaient et qu'après une lutte opiniâtre, entremêlée de succès et de revers, la Compagnie de la baie d'Hudson devait absorber la Compagnie du Nord-Ouest, quand la mission de celle-ci serait finie.

Il en est des associations d'hommes comme des individus, quelque méchants qu'ils soient, ils ne laissent pas cependant de faire de temps à autre des actions louables, au milieu d'une série de crimes. La Compagnie du Nord-Ouest, que l'histoire doit juger avec impartialité, a fait beaucoup de mal durant sa courte existence ; nous saurons dire sur elle la vérité toute entière. Ses grands succès et le rôle brillant qu'elle a joué dans son temps ne lui donnent aucun droit à l'impunité. Elle s'est rendue coupable de grands crimes ; il est bon que la postérité le sache ; l'histoire est écrite pour servir de leçon. Mais, comme malgré ses fautes nombreuses, quelques membres de cette Compagnie ont accompli des travaux dignes d'être loués, nous nous hâterons de les mettre à son crédit avant d'entrer dans le chapitre de ses méfaits.

A la différence des autres compagnies marchandes incorporées, et qui tiennent leurs privilèges du gouvernement sous certaines conditions, comme par exemple l'obligation de travailler à la colonisation ou au soutien d'une œuvre d'utilité publique, celle du Nord-Ouest, qui s'était formée seule, ne dépendait que d'elle-même et était libre de toute redevance envers qui que ce fut.

Le but unique de son existence était de faire la fortune de quelques particuliers. Aucun but de civilisation n'entrait dans ses entreprises ; exploiter à son profit l'immense territoire du Nord-Ouest, en tirer par tous les moyens imaginables le plus de richesses possible, le ruiner même moralement et matériellement, si la chose lui paraissait nécessaire, pour satisfaire son ambition : telle était l'unique ambition de cette Compagnie. Avec de pareils principes, on peut soupçonner ce qu'elle se permit dans ces pays lointains.

Parmi les membres de cette célèbre association,

il y eut des hommes remarquables sous le rapport de l'intelligence, des hommes devant qui les horizons s'étendaient plus loin que les profits tirés de la traite des fourrures.

Seuls, les travaux accomplis par ces hommes ont jeté un certain lustre sur la Compagnie. Pendant qu'aujourd'hui les noms des grands Seigneurs du Nord, qui régnèrent sur les lacs et les plaines, sont tombés dans un profond oubli, ceux des Mackenzie, des Fraser, des Quesnel continueront à vivre dans la mémoire des hommes, aussi longtemps que le résultat de leurs découvertes.

Ici, nous avons la preuve qu'il ne suffit pas d'avoir été riche ou d'avoir brassé des affaires pour laisser un nom dans le monde, mais qu'il faut l'avoir attaché à une œuvre durable, utile au bien général de la société.

La renommée des égoïstes périt avec eux. La chose se conçoit facilement ; n'ayant travaillé que pour eux-mêmes, leur mémoire doit s'éteindre avec leur personne : *Memoria eorum periit cum sonitu.*

Par ses découvertes, entreprises en vue de la science, Sir Alexandre Mackenzie restera une figure intéressante dans l'histoire du Nord-Ouest.

Né en Ecosse, il vint en Canada à un âge peu avancé. Dès son arrivée à Montréal, il entra dans la maison de commerce de Gregory et

McLeod. Il était là en 1784, lors de la formation de la Compagnie du Nord-Ouest. Voici comment en parle l'Hon. Masson dans son intéressant livre " *Les Bourgeois de la Compagnie du Nord-Ouest.*"

" Nature énergique, tempérament vigoureux,
" volonté de fer, il était un de ces hommes taillés
" pour la lutte et les grandes entreprises. Depuis
" quelques années, il avait rendu de grands
" services à ses patrons qui avaient conçu la plus
" grande estime pour ce jeune Ecossais. Jus-
" qu'alors son nom avait été ignoré, mais il allait
" bientôt être écrit en caractères ineffaçables
" dans l'histoire du Nord-Ouest, comme il l'a été
" plus tard sur les falaises désertes de l'Océan
" Pacifique, qu'il devait le premier atteindre en
" traversant les immenses solitudes de l'Ouest."

En 1789, Alexandre Mackenzie était chargé du district d'Athabaska à la place du bourgeois Ross, qui avait été tué deux ans auparavant dans une rixe entre les hommes des deux Compagnies. Depuis longtemps, il avait formé le dessein d'aller vers le nord à la recherche d'une grande rivière, qui, d'après les rapports des sauvages, se rendait à l'Océan Glacial. La Compagnie n'était pas favorable au projet d'un tel voyage, n'y voyant aucun profit net et immédiat pour son commerce. Mais la détermination du jeune Mackenzie était bien arrêtée ; il voulait à tout prix faire ce voyage périlleux, lui eût-il fallu pour cela sortir de la Compagnie. Cependant il finit par obtenir l'assentiment de ses collègues, à la condition expresse que la Compagnie n'en souffrirait aucune perte et que les districts du Nord continueraient à être bien administrés.

Alex. Mackenzie eut la bonne fortune de trouver dans le dévouement d'un cousin, M. Rodrigue Mackenzie, un intelligent et fidèle remplaçant, sur qui il pouvait compter sans crainte pendant son absence.

Il fit donc les préparatifs de son voyage, et le 3 juin 1789, il se mettait en route, ayant pour l'accompagner quatre canadiens et un allemand.

Dans la narration de son voyage à l'Océan Glacial, Sir Alexandre Mackenzie nous donne les noms de ces braves et fidèles serviteurs à l'énergie desquels il doit d'avoir accompli cette dangereuse exploration. Ce sont François Barrieau, (1) Charles Doucette, Joseph Landry, Pierre Delorme et John Steinbuck.

Le lac Athabaska, d'où partaient nos voyageurs, communique avec le Grand lac des Esclaves par une rivière dont le cours très rapide est de plus de deux cents milles. Ils la descendirent montés sur un léger canot d'écorce, portant avec eux des provisions, des armes et des outils.

---

(1) L'orthographe de ce nom doit être Bériau. Ce voyageur s'est marié au Nord-Ouest et y a laissé des descendants. Il y a plusieurs familles de Bériau à Manitoba.

Dans ces régions boréales, à cette époque de l'année, le soleil demeure constamment sur l'horizon ; on peut dire que durant les mois de juin et juillet, il n'y a pas de nuit.

On conçoit combien ces longs jours sont avantageux pour des voyageurs qui ont de longues marches à faire. Sous ces latitudes, pendant cette saison d'été, les variations atmosphériques sont moins fréquentes que sous des zones plus tempérées, sans doute pour dédommager les habitants de ces tristes contrées de leurs hivers interminables.

Si les compagnons d'Alex. Mackenzie n'eussent pas été doués d'un courage à toute épreuve, les renseignements que leur donnaient les sauvages sur la route, étaient bien de nature à les faire retourner sur leurs pas. Partout on leur traçait un tableau effrayant de la cruauté des indigènes qui habitaient sur les bords de la mer. On leur disait que jamais ils ne reviendraient de ce voyage et que, si par hasard ils échappaient à la mort, ils seraient *vieux* quand ils reviendraient tant la distance était grande pour se rendre à l'Océan.

Mais rien ne put ébranler leur courage. Quoique ni eux, ni leurs interprètes sauvages ne connussent le pays où ils s'avançaient, ils y marchaient cependant avec autant d'assurance que sur un territoire déjà exploré. Aussi, trois mois à peine après leur départ, ils avaient descendu la grande rivière jusqu'à l'Océan Glacial, pris possession de ces contrées au nom de l'Angleterre et étaient tous, sains et saufs, de retour au lac Athabaska. Le grand fleuve Mackenzie, l'un des quatre plus grands de l'Amérique, était découvert.

Vous croyez que maintenant la Compagnie va combler d'éloges le hardi voyageur dont la gloire ne manquera pas de rejaillir sur elle ? Eh bien, non ! la Compagnie non seulement ne le félicitera pas, mais elle aura des paroles de blâme contre cette expédition. Nous l'avons dit : elle n'existait que pour le commerce des pelleteries. Hors de là, elle ne comprenait rien. Ce fait nous la montre sous son vrai jour.

" Pendant l'été de 1790 (dit l'Hon. Masson),
" M. Mackenzie descendit au Grand Portage
" pour assister à l'assemblée générale des Bour-
" geois qui devaient décider de la réorganisation
" de la Compagnie. Le séjour qu'il y fit, ne fut
" pas de nature à l'encourager à rester dans
" cette association, dont plusieurs membres ne
" semblaient pas apprécier le relief qu'il lui avait
" donné par son expédition à la Mer Polaire.
" My expedition was hardly spoken," écrivait-il
" à son ami le 16 juillet 1790, " but it is what I
" expected." Il laissa le Grand Portage le cœur
" triste et reprit son poste l'âme remplie d'amer-
" tume contre ses collègues." (" Les Bourgeois du Nord-Ouest," page 42).

Une intelligence d'élite comme celle de Sir Alex. Mackenzie ne pouvait s'accommoder longtemps de la vie des traiteurs ; le séjour dans les forts est trop monotone, trop abrutissant, disons le mot, pour convenir à un homme qui pense.

Aussitôt après la découverte de l'Amérique, la grande préoccupation des navigateurs avait été de trouver un passage à travers le continent pour arriver à la mer de l'ouest. Christophe Colomb l'avait cherché dans le contour du golfe du Mexique, disant que s'il n'existait pas, la nature s'était trompée. D'autres après lui le cherchèrent dans les mers du nord, pendant de longues années, jusqu'à ce qu'enfin on eut acquis la certitude qu'il n'existait pas.

Plus tard, les voyageurs qui remontèrent les grands fleuves n'eurent pas plus de succès pour arriver à la mer de l'Ouest. Enfin, les fils de la Vérendrye s'étaient arrêtés au pied des Montagnes Rocheuses, et La Vérendrye était mort au moment où il s'apprêtait à franchir cette redoutable barrière. Depuis lors, aucun voyageur n'avait osé se risquer dans cette entreprise. Cependant vers la fin du dix-huitième siècle, les américains poussaient activement les explorations du côté de l'Ouest, et, en vertu du droit du premier occupant, menaçaient de s'emparer de tous ces beaux territoires. Il eut été de l'intérêt de la Compagnie de les prévenir dans ces empiètements, mais elle ne l'eut certainement pas fait sans le génie d'Alexandre Mackenzie.

Celui-ci, animé d'une nouvelle ardeur pour les découvertes par le brillant succès de son premier voyage, résolut de traverser la haute chaîne des Montagnes Rocheuses et de se rendre jusqu'à l'Océan Pacifique. Le projet était hardi ; il s'y prépara d'avance. En 1791, il passa en Europe pour se familiariser avec certaines connaissances qui lui manquaient ; puis, muni de tous les instruments dont on a besoin dans ces sortes de voyage, il revint au Nord-Ouest, et, au printemps de 1793, il partait sans guide, accompagné par six voyageurs canadiens et deux interprètes sauvages.

Parmi les canadiens qui suivirent Alexandre Mackenzie dans sa seconde expédition, deux avaient déjà fait avec lui le voyage à la mer du Nord en 1789, c'étaient Charles Doucette et Joseph Landry ; les autres étaient François Beaulieu, François Comtois, Baptiste Bisson et Jacques Beauchamp. (1)

(1) Il est regrettable de ne pas savoir de quelles paroisses du Canada venaient ces voyageurs, surtout les deux qui prirent part aux deux expéditions. Ces noms méritent de passer à la postérité. François Beaulieu s'établit plus tard à l'Ile à la Crosse, s'y maria à une montagnaise et y laissa une nombreuse famille, très estimée des missionnaires.

Il faut lire, dans la narration qu'en a faite Mackenzie lui-même, les intéressants détails de ce périlleux voyage.

Pour aller à l'Océan Glacial, il avait surmonté les craintes sérieuses qu'on éprouve en s'aventurant dans un pays inconnu et qu'on nous dit plein de dangers. Mais en réalité, pour descendre le cours rapide du fleuve Mackenzie, il n'avait rencontré aucun passage dangereux comparé à ceux qui l'attendaient dans les défilés des montagnes. Pour aller au Nord, il avait traversé des steppes arides, des landes désertes, des pays à l'aspect désolé. Mais là au moins, le pied du voyageur était sûr. Ici, à l'entrée des montagnes, c'est tout autre chose. Pendant quatre mois, à travers ces gorges et ces défilés où se précipitent des torrents, il n'échappe à un danger que pour se trouver en face d'un autre. Deux fois, ses hommes exténués de fatigues sont sur le point de revenir en arrière et d'abandonner le dessein de se rendre à l'océan. Un jour Mackenzie leur dit : *si vous m'abandonnez, je continuerai seul mon voyage.* Cette parole leur rendit courage ; ils lui promirent de le suivre jusqu'au bout.

Le 2 juillet, un peu moins de deux mois après leur départ, ils arrivaient sur les côtes de l'Océan Pacifique, et saluaient cette mer de l'Ouest qui depuis deux siècles, était le rêve des navigateurs et des explorateurs.

Alexandre Mackenzie, prenant possession de ce pays au nom du Canada, écrivit sur les falaises de l'océan :

" *Alexander Mackenzie* from Canada, by land, " the 22 of July, one thousand seven hundred and " ninety three." Sans prendre un jour de repos, Alexandre Mackenzie et ses compagnons reprirent la route des montagnes et ils étaient de retour à Athabaska vers la fin du mois d'août.

Epuisé par les fatigues d'un tel voyage, Alexandre Mackenzie fut indisposé pendant tout l'hiver. Au printemps, il partit pour le Grand Portage quittant pour toujours les pays d'En-Haut. Il continua cependant à faire partie de la Compagnie jusqu'en 1801, époque à laquelle il se mit à la tête d'une nouvelle société formée dans le but de lutter contre la Compagnie du Nord-Ouest, pour laquelle il n'avait jamais eu de fortes sympathies.

Les autres membres de la Compagnie, qui, après Alex. Mackenzie, entreprirent des explorations d'un intérêt général, sont Simon Fraser, Jules Maurice Quesnel et David Thompson. Ils furent les premiers qui descendirent la rivière Fraser et la branche septentrionale de la rivière Colombie jusqu'à la mer. Par ces découvertes, ils ont assuré à notre pays la possession de beaux et vastes territoires qui menaçaient de devenir la propriété des américains. Ces hardis voyageurs firent preuve d'une indomptable énergie et d'une persévérance étonnante. Aussi leurs noms restent-ils acquis à l'histoire.

Quant à ceux qui firent dans l'ouest des voyages longs et pénibles, simplement dans le but d'établir des relations avec de nouvelles tribus, aux yeux de la postérité, ils n'ont rien mérité de plus que tous les autres Bourgeois de la Compagnie, car tous incontestablement furent braves et hardis comme des corsaires.

Chaboillez et Larocque, vers 1800, allèrent trouver les Mandanes sur le territoire américain (1). Ce fut un voyage de grandes misères. Sur les bords du Missouri, ils rencontrèrent les capitaines Clarke et Lewis, envoyés par le gouvernement américain pour explorer le haut du Missouri et traverser les Montagnes Rocheuses. Larocque avait emporté avec lui des liqueurs énivrantes ; Lewis l'avertit qu'il ne lui serait pas permis de les verser aux indiens. Ces pauvres sauvages tout ignorants qu'ils étaient, disaient aux blancs qui venaient dans leur pays : " Si vous veniez à nous avec des intentions charitables, vous apporteriez des articles utiles aux sauvages."

Le chef des Mandanes disait à Lewis : " Il n'y a " que deux hommes sensés parmi vous : celui qui " travaille le fer et celui qui raccommode les fusils."

(1) La Vérendrye avait fait le même voyage soixante-deux ans auparavant, mais dans un but beaucoup plus noble.

" Les blancs ne savent pas vivre, disait-il à
" Larocque ; ils laissent leur pays par petites
" bandes ; ils risquent leur vie sur le grand lac
" et chez les nations sauvages qui les prendront
" pour ennemis. A quoi leur sert le castor ?
" est-ce qu'il les préserve de maladie ? les suit-il
" après leur mort ? "

Que de philosophie dans la bouche d'un sauvage. Cette tentative de Larocque pour établir des rapports avec les tribus indiennes du sud n'eût aucun succès. La Compagnie abandonna bientôt ce projet.

En 1790, après le voyage d'Alexandre Mackenzie à la mer du Nord, la Compagnie, à l'assemblée générale du Grand Portage, avait adopté une nouvelle organisation pour neuf ans. Par la retraite de quelques-uns des actionnaires, les intérêts de la société se trouvèrent réunis dans les mains de dix Bourgeois. Plusieurs commis, au lieu d'un salaire fixe, eurent une part dans les profits ; cette part s'élevait jusqu'à la moitié de la traite. Ce moyen était puissant pour stimuler le zèle des employés et développer leur activité. On préparait la grande lutte contre la Compagnie de la baie d'Hudson. Celle-ci cependant persista encore longtemps à se confiner sur les bords de la mer, et ce n'est qu'à la fin du siècle qu'elle secoua son inertie pour engager le combat qui la mit à deux doigts de sa perte.

CHAPITRE IV.

La Compagnie du Nord-Ouest instrument de corruption chez les sauvages et chez ses serviteurs.—Le système de la Compagnie fut nuisible à nos campagnes canadiennes et au bien-être des sauvages dans le Nord-Ouest.

Un jour, un vieux trafiquant de fourrures qui avait fait partie des Compagnies de traite, disait à Mgr Provencher : " Comment se fait-il que tous nos anciens bourgeois, après avoir été très riches, meurent dans l'indigence et ne laissent rien à leurs enfants ?

—Ah ! lui répondit le bon évêque, c'est que la farine du diable retourne en son."

. La réponse n'était pas flatteuse, mais c'était la stricte vérité. Le principe de ces fortunes portait avec lui la malédiction. Il n'y a donc rien d'étonnant, si elles se sont fondues comme la neige sous les rayons du soleil.

La Compagnie du Nord-Ouest, au mépris de tout sentiment d'humanité et d'honneur, aveuglée par l'ambition de faire fortune, a spéculé sur l'âme et le corps des sauvages tout comme les traiteurs d'esclaves spéculent sur les malheureux nègres d'Afrique. Par son système de commerce, elle a travaillé sciemment et volontairement à l'abrutissement des peuples sauvages de l'Ouest, en leur procurant à flots les boissons enivrantes et en leur inoculant le germe de tous les vices.

Quand Mgr Provencher monta dans les missions de la Rivière Rouge en 1818, la première chose que les sauvages lui demandèrent, ce fut du rhum : " Ils étaient bien étonnés, dit-il à Mgr " Plessis, quand on leur répondait que nous n'en " avions pas."

Avant cette Compagnie, les sauvages guidés par le sentiment de l'honnêteté naturelle, se faisaient un scrupule de payer exactement leurs dettes. Les faits suivants en sont la preuve. Cinq ans après la conquête, un traiteur anglais avait avancé à crédit aux sauvages des marchandises pour une valeur de trois mille peaux de castor. L'année suivante, il fut payé scrupuleusement par tous les chasseurs ; mais, comme l'un de ceux à qui il avait fait crédit, était mort pendant l'hiver, les parents de celui-ci se cotisèrent pour acquitter sa dette, afin de délivrer son âme de toute inquiétude dans l'autre vie. Ils étaient convaincus que si son nom restait sur le livre du marchand, ce sauvage ne reposerait pas en paix dans le pays des âmes.

Vers le même temps, ou peu après, un autre traiteur, ne pouvant transporter à Montréal, toutes les pelleteries qu'il avait achetées, les entassa dans une petite loge, et l'année suivante, il les retrouva au même endroit ; il n'en manquait pas une.

On a vu, déjà, dans un autre chapitre, comment, en 1775, les sauvages avaient résisté longtemps aux sollicitations de Frobisher, qui voulait les empêcher de se rendre à la baie d'Hudson porter des pelleteries pour acquitter des dettes contractées l'année précédente.

Nous allons voir, dans ce chapitre, comment les Bourgeois du Nord-Ouest et leurs commis se firent un jeu de rendre les sauvages malhonnêtes et voleurs, usant même de violence pour les empêcher de payer leurs dettes.

Dans le journal de M. McGillivray, cité par l'Hon. Masson en son livre " *Les Bourgeois du Nord-ouest,*" page 26, il dit : "J'ai donné à Héqui-
" niash (un chef de tribu) une brasse de tabac et
" huit mesures de poudre, et je lui ai promis un
" habit, lorsqu'il viendrait au printemps, à la con-
" dition qu'il n'irait pas à la baie d'Hudson cet été
" et n'y enverrait pas ses pelleteries ; il doit aux
" anglais 45 *plus* " (1)

Il dit encore dans le même journal : Le
" Pavillon (autre chef sauvage) est venu nous
" faire visite, et pendant les douze premiers jours

(1) On appelait *plus* ou mieux pelu une peau de castor ou son équivalent en autres fourrures. On disait d'une marchandise : elle vaut un plus—deux plus—trois plus.

" il nous arriva des sauvages tous les jours, de
" sorte que nous les avons tous vus. A peu près
" la moitié avaient été à la baie d'Hudson pendant
" l'été et y avaient pris à crédit ; je crains bien
" qu'ils n'aient envie d'aller payer leurs dettes au
" printemps. Cependant, s'ils le font, ce sera parce
" que je n'aurai pas pu les empêcher, soit par des
" promesses, soit par des menaces, si mes mar-
" chandises n'y réussissent pas."

C'est ainsi que l'on ajoutait les menaces aux promesses et souvent les coups aux menaces pour convaincre un sauvage qu'il n'était pas obligé de rester honnête. Mais le plus communément, on avait raison de ses scrupules en l'enivrant, et ce fut le moyen employé par la Compagnie pendant tout son règne, c'est-à-dire pendant trente-sept ans.

Il n'est guère possible de se faire une idée de tout le mal qu'elle commit et fit commettre dans le Nord-Ouest. Les vieux voyageurs ont conservé longtemps le souvenir des scènes infernales qui eurent lieu dans les forts, quand les sauvages s'y trouvaient en nombre, et que le rhum coulait à flot. C'était alors des batailles, des meurtres, des hurlements de bêtes fauves. Souvent, dans ces orgies sauvages, les commis et les gardiens des postes couraient de grands risques pour leur vie et parvenaient à grande peine à se sauver. N'importe, pour avoir des pelleteries, ils étaient prêts à donner le lendemain le spectacle des mêmes scènes de carnage. Jamais tous les succès que la Compagnie a obtenus dans son commerce ne pourront atténuer de pareils crimes.

Elle ne se borna pas à corrompre les sauvages, son système s'étendit à tout le personnel qui l'entourait ; les blancs, comme les peaux rouges, devinrent les victimes de son insatiable ambition.

Le comte Andréani, voyageant en Amérique en 1791, visita le Grand Portage où il eut occasion de s'instruire sur la manière dont les choses se passaient au Nord-Ouest. Il dit dans son journal : " Les employés de la Compagnie sont " généralement libertins, ivrognes, dépensiers, et " la Compagnie n'en veut que de cette espèce. " Telle est la spéculation sur leurs vices, que tout " employé qui témoigne dans ses dispositions " économie et sobriété, est chargé des travaux " les plus fatigants, jusqu'à ce que, par une " suite de mauvais traitements, on ait pu le con- " vertir à l'ivrognerie et à l'amour des femmes " qui font *vendre le rhum*, les couvertures et les " ornements. En 1791, il y avait neuf cents des " employés de la Compagnie qui lui devaient " plus que le produit de dix à quinze années de " leurs gages à venir." (*Voyage en Amérique* par LaRochefoucault-Liancourt, vol. II, page 225). Cette spéculation que faisait la Compagnie n'était pas un abus qui se glissa par hasard ; au contraire, ce fut une partie essentielle de son système. C'est là-dessus qu'elle calculait pour réaliser ses immenses profits.

Dès qu'un des engagés montrait de l'inclination pour faire de la dépense, on lui faisait des avances avec la plus grande facilité jusqu'à ce qu'il fût largement endetté envers la Compagnie. Rendu à ce point, il se trouvait absolument esclave et n'avait plus d'autre alternative que la prison ou une soumission aveugle à ses maîtres. Le premier devoir qui était imposé au commis d'un poste, était de veiller à ce que les serviteurs qu'il avait sous sa direction eussent le moins d'argent possible à retirer à la fin de l'année ; on comptait sur son habileté pour cela ; or cette habileté consistait à faire du serviteur un débauché et un ivrogne.

Le rhum qu'achetait la Compagnie lui coûtait une piastre le gallon à Montréal, et elle le vendait à ses engagés quatre piastres la pinte, c'est-à-dire seize piastres le gallon. On peut voir par là combien il était facile, pour peu que ces engagés eussent de l'inclination à boire, de porter leur compte de quinze à vingt louis sterlings pour ce seul article. Toutes les marchandises de traite étaient cotées à peu près dans la même proportion.

Aussi, loin d'amasser quelqu'argent et de rendre

leur condition meilleure, ces voyageurs du Nord n'économisaient jamais un sou pour mettre leurs vieux jours à l'abri de la misère et presque tous finirent dans la mendicité. Ceux d'entre eux qui avaient une famille au Canada, la laissaient généralement languir dans la pauvreté. Si par hasard, ils revenaient au pays, ce qui était assez rare, c'était ordinairement pour y traîner une existence misérable. Le genre de vie qu'ils avaient contracté dans les voyages, les avaient rendus impropres à tout travail assidu dans la campagne et même à l'exercice de n'importe quel métier.

Quant aux jeunes gens qui gagnaient le Nord-Ouest avant que d'être mariés, ils s'établissaient là, en contractant mariage avec des femmes sauvages, quand ils avaient la chance de ne pas laisser leurs os dans les lacs ou dans les prairies, victimes d'un accident.

· Des centaines et des centaines des nôtres ont laissé leurs cadavres dans ces déserts sauvages. Les uns sont morts de faim et de fatigue, égarés dans leurs interminables courses ; les autres ont péri de froid ou bien ont été massacrés par les sauvages. Quelquefois, ils ont perdu la vie en obéissant à des ordres barbares de leurs chefs qui leur commandaient comme à des esclaves.

Un jour, dans un fort de l'extrême nord, le gardien du poste dit à un guide :

—" Prends ce canot et va avec six hommes porter des vivres au poste voisin."

—La rivière est rapide, lui répond le guide et le canot n'est pas assez solide pour résister. Nous nous exposons à périr.

—Vous êtes des peureux, dit le gardien ; le canot est assez solide ; marchez. Les sept voyageurs s'embarquèrent ; mais deux jours après, le guide, nommé Brousse, revint au fort avec un seul homme ; tous les autres s'étaient noyés dans un rapide où le canot s'était brisé en deux. Avec cette obéissance aveugle, on peut s'imaginer ce que la Compagnie obtenait de ses serviteurs.

Pendant plus des trois quarts du temps, le commerce de la traite se fit avec des luttes acharnées qui ressemblaient beaucoup plus à du brigandage qu'à un commerce licite.

Pour être victorieuse partout, la Compagnie avait besoin de batailleurs, et elle savait s'en former, en encourageant tous ses fiers à bras à commettre des actes de violence contre tout traiteur étranger qui s'aventurait dans ces pays. On récompensait même ceux qui se distinguaient par quelque coup de force brutale. Les exploits de ce genre étaient la gloire de cette époque dans le Nord. Un des grands amusements des Bourgeois était d'assister à ces scènes de pugilat où les athlètes anglais et canadiens s'assommaient comme au temps des Grecs.

La Compagnie a prétendu et des historiens ont répété que le nombre de canadiens qu'elle avait employés pour son commerce au Nord-Ouest avait été comme un bienfait public. Eh bien, même à ce point de vue, nous croyons que ce fut une chose déplorable, qui causa alors au Canada le même dommage que l'émigration canadienne d'aujourd'hui aux Etats-Unis.

Il y a un siècle, la nation canadienne avait non seulement autant mais plus besoin qu'aujourd'hui de tous les bras de ses enfants. Les belles terres de la vallée du Saint-Laurent étaient encore en grande partie couvertes de forêts. Nous avions à former des paroisses et à nous fortifier chez nous par la colonisation. Chaque canadien qui partait alors du pays nous causait une perte plus grande que le départ de vingt canadiens aujourd'hui. Or, ce fut par centaines et par milliers que la Compagnie les enleva de nos campagnes, puisque le nombre de ses voyageurs s'élevait à deux mille et que chaque année elle avait à en remplacer plusieurs.

Si maintenant, ces milliers de nos compatriotes, au lieu d'aller dépenser leur énergie et user leurs forces au profit des traiteurs de pelleteries, se fussent établis sur des terres pour les défricher et y élever de nombreuses familles, le service rendu à la nation n'eût-il pas été préférable à celui dont se vantait la Compagnie ?

C'est à peine si nous pouvons calculer les dommages que nous causèrent ces nombreux départs pour les pays sauvages. Ceux qui ont admiré l'énergie des traiteurs du Nord, n'ont peut-être pas assez réfléchi à ce côté de la question. Pour nous, nous croyons qu'envisagée à ce point de vue, la Compagnie fut plutôt un fléau qu'un bienfait pour la nation canadienne.

Quant aux tribus sauvages, elles y perdirent autant que les blancs sous le rapport du bien-être. Leur pays fut ravagé et ruiné par des chasseurs qui tuaient indistinctement tous les animaux à fourrure, vieux et jeunes, et cela en toute saison. La Compagnie engageait des chasseurs dans les villages sauvages du Canada, des Iroquois et des Algonquins ; et elle leur payait un prix fixe pour les pelleteries qu'ils apportaient. Ceux-ci, n'ayant aucun intérêt à ménager le gibier dans un pays où ils n'étaient qu'en passant, détruisaient totalement les espèces d'animaux à fourrures les plus précieuses. Les malheureux indigènes, intimidés par la réputation guerrière de ces étrangers et craignant les ressentiments de la Compagnie, contemplaient cette destruction sans oser l'empêcher.

Ce qui contribua aussi beaucoup à appauvrir le sauvage et à le rendre misérable, ce fut le système adopté par la Compagnie de lui avancer avec la plus grande facilité des marchandises à crédit. C'était un moyen habile de l'exploiter, tout en gardant des apparences honnêtes. Comme les marchandises étaient fournies un an d'avance, elles étaient vendues beaucoup plus cher, et comme il fallait attendre un an pour les pelleteries et courir des risques, celles-ci étaient payées beaucoup moins cher. De cette manière, le pauvre sauvage, pour peu qu'il n'eut pas été heureux dans sa chasse, avait à peine de quoi payer sa dette au printemps. S'il arrivait alors qu'un traiteur étranger, rival de la Compagnie, offrit au sauvage une somme élevée pour ses fourrures, ce qui lui eut permis de payer sa dette et de garder un surplus, c'était une bataille qui avait lieu. La Compagnie s'emparait par violence de toutes les pelleteries du sauvage et maltraitait, en outre, le traiteur imprudent qui venait lui faire concurrence.

Le fait suivant nous montre combien il en fallait peu pour exciter la jalousie de la Compagnie et lui faire exercer des actes de violence.

Un jour, un nommé Fidler, arpenteur aux gages de la Compagnie de la baie d'Hudson, avait été envoyé pour explorer un endroit par où elle voulait ouvrir des communications avec Athabaska. Fidler avait avec lui un sauvage qui lui servait de guide. La Compagnie du

Nord-Ouest niait le monopole à la Compagnie de la baie d'Hudson, mais prétendait bien l'avoir pour elle.

Soupçonnant Fidler de vouloir s'occuper de traite, elle envoya, pour le chasser, un nommé Larocque, batailleur fameux, lui recommandant de ne souffrir aucun étranger dans ce district. Larocque, ayant rencontré le sauvage qui servait de guide à Fidler, le battit cruellement et ne le laissa qu'après lui avoir cassé deux côtes.

Il n'était pas toujours nécessaire qu'un sauvage fut endetté envers la Compagnie pour que celle-ci le punit sévèrement d'avoir vendu ses pelleteries à un étranger. C'était un crime qu'elle ne pardonnait pas, et les indigènes étaient absolument hors d'état de résister aux actes de violence dirigées contre eux.

Il faut avoir ignoré le système de commerce de la Compagnie du Nord-Ouest pour dire qu'elle fut utile aux sauvages et aux canadiens qui étaient à son service. En réalité, elle fut plutôt pour eux un fléau, moralement et matériellement.

CHAPITRE V.

SOMMAIRE.

Nos voyageurs canadiens des pays d'En-Haut.—Leurs engagements au service de la Compagnie du Nord-Ouest.—Les embaucheurs.—Départ de Montréal sur les canots.—Le voyage.—Rude travail auquel les serviteurs sont soumis.—Regrets d'avoir quitté le Canada et le foyer domestique.—Arrivée à la Rivière Rouge.

Nos voyageurs engagés à la Compagnie du Nord-Ouest, s'établirent presque tous dans les pays d'En-Haut ; ils épousèrent des femmes indiennes, et leurs familles formèrent la souche du peuple métis. Comme ces voyageurs canadiens jouent un rôle important dans l'histoire du Nord-Ouest, il est nécessaire de leur consacrer un chapitre spécial pour les faire connaître au lecteur.

Ce qui contribua beaucoup au succès de la Compagnie dans son commerce avec les indiens, ce fut le personnel dont elle eut soin de s'entourer. La presque totalité de ses serviteurs furent des canadiens-français. Elle les préférait, pour plusieurs raisons, à ceux de toute autre nationalité. Ils étaient braves, hardis, persévérants et habiles dans les voyages à travers les déserts. Ils savaient mieux que n'importe qui se tirer des plus mauvais pas. C'étaient aussi de très adroits chasseurs ; sous ce rapport, ils n'étaient pas inférieurs aux indiens. Ceux-ci les admiraient et leur donnaient leur confiance. Mais ce qui leur gagnait l'affection des sauvages, c'était leur franchise et la grande facilité avec laquelle ils apprenaient les langues indiennes. On comprend que de tels serviteurs étaient précieux pour le commerce de la Compagnie ; aussi elle n'épargnait pas ses promesses pour se les attacher.

Chaque printemps, dans la ville de Montréal et sa banlieue, quelques semaines avant le départ des voyageurs, elle avait des embaucheurs à l'œuvre pour recruter les novices.

Les vieux trappeurs, qui avaient déjà vu le Nord-Ouest, se réunissaient à la ville, où étaient les grands entrepôts de pelleteries, pour préparer les provisions et les chargements des canots. Pendant une quinzaine de jours, ces vieux loups du Nord-Ouest avaient une suite de fêtes et de divertissements. Ils invitaient tous leurs amis et faisaient bombance. On eut dit qu'ils tenaient à dépenser jusqu'à leur dernier sou et à partir le gousset complètement vide.

La boisson, pendant ces jours, coulait à flots et le soir il y avait bal. Chacun y racontait une histoire, vraie ou fausse, d'un fait passé dans les pays sauvages ; on n'oubliait pas d'y mêler du merveilleux.

D'après le tableau que les embaucheurs traçaient, le voyage depuis Montréal jusqu'à la Rivière-Rouge n'était qu'un parti de plaisir. La navigation sur les lacs et les rivières, les campements en plein air, les paysages nouveaux qui se déroulaient sans cesse aux regards étonnés du voyageur ; la chasse dans les prairies, cette chasse si abondante qu'un homme, tant soit peu habile, se procurait, en moins d'une demi-heure, de quoi vivre dans l'abondance durant six mois ; enfin, la liberté, ce rêve de tout jeune homme, impatient du joug de l'autorité, tout cela était représenté de façon à éblouir la jeunesse et à lui donner le vertige. Ces narrations poétiques étaient préparées d'avance pour entraîner ceux qui consentaient à y prêter l'oreille.

Ordinairement, c'était pendant ces jours de divertissements que les engagements des recrues étaient signés. Les pauvres jeunes gens de la campagne qui n'avaient jamais dépassé les limites de leur paroisse, regardaient avec admiration leurs anciens camarades devenus voyageurs, portant ceinturon et *mocassins* brodés, (1) fêtés comme des princes et jouant avec l'argent.

" Moi aussi, se disaient-ils, je veux me faire

---

(1) Les mocassins étaient des souliers en peau d'orignal, ornés de diverses broderies à couleurs voyantes.

" voyageur pour aller dans les pays d'En-Haut,
" et quand je reviendrai au village, on me fera
" fête comme à ceux-ci."

D'un autre côté, la vie sauvage leur souriait. Il leur semblait que là-bas, dans les déserts de l'Ouest, débarrassés de tout frein, vêtus comme l'indien, couchant avec lui sous la tente et chassant comme lui pour vivre, ils n'auraient plus rien à désirer.

Lorsque les jours de fêtes étaient passés et que le temps de partir était venu, ces recrues commençaient à réfléchir et à regretter leur folie. Dans la chaleur du vin, ils s'étaient liés sans trop songer aux tristes conséquences qui s'ensuivraient ; maintenant revenus à eux, ces pauvres jeunes gens versaient des larmes et demandaient aux agents de la Compagnie de leur rendre leur liberté, offrant de remettre l'argent déjà reçu d'avance sur le salaire promis. Vains regrets ! les Bourgeois n'étaient pas hommes à se laisser attendrir par des lamentations. Ceux qui ont connu les vieux traiteurs de pelleteries, savent que, seule, une peau de castor avait la vertu de toucher leur cœur ; aussi jamais ils ne consentaient à résilier un contrat fait avec un bon serviteur. Le service d'un canadien dans toute sa vigueur était pour eux un fond trop riche à exploiter pour y renoncer par un sentiment de pitié.

Au jour du départ, le nouveau voyageur devait bon gré, mal gré, monter sur un canot et refouler son chagrin au fond du cœur.

Quand la flottille était prête, un *hourra* solennel, poussé par toutes les poitrines, faisait retentir les échos, puis au chant cadencé d'un refrain populaire, les bras vigoureux des rameurs lançaient les embarcations sur le fleuve.

Le travail le plus rude était le partage des novices. Là, comme à la guerre, il fallait gagner ses épaulettes. Les nouveaux voyageurs étaient décorés pendant leur première année de service du nom peu poétique de *mangeurs de lard*. L'origine de ce sobriquet venait des plaintes que faisaient entendre les recrues en se voyant réduites, le long du voyage, à une maigre ration de maïs lessivé.

Les canadiens de nos campagnes sont accoutumés à manger de la viande de porc bouillie dans la soupe. Les paysans, affamés par les rudes travaux auxquels ils se livrent, trouvent ce mets délicieux. Aussi dès que les jeunes voyageurs se voyaient privés du bon plat de famille qu'ils avaient autrefois savouré avec délices, ils se lamentaient comme les hébreux au souvenir des oignons d'Egypte et répétaient tristement ce refrain : *Ah ! si nous avions du lard.* Pendant les deux mois que durait le voyage de

Montréal à la Rivière Rouge, c'était toujours la même plainte qui revenait.

La pitance allouée à un homme pour chaque jour consistait en une pinte de maïs lessivé et une once de graisse. C'était peu de chose, car le travail était rude et la journée longue. La brigade ne s'arrêtait que pour dîner.

Les voyageurs attachés au service de la Compagnie étaient divisés en plusieurs classes : celle des commis, des interprètes, des guides, des conducteurs de canots et des rameurs.

Les conducteurs de canots étaient subdivisés en deux classes, les pilotes ou timoniers et les rameurs.

Chaque canot, en partant du Canada, portait, outre les hommes d'équipage, (avec chacun son bagage pesant quatre-vingt-dix livres,) six cents livres de biscuit, deux cents livres de viande salée, trois boisseaux de fèves, deux toiles cirées pour protéger les marchandises contre la pluie, une voile, une haussière, une hache, une chaudière, une éponge, pour ôter l'eau qui s'introduirait dans l'embarcation, du brai, de l'étoupe, de l'écorce de bouleau pour réparer le canot, en cas d'accidents.

Quand un Européen voyait pour la première fois ces frêles embarcations, tellement chargées que le plat bord dépassait à peine de six pouces le niveau de l'eau, il ne croyait pas qu'il fut possible d'éviter un naufrage, vu les mille difficultés qu'offrait la route ; mais les rameurs canadiens savaient si bien manier l'aviron et dirigeaient un canot avec tant d'adresse que rarement il y avait un accident à déplorer.

En quittant Lachine (1), les voyageurs se rendaient à Ste-Anne, à l'extrémité occidentale de l'île de Montréal. Quoique la distance entre ces deux endroits ne soit que de quinze milles, cependant c'était toujours à Ste-Anne que se faisait le premier campement. Avant de quitter cette place, les voyageurs allaient faire une prière à l'église pour saluer la Bonne Ste-Anne et se mettre sous sa protection. Le lendemain, on faisait les adieux au Canada : le voyage était commencé.

La route offrait plus d'un danger. Pour éviter les chutes et les rapides, on faisait de nombreux portages. Le portage est un endroit où la navigation est interrompue par une chute ou un rapide ; alors on est forcé de transporter les marchandises et les canots par terre. Quelquefois ces portages ont plusieurs milles de long. Les voyageurs de la dernière classe, c'est-à-dire les *mangeurs de lard*, étaient les seuls employés à la besogne de porte-faix.

Dès que le canot arrivait au pied d'un rapide,

---

(1) Village à 9 milles de Montréal.

on l'arrêtait à vingt ou trente pas de la grève, de peur de le heurter sur les cailloux qui l'auraient percé et coulé à fond.

Les rameurs, sans hésiter, se mettaient à l'eau ; deux d'entre eux saisissaient les extrémités du canot pour le tenir immobile. S'il y avait dans l'embarcation un bourgeois ou un commis, il se faisait porter sur la grève par un solide voyageur, tandis que les autres prenaient sur les épaules toutes les pièces de la cargaison.

Lorsque le canot était vidé, six ou huit hommes le portaient à l'extrémité du portage. Là, avant de le remettre à l'eau, on l'examinait pour voir s'il avait besoin de réparation. On usait des mêmes précautions pour le charger que pour le décharger ; deux hommes plongés dans l'eau jusque sous les bras lui servaient d'ancre et quand tous les colis étaient replacés, les rameurs, tout trempés, reprenaient l'aviron.

Au printemps, quand les glaçons flottent encore sur les rivières, quand la bise est froide et que les rayons du soleil ne sont pas assez ardents pour attiédir l'atmosphère, un bain prolongé durant quelques heures, et répété plusieurs fois par jour, doit causer de douloureuses sensations à celui qui les subit. Cependant, c'était à cette cruelle nécessité qu'étaient soumis tous les rameurs durant le voyage de Montréal à la Rivière Rouge.

Le transport des colis d'un bout à l'autre du portage avait le bon effet de raviver la chaleur du sang et de réchauffer les membres des voyageurs engourdis par l'eau glacée.

Un de ces colis pesait, ordinairement, quatre-vingt-dix livres. Un homme de moyenne force et un peu accoutumé à soulever ces fardeaux en portait deux à la fois. Ceux dont les muscles étaient solides en portaient jusqu'à six, quand ils voulaient faire parade de leur force. Au moyen d'une lanière de cuir suspendue sur leur tête et rejetée en arrière, ils supportaient cette charge sur leur dos et, au pas accéléré, la transportait à une distance de plusieurs arpents. Le nom d'un certain José Paul a été longtemps célèbre dans les pays du nord par des exploits de ce genre. (1)

---

(1) José Paul était un canadien né à Sorel, Province de Québec. Sa force musculaire était prodigieuse : le fait suivant en est une preuve. Un jour, dans un magasin de la Compagnie de la baie d'Hudson un commis voulut essayer les forces de José. Dans un coin du magasin, il avait entassé des barils de sucre, parmi lesquels il en avait glissé un rempli de plomb. Comme José était à converser avec quelques amis, le commis, ayant l'air de lui demander un service, le pria de lui mettre sur le comptoir les barils qu'il lui désigna. Un baril de cent livres ne pesait pas aux bras de José ; il se mit à les passer lestement. Tout à coup il s'aperçut du tour qu'on a voulu lui jouer ; il vient de saisir le baril de plomb. Alors comme Samson, arrachant les portes de la ville de Gaza, il fait un effort suprême et levant cet énorme poids dans ses bras, il le rabat de toutes ses forces sur le comptoir. Le commis ne riait plus : les planches furent brisées en morceaux, le plancher enfoncé et le baril roula au fond de la cave "Tiens ! dit José, va ramasser ton plomb ; mon petit."

Les sentiers que suivaient les voyageurs étaient quelquefois à peine praticables pour des hommes libres de tous leurs mouvements. Tantôt, ils côtoyaient le bord escarpé d'un rocher, au pied duquel était un abîme ; tantôt, ils traversaient des marécages où le pied s'enfonçait dans la vase ; ailleurs, c'était une côte abrupte qu'ils avaient à gravir avec la charge au dos.

De Montréal au lac Huron il y avait à passer quarante-quatre portages. Plus loin, du fort William au fort Winnipeg, on en comptait presqu'autant. L'un de ces portages avait neuf milles de long ; aussi on l'appelait le *Grand Portage*.

Outre les fatigues causées par ce rude travail, les voyageurs avaient à supporter les piqûres des myriades de moustiques qui les harcelaient nuit et jour ; souvent le voyageur en était enveloppé comme d'un nuage.

C'est ordinairement vers la fin de juin que ces insectes font leur apparition. Ceux qui n'ont jamais voyagé, au mois de juin, dans ces contrées septentrionales, n'ont aucune idée des tourments que peuvent causer ces légions d'ennemis ailés. Ils sont si nombreux et si altérés de sang qu'ils font périr les animaux sauvages de forte taille, comme le chevreuil et l'orignal. Ils s'introduisent dans leur naseaux et les étouffent. Il est même arrivé que des chevaux et des bœufs ont succombé sous leurs dards. A la veille d'une pluie, quand le temps est couvert et l'atmosphère calme, on voit des nuages de moustiques tellement épais qu'il devient impossible de garder une chandelle allumée ; c'est à peine si on parvient à les éloigner un peu, au moyen d'une forte fumée.

Pendant le jour, les voyageurs novices, occupés à manier l'aviron, subissaient de copieuses saignées, et malheur à celui qui osait se plaindre ; l'épithète de *mangeur de lard*, unique emplâtre pour calmer ses douleurs, lui était immédiatement appliquée. Le plus sage était de tout endurer sans rien dire.

Le soir, les voyageurs campaient sur la grève et dormaient à la belle étoile, exposés à la pluie, au vent et aux moustiques. Cependant il fallait bien se hâter de profiter de la nuit telle qu'elle était ; car elle n'était pas longue. La brigade campait tard et repartait de grand matin. Dès la première lueur de l'aurore, le guide donnait le signal du réveil.

Ce n'était pas par le cri du *Benedicamus Domino* que le guide éveillait ses hommes. Le signal était celui-ci : *Lève, lève nos gens*. Les voyageurs aussitôt s'empressaient de ployer les tentes des Bourgeois, remettaient les canots à l'eau, et, après les avoir chargés, reprenaient l'aviron pour ne le déposer qu'à l'heure du déjeuner ou au premier portage qu'on rencontrait.

Dans les canots, les conducteurs avaient continuellement les yeux sur les rameurs pour les stimuler, s'ils les voyaient se relâcher un instant.

La vitesse de la marche était calculée pour arriver en tant d'heures à tel endroit, tout comme aujourd'hui sur une ligne de chemin de fer. La distance entre Montréal et le lac Winnipeg était franchie en deux mois.

Tel était l'apprentissage que faisaient nos jeunes voyageurs durant les deux premiers mois après leur départ du Canada.

CHAPITRE VI.

SOMMAIRE.

Nouvelle scission de la Compagnie du Nord-Ouest.—Organisation de la Compagnie X. Y.—Lutte à mort entre les deux Compagnies — Scènes épouvantables dont le Nord-Ouest devient le théâtre.

En dépit des desseins pervers des hommes, Dieu arrive toujours à ses fins, parce qu'étant tout-puissant, il peut tirer le bien du mal. Le mal reste au compte du méchant ; et le bien, miracle de la bonté divine, se fait sans que celui-ci en ait aucun mérite parce qu'il ne l'a pas eu dans son intention.

La Compagnie du Nord-Ouest voulait des richesses, Dieu les lui donna ; mais, en même temps, il se servit des travaux exécutés par elle pour faire son œuvre à lui.

Les Romains, autrefois, par orgueil et par ambition, voulaient l'empire du monde ; Dieu leur donna cette gloire. Ils firent beaucoup de mal aux hommes, mais, sans le savoir, ils préparaient les voies à la prédication de l'Evangile. C'est toujours le même motif qui fait agir Dieu. Il veut, avant tout, la gloire de son Eglise par le salut des âmes, et pour y arriver, tout lui sert dans le monde.

La Compagnie du Nord-Ouest fut un élément de corruption pour les sauvages ; mais elle découvrit toutes les terres habitées par les indiens dans l'immense territoire du Nord-Ouest ; elle explora ce pays jusqu'à la mer glaciale, au nord, et jusqu'à l'océan Pacifique, à l'ouest. Partout elle traça des chemins, bâtit des forts, organisa des moyens pour voyager en sûreté dans les prairies et les forêts, sur les rivières et sur les lacs. Tous ces travaux, elles les entreprit, poussée par le désir d'amasser des richesses et pour jouir plus tard de la vie ; tout cela, dans les desseins de la Providence, devait servir aux missionnaires qui bientôt viendront dans ces pays sauvages porter la bonne nouvelle aux nations infidèles.

Reprenons la marche de la Compagnie. Nous avons vu qu'immédiatement après sa première organisation, elle eut à lutter contre un certain nombre de ses traiteurs mécontents de la part qui leur avait été faite dans la Société ; qu'en 1787 lassés des combats ruineux qu'ils se livraient, les deux partis firent la paix, et qu'en 1790, ils réorganisèrent la Société pour neuf ans et sur de nouvelles bases.

Durant cet espace de temps, il y eut encore beaucoup de froissements, de murmures et de velléités de scission parmi ces Seigneurs du Nord ;

mais l'intérêt de la conservation était assez fort chez eux pour les tenir unis, et la discipline, comme à l'instar des politiciens, assez respectée pour empêcher les plus mécontents de faire un éclat ; car ils avaient besoin de garder tout leur prestige en Canada pour ne pas nuire à leur commerce ; ils évitaient donc soigneusement de laisser transpirer hors des pays sauvages les sujets de leurs querelles et de leurs démêlés.

Cependant, en 1795, quatre ans avant l'expiration des engagements pris en 1790, quelques bourgeois, moins patients que les autres, prirent la détermination de se séparer de leurs collègues pour former une nouvelle Société. Quoique très puissante et admirablement organisée, la Compagnie du Nord-Ouest éprouva de sérieuses inquiétudes en voyant la lutte qui allait de nouveau s'engager. Ceux qui se séparaient d'elle n'étaient pas nombreux, mais ils étaient habiles, énergiques et déterminés. De plus, comme ils avaient été formés à l'école de l'ancienne Compagnie, ils n'étaient pas scrupuleux sur les moyens et pouvaient lui faire une très rude opposition.

Ce qui contribuait encore à augmenter les inquiétudes de la Compagnie du Nord-Ouest, c'était l'attitude que prenait depuis quelque temps la Compagnie de la baie d'Hudson. Menacée par la famine, ne voyant plus les sauvages arriver jusqu'à ses postes lointains, elle se réveillait de sa longue léthargie pour s'avancer dans l'intérieur du pays. Déjà elle avait commencé à bâtir des forts rapprochés de ceux du Nord-Ouest, et elle paraissait bien déterminée à soutenir les droits de sa charte. La nouvelle Compagnie arrivait donc à un moment très critique, puisque l'ancienne avait besoin de toutes ses forces pour garder le terrain conquis.

M. Alexandre McKenzie, dont l'énergie, l'habileté et l'aimable caractère avaient gagné les sympathies des bourgeois de l'ancienne Compagnie, continua à faire partie de celle-ci jusqu'en 1799. Mais cette année-là, il donna sa démission et partit pour l'Angleterre. De retour en 1801, avec le titre de baronet, il remonta au Nord-Ouest et se mit à la tête de la nouvelle Compagnie qui prit le nom de Compagnie X. Y.

L'ancienne Compagnie qui jusqu'alors avait fait mine de mépriser ce qu'elle appelait *les petits traiteurs*, comprit qu'avec le prestige attaché au nom de sir Alexander Mackenzie, sa rivale acquérait une importance dangereuse. C'était la guerre qui allait se déclarer, mais une guerre, comme le Nord-Ouest n'en avait pas vu jusque là.

A partir de ce moment, ce ne fut dans ces pays sauvages qu'une suite non interrompue de crimes et de brigandages sans nom. Impossible de tracer le tableau de pareilles scènes. Les luttes, en 1785-86, n'avaient été que de petites querelles comparées à celles-ci. Les échanges entre les sauvages et les traiteurs ne se faisaient plus qu'avec du rhum, et il faudrait lire un journal tenu par les commis dans les forts de traite, pendant ces années d'orgies, pour se faire une idée de la quantité de liqueurs qu'on y versa aux sauvages.

" J'ai donné aujourd'hui aux sauvages qui sont
" venus au fort, écrivait un de ces commis, quatre
" barils de rhum de deux gallons et un de trois
" gallons. J'étais seul avec G...., mon serviteur.
" Ces sauvages étaient tous armés...... nous
" avons failli être tués....................

Sur une autre page il écrit :
" Nous avons eu beaucoup de trouble cette
" nuit ; les sauvages étaient en boisson ; ils se
" sont querellés ensemble.... Nous en sommes
" venus aux coups."

Mais abrutir les sauvages, par l'ivrognerie, n'était qu'une pécadille pour des hommes qui se jouaient de la vie de leurs semblables et ne reculaient pas devant un assassinat pour avoir quelques peaux de castors.

En l'année 1800, Frédérick Schultz, commis de l'ancienne Compagnie du Nord-Ouest, commandait un poste, près du lac Nepigon. Il avait à son service un jeune canadien nommé Lebeau qui, durant l'hiver précédent, s'était lié avec les serviteurs de la Compagnie de la baie d'Hudson.

Au printemps, Lebeau se décida à se joindre à eux pour descendre à la mer. Dès que Schultz l'eut appris, il s'écria : " Si ce coquin veut partir, je saurai bien le retenir." Il prit un poignard aiguisé avec soin et qu'il cacha sous ses habits, puis immédiatement il alla trouver Lebeau au fort de la Compagnie de la baie d'Hudson. Celui-ci, en voyant arriver Schultz, fut intimidé et fit mine de s'enfuir par une fenêtre. En voyant cela, Schultz tira son poignard et en frappa Lebeau, qui mourut le même jour.

La Compagnie du Nord-Ouest, loin de faire un reproche à Schultz pour un tel crime, le garda à son service et lui donna de l'avancement.

En 1796, au fort Cumberland, un sauvage, poussé à bout par un commis, eut le malheur en se défendant de le blesser mortellement. Immédiatement et sans forme de procès, les gardiens du fort firent exécuter deux sauvages de la bande ; on en fusilla un et l'on pendit l'autre à un arbre, pour faire un exemple.

En 1802, dans un petit fort, près de la Rivière au Brochet, deux employés de la Compagnie du Nord-Ouest, Comptois et Roussin, tuèrent, pour exercer une vengeance, un sauvage et sa femme, parce que deux ans auparavant la femme de ce sauvage avait coopéré au meurtre d'un ami de ces employés. Le mari eut beau supplier ses bourreaux et leur dire qu'il était innocent, rien ne put les émouvoir ; il fut assommé ainsi que sa femme. On pourrait citer bien d'autres faits de ce genre.

Ces crimes, commis par les subalternes, ne nous surprennent plus, quand on sait que quelques années plus tard, un bourgeois de la Compagnie du Nord-Ouest, Archie McLellen, fit cruellement assassiner dans une île du lac des Bois, McKeveny, officier supérieur de la Compagnie de la baie d'Hudson, et que le nommé Reinhard, auteur de ce meurtre ordonné par McLellen, fut, en vertu d'une décision des tribunaux canadiens, condamné à être pendu, tandis que le bourgeois acheta l'impunité. (1)

Nous rapporterons, dans un autre chapitre, les détails odieux de ce meurtre qui fit grand bruit en Canada dans le temps et contribua beaucoup à faire connaître l'esprit qui animait la Compagnie du Nord-Ouest.

Pendant l'hiver de 1801 à 1802, M. John McDonell avait la surveillance du district de l'Athabaska pour l'ancienne Compagnie du Nord-Ouest et M. de Rocheblave pour la nouvelle.

Le premier avait à son service un commis nommé King, traiteur habile et d'une stature

---

(1) En 1818, quand Mgr Provencher monta dans sa mission, il vit le squelette de McKeveny gisant sur un tas de branches dans l'île où il avait été assassiné. Ses bourreaux n'avaient pas daigné lui donner la sépulture.
                                Lettre de Mgr Provencher.

ture d'Hercule. M. de Rocheblave était assisté par un M. Lamothe, jeune homme d'une famille respectable du Canada, plein de courage et d'activité, mais beaucoup plus jeune et moins expérimenté que King.

Dans le cours de l'hiver, deux sauvages, députés par une bande qui était en dettes avec les deux Compagnies, vinrent avertir les traiteurs qu'ils avaient des pelleteries dans leur camp distant de quatre ou cinq journées de marche. King fut envoyé pour apporter les pelleteries de l'ancienne Compagnie et Lamothe celles de la nouvelle. Tous deux eurent ordre de faire toute la diligence possible et de soutenir vaillamment les droits de ceux qui les employaient.

Arrivés au camp des sauvages, chacun d'eux se mit en devoir de ramasser ce qui lui était dû de pelleteries. Mais comme King avait plus de serviteurs pour l'aider, il s'empara de tous les paquets, à l'exception d'un seul, que Lamothe avait reçu d'un sauvage. King, suivi de ses hommes armés, vint à la tente de Lamothe et lui ordonna de livrer le paquet de bon gré, ajoutant qu'au besoin il le prendrait de force.

Lamothe, déterminé à défendre jusqu'à la dernière extrémité la propriété de ses maîtres, avertit King que s'il avait l'audace de toucher au paquet de pelleteries, il le ferait à ses risques et périls. King se disposait à mettre ses menaces à exécution, quand Lamothe, tirant son pistolet, étendit le voleur mort sur place. Les engagés de King voulaient venger cette mort, mais les sauvages intervinrent et dirent qu'il n'avait que ce qu'il avait mérité.

L'ancienne Compagnie ordonnait des meurtres quand la chose lui convenait, mais cette fois elle poussa des cris de paon, parce que c'était un des siens qui était la victime. Elle fit mille efforts pour s'emparer de Lamothe, mais il ne tomba entre ses mains que trois ans plus tard, en 1804. Elle le fit jeter en prison, où il languit jusqu'à la réunion des deux Compagnies. Alors seulement, Lamothe fut mis en liberté et il ne fut plus question de lui faire de procès.

Cette Compagnie, qui niait le monopole de la traite à la Compagnie de la baie d'Hudson, appuyée par une charte royale, le réclamait bel et bien pour elle et, quoiqu'elle n'eut aucun titre à exhiber, elle voulait être reine et maîtresse dans toute l'étendue du Nord-Ouest.

En 1801, M. Dominique Rousseau, de Montréal, équipa des canots, qu'il envoya au lac Supérieur, sous la conduite de M. Hervieux, son commis. Ces canots étaient chargés de marchandises pour la traite. Rousseau s'attendait à tirer de cette petite cargaison un bon profit avec les Indiens du Grand Portage. Comme sujet anglais, il avait tout autant de droit de faire des échanges avec les sauvages que tous les Bourgeois du Nord-Ouest.

Cette entreprise d'un simple particulier n'était pas de nature, ce nous semble, à exciter la jalousie de la puissante Compagnie. Hervieux, étant convaincu de son droit, alla, sans défiance, planter sa tente à un arpent du fort.

A peine était-il installé depuis quelques heures, qu'il vit arriver à lui trois officiers de la Compagnie. L'un d'eux, Duncan McGillivray, lui dit en l'abordant qu'il eut à détaler de là à l'instant, sinon qu'il le forcerait à partir. Hervieux répondit qu'ayant autant de droit qu'eux de faire la traite en cet endroit, il ne partirait qu'après avoir vu leurs titres de propriété. Cependant, après quelques pourparlers, pour éviter de plus grands désagréments, il leur dit qu'il consentirait à porter sa tente à un autre endroit qu'on lui désigna. McGillivray et ses compagnons retournèrent au fort raconter ce qui s'était passé..

Le doute exprimé par Hervieux sur les droits exclusifs de la Compagnie parut à tous un crime digne d'un châtiment exemplaire. Ils revinrent à sa tente, où il n'avait pas encore fini d'envelopper ses marchandises, et, à coups de poignard, ils mirent sa tente en pièces. " Tiens ! dirent-ils à " Hervieux, tu nous a demandé nos titres : eh " bien ! les voilà. Maintenant, si tu oses pénétrer " dans l'intérieur du pays, nous te couperons la

" gorge." Non contents d'avoir détruit sa tente, ils gâtèrent ses marchandises et maltraitèrent quelques serviteurs qui avaient acheté des objets de lui. On les leur enleva et on les brisa pour leur apprendre à ne jamais rien acheter d'un traiteur étranger.

Hervieux fut obligé de retourner à Montréal, à treize cents milles de distance, après avoir perdu toutes ses marchandises par les agissements coupables de la Compagnie.

M. Rousseau intenta un procès à McGillivray ; mais il ne réussit qu'à obtenir une faible compensation pour la perte considérable qu'il avait subie.

En 1806, M. Rousseau tenta une nouvelle entreprise de commerce dans les pays sauvages. Il prit pour associé un M. Delorme, qu'il envoya au Nord-Ouest avec deux canots chargés de marchandises.

Pour éviter toute difficulté avec la Compagnie, Delorme, une fois rendu au lac Supérieur, gagna le chemin du Grand Portage que les traiteurs du Nord-Ouest avaient abandonné pour se fixer au nouveau fort William. Il avait pris ses précautions pour passer sans être vu des gens du fort, mais il avait compté sans la vigilance de la Compagnie, qui tenait continuellement des sentinelles en vedette.

Après quatre jours de marche difficile, Delorme fut rejoint par un nommé McKay, associé de la

Compagnie, qui se mit avec une dizaine d'hommes à abattre des arbres sur sa route pour embarrasser le chemin et le rendre impraticable. Il ferma ainsi tous les portages et toutes les petites rivières, non seulement en avant, mais en arrière de Delorme, afin que celui-ci ne pût ni avancer ni reculer. Bientôt Delorme et son associé se trouvèrent prisonniers et furent obligés d'abandonner là leurs marchandises que la Compagnie consentit à acheter au prix coûtant de Montréal.

Rousseau fut le dernier commerçant qui osât, seul et sans protection, envoyer des marchandises dans le Nord-Ouest.

Comme on le voit, la Compagnie du Nord-Ouest, qui criait si fort contre le monopole, s'était, sans charte ni recommandation de qui que ce soit, emparé des pays sauvages à l'exclusion de tout autre sujet britannique et, pour garder sa position, aucun moyen ne lui coûta.

Il est bon que le lecteur se rappelle ces faits pour bien comprendre et bien juger les événements dont nous parlerons plus loin.

CHAPITRE VII.

SOMMAIRE.

Nouvelle organisation de la Compagnie du Nord-Ouest —Moyens employés pour stimuler le zèle des subalternes —Timidité des serviteurs de la Compagnie de la baie d'Hudson.—Inégalité de la lutte entre les deux Compagnies.

La guerre que se faisaient les deux Compagnies du Nord-Ouest ne pouvait, en se prolongeant, que les conduire à la ruine. Les Bourgeois de de l'ancienne Compagnie le comprenaient fort bien et la plupart d'entr'eux désiraient depuis quelque temps en venir à une entente ; mais Simon McTavish, leur principal agent, blessé dans son orgueil, au moment de la scission, avait juré de refuser tout arrangement avec la nouvelle Compagnie qu'il feignait de mépriser comme une rivale sans valeur. Pour l'écraser, il avait déployé une énergie surhumaine. Ses entreprises pour étendre de tous les côtés les opérations de la Compagnie n'eurent pas toujours le succès qu'il espérait. Les Bourgeois, ses collègues, en murmuraient souvent, sans cependant oser le blâmer ouvertement dans les grandes assemblées officielles. Ils attendaient donc une occasion favorable pour en venir à une entente quand la mort vint enlever Simon McTavish au mois de juillet 1804.

Désormais l'union des deux Compagnies, désirée des deux côtés, devenait relativement facile, car on était de part et d'autre fatigué de cette lutte acharnée.

Le personnage le plus en vue et le plus important parmi tous les Bourgeois était sans contredit Sir Alexandre Mackenzie. Des propositions pour l'union lui furent communiquées, et dès le 5 novembre 1804, toutes les difficultés étaient aplanies, la paix signée et la Grande Compagnie du Nord-Ouest rétablie sur de nouvelles bases.

Instruits par les lamentables scènes des dernières années, les Bourgeois du Nord-Ouest, en réorganisant leur société, eurent soin de prévenir, par des clauses spéciales, toute nouvelle division.

On régla d'abord que tout associé, qui, sous la nouvelle constitution, voudrait se retirer de la Compagnie, recevrait pendant sept ans la moitié des revenus de sa mise dans la Société, sans être obligé de faire aucune espèce de service et sans encourir aucune responsabilité ; mais, en même temps, il lui était défendu, sous peine d'une amende de cinq mille louis *sterling*, de prendre aucun intérêt, soit direct, soit indirect, dans d'autres sociétés, faisant la traite sur le même territoire que la Compagnie du Nord-Ouest. Par ce moyen, le démissionnaire n'était nullement tenté d'entrer dans une entreprise nuisible aux intérêts de la Compagnie.

Dans le cas de décès d'un Bourgeois, ses héritiers ne pouvaient lui succéder qu'en acceptant les mêmes charges et obligations.

Dans cette nouvelle organisation, la masse des capitaux était divisée en cent parts; une partie assez considérable de ces parts appartenait à des maisons de commerce de Londres et de Montréal, par suite des avances faites aux deux Compagnies; les autres parts appartenaient à des particuliers.

Sur soixante-quinze parts assignées à l'ancienne Compagnie, trente étaient dans une seule maison de commerce de Montréal; et sur les vingt-cinq parts assignées à la nouvelle, dix-neuf appartenaient à des maisons de Montréal ou de Londres; le reste était distribué parmi les *associés hivernants*.

Les associés, c'est-à-dire tous ceux qui avaient une ou plusieurs parts dans la Compagnie, devaient se réunir chaque année, vers le mois de juillet, au Fort William, sur les bords du lac Supérieur.

C'était là que se traitaient les affaires de la Compagnie. Les questions se réglaient à la pluralité des voix. Chaque action donnait droit à un vote; les absents pouvaient se faire représenter par un procureur. On y arrêtait tous les plans pour l'année suivante, et les comptes de l'année précédente étaient fermés.

Les associés hivernants étaient tenus de faire devant les Bourgeois assemblés un rapport détaillé de tout ce qui s'était passé dans leur département depuis la dernière réunion générale.

Des blâmes très sévères étaient adressés, séance tenante, à ceux qui s'étaient montrés peu zélés pour les intérêts de la Compagnie ; tandis que ceux qui avaient eu de bons succès recevaient de l'avancement, sans qu'on s'inquiétât des moyens employés pour réussir. Ce système était bien calculé pour entretenir l'émulation ; mais le respect de la justice était loin d'être sauvegardé. Le désir de mériter des éloges de la part des supérieurs et d'arriver bientôt à un poste *honorable* dans la Compagnie entretenait chez les subalternes une émulation qui n'avait d'égale que l'ambition des chefs eux-mêmes.

Nous l'avons déjà dit dans un chapitre précédent, les Bourgeois qui vivaient en Canada tenaient à conserver une bonne réputation dans l'opinion publique, et ils veillaient, avec le plus grand soin à ce qu'aucune plainte ne transpirât contre la Compagnie à Montréal ou à Québec. Mais il n'en était pas ainsi des associés hivernants, qui vivaient dans le Nord à mille lieues de toute société civilisée. La grande distance et la difficulté des communications les rassuraient contre la censure publique, surtout lorsqu'ils songeaient qu'ils ne recevraient aucun reproche de leurs supérieurs du moment qu'ils rapporteraient beaucoup de pelleteries.

On comprend aisément combien peu on redoutait l'effet des lois dans ces pays éloignés et comme il devenait facile d'y commettre des délits sans avoir à en répondre devant les tribunaux.

Après leur réunion, les deux Compagnies du Nord-Ouest eurent grand soin de jeter le voile sur les scènes d'horreurs commises pendant leurs luttes violentes ; mais sir Alexandre Mackenzie en a dit quelque chose dans ses ouvrages et la tradition nous a conservé le reste.

Depuis sa formation, en 1784, jusqu'à sa réorganisation sur des bases nouvelles, en 1804, la Compagnie du Nord-Ouest n'avait eu en réalité à souffrir que de ses luttes intestines. Aucun traiteur isolé n'avait été en état de se mesurer avec elle. Toute compétition de ce genre ne l'avait pas plus entamée que la vague ne mine le rocher sur lequel elle vient se briser. La Compagnie de la baie d'Hudson ne l'avait pas encore inquiétée sérieusement, mais, à partir de ce moment, c'est avec elle que nous allons la voir aux prises dans une guerre à mort. Forma-t-elle dès lors le dessein de la réduire à abandonner son commerce et à se désister des droits de sa charte, les faits semblent le prouver.

La Compagnie du Nord-Ouest a répété partout qu'elle n'avait fait qu'user de représailles contre la Compagnie de la baie d'Hudson. Une telle affirmation ressemble à l'histoire de cet homme qui, cité devant un tribunal parce que son chien avait mangé un lapin, répondit pour se défendre que c'était le lapin qui avait attaqué le chien. (1)

Tous ceux qui connaissent tant soit peu l'histoire de la Compagnie de la baie d'Hudson, savent fort bien que la bravoure ne fut jamais la vertu dominante de ses serviteurs et que ses traiteurs étaient d'une timidité pitoyable. Il est reconnu que, malgré les fortes primes offertes à ceux qui oseraient s'éloigner des bords de la mer pour s'avancer dans l'intérieur du pays, jamais elle ne put trouver un seul homme pour répondre à ses sollicitations alléchantes. Si pendant un siècle, elle demeura casernée sur les bords de la baie d'Hudson, ce fut parce que ses serviteurs refusèrent obstinément d'aller, comme les français, trouver les sauvages dans leur pays.

On s'est demandé souvent pourquoi les anglais de la baie d'Hudson n'avaient pas imité les canadiens et les français. La raison, c'est qu'ils

---

(1) Le nombre des serviteurs de la Compagnie de la baie d'Hudson se montait à peine au tiers de ceux de la Compagnie du Nord-Ouest.

n'étaient pas assez hardis pour le faire. Il est très certain que le désir des officiers supérieurs de la Compagnie, en Angleterre, était de faire explorer les pays sauvages et que de fortes sommes furent offertes pour cela.

Le 15 mai 1682, le comité d'administration écrivait à John Bridgar, gouverneur au fort Nelson : " Faites un établissement sur la rivière " pour votre sûreté ; mais en même temps, faites " diligence pour pénétrer dans le pays ; faites-y " des découvertes et établissez des relations com-" merciales avec les sauvages."

L'année suivante (1683), le comité de Londres, renouvelle ses instances et écrit à l'un des gouverneurs, Henry Sergeant : " Nous vous donnons " instruction de choisir parmi nos serviteurs les " plus robustes et les mieux versés dans la " connaissance des langues sauvages ; vous les " ferez pénétrer dans l'intérieur des terres, afin " d'attirer les sauvages par de bons traitements " et des manières conciliantes et, par là, les enga-" ger à commercer avec nous." Pour toute réponse le gouverneur écrivit à Londres, que les serviteurs refusaient d'entreprendre ce voyage.

Deux ans après l'ordre donné à Sergeant, le 22 mars 1685, les choses n'avaient pas changé, car le comité écrivait de nouveau. " Nous avons " appris que nos serviteurs refusent de pénétrer " dans l'intérieur du pays à cause des dangers

"qu'ils redoutent, mais peut-être aussi à cause
"du peu d'encouragement qui leur est donné.
"Faites savoir que le salaire de ceux qui voudront
"faire ce voyage, sera de £30 (louis) sterling."

L'espoir des récompenses n'eut pas un meilleur effet, car, le 24 août 1685, le gouverneur de la baie d'Hudson répondit au comité de Londres, que ses hommes refusaient les primes et qu'ils préféraient retourner en Angleterre plutôt que de s'aventurer chez les indiens. "Aucun d'eux,
"dit-il, ne veut consentir à faire ce voyage en
"dépit de tous les moyens que j'ai employés."

Voilà les braves qu'avait à son service la Compagnie de la baie d'Hudson en 1700.

Les choses étaient-elles bien changées un siècle plus tard, en 1800 ? Non ; à cette époque le personnel de la Compagnie de la baie d'Hudson ne s'était pas aguerri davantage, car les serviteurs de cette Compagnie, pendant un siècle, n'avaient fait autre chose que de traiter avec les sauvages autour des murailles de leurs forts.

En 1733, un employé de la Compagnie de la baie d'Hudson, nommé Joseph Robson, rapporte qu'à cette époque, "quand les sauvages venaient
"approvisionner les forts du produit de leur
"chasse, la prudence soupçonneuse du gouver-
"neur du fort York était telle qu'il ne permettait
"pas à plus de deux ou trois sauvages de
"pénétrer ensemble dans le fort, et ne consentait

" que très rarement à laisser des chefs sauvages
" passer la nuit dans son enceinte." Cependant
ce fort était protégé par 19 canons.

Robson ajoute que, pendant qu'il était dans le
fort York, il se risqua une fois à faire une expédition jusqu'à quarante milles dans l'intérieur.

Ce ne fut qu'en 1774, après le voyage de
Frobisher à la rivière Churchill, que la Compagnie de la baie d'Hudson fit son apparition sur
les bords de la Saskatchewan et qu'elle osa briser
le cercle qui la retenait captive dans ces régions
glacées. Dix-neuf ans plus tard, elle s'avança
jusqu'à la Rivière Rouge, mais toujours avec
le même personnel, d'une gaucherie proverbiale, incapable de diriger un canot et redoutant sans cesse une rencontre avec les traiteurs
canadiens, hommes hardis, d'une habileté sans
pareille et exerçant sur les indiens un ascendant
merveilleux.

Peu belliqueuse par instinct et comprenant
le danger de se mesurer avec une Compagnie
beaucoup plus forte qu'elle par le nombre et la
valeur guerrière de ses hommes, la Compagnie
de la baie d'Hudson se garda naturellement de
toute agression et se borna à prendre les moyens
de protéger son commerce.

Dès que les traiteurs de la Compagnie du
Nord-Ouest se trouvèrent en contact avec les
serviteurs de la Compagnie de la baie d'Hudson

dans l'intérieur du pays, ils témoignèrent à leur égard la plus grande animosité.

Outre l'avantage que leur donnait une supériorité numérique, les hommes de la Compagnie du Nord-Ouest étaient tellement dévoués et soumis à leurs maîtres qu'ils se croyaient obligés d'exécuter scrupuleusement leurs ordres quelque illégaux qu'ils fussent.

Tous les employés de la Compagnie de la baie d'Hudson devinrent dès ce moment en butte à une suite d'agressions auxquelles ils ne donnaient aucun sujet.

Les faits suivants vont donner une idée de la manière dont la Compagnie du Nord-Ouest entendait la concurrence avec sa rivale.

En l'année 1806, au mois de mai, un traiteur au service de la Compagnie de la baie d'Hudson se trouvait avec quelques hommes dans un endroit appelé le Mauvais Lac, dans les limites du fort Albany. Assurément, c'était bien dans une partie du pays appartenant à la baie d'Hudson. Le nom de ce traiteur était Corrigal. La Compagnie du Nord-Ouest avait bâti une maison dans le voisinage du poste de Corrigal et elle y avait placé un commis du nom de Haldane avec plusieurs serviteurs. Une nuit pendant que Corrigal dormait dans sa maison avec ses hommes, ceux de Haldane vinrent se saisir de lui et de ses serviteurs, pillèrent son magasin dans lequel il y avait 480 peaux de castor et emportèrent toutes ces pelleteries dans leur maison. Au printemps, ils les transportèrent au Grand Portage où la Compagnie du Nord-Ouest les reçut comme toutes les autres pelleteries.

Haldane, pour justifier ce vol disait à Corrigal : " Je suis venu chercher des pelleteries... eh " bien, je les prends où je les trouve."

Un vol semblable eut lieu, peu de temps après, dans un poste auprès du Lac Rouge. Ce poste fut forcé par huit hommes qui, armés de pistolets et de couteaux, menacèrent de massacrer tous les serviteurs de la Compagnie de la baie d'Hudson, si on ne leur permettait pas de prendre les pelleteries qui étaient dans le magasin. Quelques jours plus tard, ils enfoncèrent le même magasin et enlevèrent une quantité considérable de drap, d'eau-de-vie, de tabac et de munitions, etc., etc.

Dans l'automne de 1806, un traiteur nommé John Crear, au service de la baie d'Hudson, gardait avec cinq hommes un endroit appelé la Grosse Chûte, près du lac Winnipeg. Un soir, deux canots montés par des serviteurs de la Compagnie du Nord-Ouest et commandés par Alexandre McDonell, vinrent camper auprès du poste de Crear. Le lendemain matin, quatre des engagés de Crear, sortirent pour aller faire la pêche à un mille du camp. Aussitôt qu'ils furent partis, McDonell vint avec ses hommes accuser

Crear d'avoir acheté des pelleteries d'un sauvage endetté à la Compagnie du Nord-Ouest ; c'était là un grand crime. Tous les Bourgeois et commis de la Compagnie du Nord-Ouest empêchaient bien les sauvages de payer leurs dettes à la Compagnie de la baie d'Hudson, et dans pareil cas, ce n'était pas une malhonnêteté, mais quand un sauvage devait à la Compagnie du Nord-Ouest, malheur à celui qui achetait ses pelleteries, même de bonne foi.

M. McDonell ordonna à Crear de lui livrer les pelleteries vendues par le sauvage, sinon qu'il allait les prendre de force. Sur le refus de Crear, il enfonça les portes du magasin. William Plowman, le seul serviteur de Crear resté au poste voulut les empêcher d'entrer ; mais il fut renversé par un homme de McDonell pendant qu'un autre couchait Crear en joue avec son fusil. McDonell ayant empêché son serviteur de faire feu, celui-ci frappa Crear avec la crosse de son fusil et le jeta par terre tout baigné de sang, puis McDonell donna un coup de poignard à Plowman et le blessa dangereusement. Pendant cette scène, les engagés du Nord-Ouest pillaient le magasin, s'emparaient de toutes les pelleteries, d'une quantité de bœuf et de lard salé, de viande sèche et d'un canot tout neuf.

Dans le cours du mois de février 1807, le même McDonell envoya un de ses commis, avec un certain nombre d'hommes, attaquer de nouveau Crear ; ils le battirent ainsi que ses serviteurs de la manière la plus cruelle et lui prirent une grande quantité de pelleteries ; de plus, ils le forcèrent sous peine de mort à signer immédiatement un billet affirmant qu'il avait cédé ces pelleteries de bonne volonté à la Compagnie du Nord-Ouest.

En 1808, John Spencer, officier de la baie d'Hudson, commandait un poste à Caribou, dans le voisinage d'un autre poste appartenant à la Compagnie du Nord-Ouest. Au printemps, William Linklater employé par la Compagnie de la baie d'Hudson, fut envoyé au devant de quelques sauvages et en obtint des pelleteries. En retournant à son poste, il fut rencontré par Duncan Campbell, associé hivernant de la Compagnie du Nord-Ouest. Les paquets de pelleteries étaient attachés sur un traîneau. Campbell somma Spencer de les lui livrer et sur son refus, il tira son poignard, coupa les traits du traîneau et ordonna aux hommes qui l'accompagnaient de porter les pelleteries au fort du Nord-Ouest. Un des hommes de Campbell saisit Spencer par ses raquettes et le renversa sur la glace, pendant que les autres traînaient les pelleteries à leur fort. Ces pelleteries furent emportées au lac Supérieur comme retour de traite et jamais la Compagnie de la baie d'Hudson ne reçut de compensation.

Dans une autre occasion, à l'Ile à la Crosse, le même Campbell attaqua deux serviteurs de la Compagnie de la baie d'Hudson et leur enleva leurs pelleteries de la même manière.

Quelques-uns de leurs camarades ayant voulu leur porter secours furent attaqués par un plus grand nombre de serviteurs du Nord-Ouest et repoussés avec violence et effusion de sang.

En 1809, Fidler, commis de la baie d'Hudson, fut envoyé de Churchill avec dix-huit hommes pour établir un poste de commerce à l'Ile à la Crosse. Durant le premier hiver, il eut quelque succès, mais, par la suite, on lui suscita des difficultés sans nombre. Plusieurs fois déjà les officiers de la baie d'Hudson avaient essayé de faire la traite en cet endroit, qui est abondante en castor, et toujours ils avaient été obligés de renoncer à leur entreprise. Les moyens employés à l'égard de Fidler vont expliquer les raisons de ce défaut de succès.

Fidler, durant le premier hiver qu'il passa à l'Ile à la Crosse, avait eu pour compétiteur un nommé John McDonell qui fut remplacé l'année suivante par Robert Henry, parce qu'il n'était pas assez disposé à violer les règles de la probité et de la justice.

Henry fut lui-même remplacé par Duncan Campbell, parce qu'il se montrait encore trop conciliant.

La Compagnie du Nord-Ouest s'était acquis, à l'Ile à la Crosse, ce qu'elle appelait *l'attachement* des sauvages ; c'est-à-dire qu'elle les tenait sous l'empire de la crainte et que la seule vue d'un engagé de cette Compagnie suffisait pour les effrayer.

Pour les maintenir dans cet esclavage, Campbell augmenta le nombre de ses hommes à l'Ile à la Crosse; il voulait par ce moyen empêcher les sauvages d'avoir aucun rapport avec les traiteurs de la Compagnie de la baie d'Hudson et intimider Fidler par la vue d'une force prête à l'écraser, s'il essayait de se défendre. On fit bâtir une petite maison près de son fort, de sorte qu'aucun sauvage n'y pouvait entrer sans être aperçu. On y logea un parti de batailleurs de profession—non seulement pour surveiller les naturels du pays, mais encore pour harceler, jour et nuit, les serviteurs de la Compagnie. On volait leur bois de chauffage, on les gênait dans leur chasse,—leurs jardinages étaient détruits ; leurs lignes tendues pour la pêche étaient enlevées pendant la nuit et leurs filets, leur principal moyen de subsistance, étaient coupés en morceaux. Les scélérats ainsi postés pour surveiller Fidler passaient d'un acte de violence à un autre, et, de plus en plus confiants par le peu de résistance qu'ils rencontraient, ils donnèrent aux gens de la Compagnie de la baie d'Hudson l'ordre formel de ne plus sortir de leur fort. Ils accompagnèrent cet ordre de tels actes de cruautés que les hommes de Fidler abandonnèrent ce poste et leur établissement fut brûlé immédiatement. (1)

Cinq années de ces actes de violence suffirent pour ruiner le commerce de la Compagnie de la baie d'Hudson. En 1809, ses actions en Angleterre, après avoir été cotées à 250 pour cent, tombèrent à 50. Pendant ce temps là, la Compagnie du Nord-Ouest n'avait fait que grandir ; elle était à l'apogée de sa prospérité, ses Bourgeois en Canada tenaient partout le haut du pavé, quand un événement imprévu vint changer la face des choses et faire évanouir en un moment tout le faste des Seigneurs du Nord.

(1) Tous ces faits, empruntés aux écrits de Lord Selkirk, ont été corroborés par le témoignage des vieux traiteurs que nous avons connus, et par la tradition, encore très vive à la Rivière Rouge, lorsque nous y arrivâmes en 1866 : on peut donc les accepter comme très authentiques et dignes de foi.—NOTE DE L'AUTEUR.

CHAPITRE VIII.

SOMMAIRE.

Jugement à porter sur les événements qui font la matière des chapitres suivants.—Difficultés à démêler la vérité des récits contradictoires.—Voyage de lord Selkirk en Amérique, son séjour à Montréal.—Son retour à Londres.—Ses négociations avec la Compagnie de la baie d'Hudson.—Attitude prise par la Compagnie du Nord-Ouest.

Les événements dont nous allons parler dans les chapitres suivants ont été jusqu'ici fort diversement appréciés par les historiens. Les deux partis en guerre ont écrit, pour défendre leur cause, des plaidoyers en règle, et ceux qui les ont lus ont accepté les faits tels qu'ils étaient présentés.

N'ayant que ces documents pour former leur jugement, les uns se sont faits les avocats passionnés de la Compagnie du Nord-Ouest, qu'ils ne considéraient que comme une honnête réunion de traiteurs, ayant droit à nos sympathies, parce qu'elle se décorait du nom de société française ; les autres ont embrassé avec zèle la cause de la Compagnie de la baie d'Hudson, dans laquelle ils ne voyaient qu'une victime de sa rivale.

Pour arriver à dégager la vérité du milieu des récits contradictoires de ces temps malheureux, récits affirmés sous serment par les uns et niés pareillement (toujours sous serment) par les autres, il nous a fallu parcourir une quantité d'autres documents ayant trait à l'histoire de cette époque. (1) Mais ceci ne suffisait pas ; il fallait aussi visiter les endroits où se sont passés les faits relatés par les Compagnies ; examiner la topographie des lieux dont elles parlent ; faire une foule de rapprochements ; consulter la tradition, enfin accomplir un travail de plusieurs années. Ce n'est qu'après avoir bien connu les antécédents de la Compagnie du Nord-Ouest, tous ses crimes restés jusqu'ici dans l'ombre et à la veille d'être ensevelis dans l'oubli, qu'il nous a été possible de porter sur elle un jugement qui paraîtra peut-être sévère à quelques-uns, mais qui, néanmoins, est de la plus stricte impartialité.

En 1809, la Compagnie du Nord-Ouest était à l'apogée de sa puissance et de sa gloire, tandis que sa rivale était presque ruinée.

" A moitié ruinée par la lutte qu'elle avait subie, dit l'hon. Masson (histoire des Bourgeois du N.-O., p. 115) " elle avait été presque com-

---

(1) C'est ce que nous avons fait en écrivant la vie de Mgr Provencher, témoin contemporain de la lutte des compagnies.

" plètement refoulée sur les bords de la baie
" d'Hudson et tout faisait espérer, pour les
" traiteurs canadiens, une période de prospérité
" qui les indemniserait des sacrifices qu'ils s'étaient
" imposés, lorsqu'éclata, d'un quartier auquel
" personne ne songeait, l'orage inattendu qui
" devait faire disparaître leur puissante Com-
" pagnie."

Toute l'indemnité que méritait cette Compagnie, c'était le châtiment de ses crimes, et c'est la Divine Providence qui va se charger de la lui administrer en la faisant disparaître complètement et promptement d'un pays dont elle était le fléau, comme nous l'avons dit dans le chapitre précédent.

" Depuis quelques années, (continue M. Mas-
" son) le descendant d'une des plus grandes
" familles d'Ecosse, Thomas Douglass, comte de
" Selkirk, homme à idées larges et philantropiques
" en même temps que littérateur distingué, se
" préoccupait de ses compatriotes, les *highlanders*,
" qui, au milieu de leurs montagnes, menaient
" une vie de privations et de misères, sans espoir
" de jours meilleurs. Il s'intéressait à leur faire
" trouver une existence moins pénible dans les
" colonies anglaises de l'Amérique et il avait déjà
" réussi, malgré de grandes difficultés et au prix
" de *sacrifices personnels* considérables, à en diri-

" ger plusieurs centaines vers l'Ile du Prince-
" Edouard.

" Après de pénibles commencements, la colo-
" nie prit de l'essor ; les colons devinrent bientôt
" prospères et leurs descendants occupent aujour-
" d'hui les terres sur lesquelles leurs pères, en
" 1803, étaient venus se fixer, demandant au sol
" d'Amérique un adoucissement à leurs misères."

Nous donnons cette citation avec complaisance, parceque, venant de la part d'un ami de la Compagnie du Nord-Ouest, elle est d'un grand poids pour faire connaître les nobles qualités du cœur de Lord Selkirk, qu'on a voulu faire passer pour un ambitieux et un égoïste.

Ce personnage a été une des figures les plus remarquables de nos annales canadiennes par le rôle qu'il a joué dans la fondation de la colonie de la Rivière Rouge.

Thomas Douglass, cinquième comte de Selkirk, était le septième fils de Dunbar, quatrième comte de Selkirk. Il vint au monde le 5 juin 1771, au château de sa famille, situé dans l'île de Ste-Marie Kirkendbrighshire, en Ecosse. Le nom de sa famille est illustre dans l'histoire de l'Ecosse.

Dès sa jeunesse, Thomas Douglass fit paraître des qualités remarquables qui furent perfectionnées par la haute éducation qu'il reçut. Il aimait passionnément la lecture des livres de voyages et des expéditions, surtout ceux qui avaient trait à l'Amérique, et déjà tout jeune homme, il songeait à des plans de colonisation.

Il succéda au titre de son père, qui mourut en 1779, ses autres frères étant tous morts avant d'atteindre l'âge viril.

Le 24 novembre 1807, lord Selkirk épousa Melle Colville, fille de James Colville, d'Ocheltrie, gentilhomme possédant une grande fortune et membre proéminent de la Compagnie de la baie d'Hudson. (1)

Après son mariage, se trouvant à la tête d'une immense fortune qu'il tenait de son père et de sa femme, il donna cours à ses projets de colonisation.

En 1809, il voulut visiter les Etats-Unis et le Canada, où sa réputation d'homme distingué, à vues larges et élevées l'avait déjà devancé. A Montréal, il fut tout naturellement l'hôte des Bourgeois du Nord-Ouest, qui, selon l'expression d'alors, tenaient dans la ville le haut du pavé et où dominait l'élément écossais.

Lord Selkirk, qui cherchait pendant son voyage à se renseigner sur toutes les parties de l'Amérique les plus propres à la colonisation,

---

(1) L'épouse de Lord Selkirk fut, depuis 1818 jusqu'à la mort de son époux (1821), la bienfaitrice des missions catholiques de la Rivière Rouge.

voulut s'instruire sur le pays de la Rivière Rouge ; l'occasion était favorable, il en profita.

Les Bourgeois du Nord-Ouest, défiants et ombrageux, ne livraient pas leurs secrets à tout le monde. Avec les personnes étrangères à la Compagnie, ils se tenaient tous sur une grande réserve en ce qui regardait leur commerce ; mais avec un de leurs compatriotes, ils se laissèrent aller plus loin que d'ordinaire et lui en firent connaître suffisamment pour les projets qu'il avait en vue, c'est-à-dire la colonisation.

Il apprit d'eux que la vallée de la Rivière Rouge était un pays fertile, que le climat n'y était pas plus rigoureux qu'au Canada et que la chasse et la pêche y étaient abondantes. Quelques vieux Bourgeois, plus soupçonneux que les autres, eurent peur d'avoir été trop confiants et d'avoir dépassé les bornes de la prudence ; néanmoins, pour le moment, ils ne laissèrent échapper au dehors aucune remarque malveillante contre leur illustre compatriote.

Lord Selkirk, après avoir visité une partie du Canada, retourna en Angleterre y mûrir ses plans d'émigration en Amérique.

Dans une brochure publiée à Londres en 1817, par un Bourgeois du Nord-Ouest, on accuse lord Selkirk de n'avoir eu pour but que de ruiner leur Compagnie en se renseignant si minutieusement sur la Rivière Rouge et d'avoir ainsi abusé de la cordiale hospitalité qu'il avait reçue.

Il n'est pas nécessaire de réfléchir longtemps pour voir tout ce qu'il y a de faux dans une telle accusation, ne reposant d'ailleurs que sur des suppositions.

Le but de lord Selkirk, dans ses conversations avec les Bourgeois du Nord-Ouest, était tout naturellement de se renseigner, non sur le commerce des pelleteries, mais sur les moyens de réaliser le plan qu'il méditait depuis longtemps, de fonder des colonies écossaises dans l'Amérique. S'il eut voulu doubler et tripler son immense fortune en faisant le commerce des pelleteries, il n'avait qu'à entrer dans la Compagnie du Nord-Ouest, où ses compatriotes eussent été heureux de le recevoir pour accroître leur puissance ; c'eût été bien plus court et bien plus sûr que d'envoyer des colons à la Rivière Rouge pour l'aider à faire la guerre à une Compagnie dont la puissance était redoutable. Lord Selkirk voulait tenter à la Rivière Rouge ce qu'il avait tenté, non sans succès, à l'Ile du Prince-Edouard, en 1805.

Mais on comprend, aussi, qu'il voulut dès lors s'assurer les moyens les plus propres à faire réussir l'œuvre dans laquelle il risquait, non seulement le repos de sa vie, mais encore toute son immense fortune. Or, avec son intelligence d'élite, lord Selkirk vit que le seul moyen d'assurer la vie d'une colonie sur les bords de la Rivière Rouge était d'y acquérir une étendue de terrain aussi vaste que possible, dans la partie la plus avantageuse, afin d'y favoriser l'établissement de ses malheureux compatriotes écossais.

Pour arriver à posséder ce terrain, il voulut devenir puissant actionnaire de la Compagnie de la baie d'Hudson. Son beau-père, James Colville, qui jouissait d'une grande influence dans cette Compagnie, l'appuya fortement dans son dessein. Sans doute, la Compagnie de la baie d'Hudson pouvait entrevoir dans ce plan un moyen de relever son commerce ruiné ; mais ce n'était pas là le but que se proposait d'atteindre lord Selkirk. Ce qu'il voulait, c'était une colonie pour ses compatriotes. Or, songer à jeter une colonie dans ces pays sauvages, sans avoir auparavant pris toutes les mesures nécessaires et examiné tous les côtés de la question, eut été une imprudence impardonnable dont la Compagnie du Nord-Ouest aurait eu droit de le blâmer, comme d'un crime de lèse humanité.

C'est probablement parce que la Compagnie du Nord-Ouest vit une grande sagesse dans l'acte de lord Selkirk, lorsqu'il acheta la vallée de la Rivière Rouge, qu'elle prit la détermination d'empêcher cette négociation et plus tard de ruiner la colonie, afin de n'avoir jamais dans le Nord-Ouest de témoins de ses crimes.

Aussitôt qu'il fut de retour en Angleterre, Lord Selkirk communiqua aux agents de la Compagnie de la baie d'Hudson le dessein qu'il avait formé d'entrer dans leur société. Les actions n'ayant plus qu'une valeur de cinquante pour cent, le moment était favorable pour cette négociation. Le capital de la Société était divisé en cent parts ; Lord Selkirk en acheta quarante et devint par cette acquisition le membre le plus influent de la Compagnie. Ce premier pas étant fait, il exposa son projet d'acquérir sur les bords de la Rivière Rouge, dans le territoire du Nord-Ouest, de vastes terrains pour y fonder une colonie de ses compatriotes. Une assemblée des actionnaires de la Compagnie fut convoquée ; elle eut lieu au mois de mai 1811. Mais pour donner aux propriétaires le temps d'examiner à fond la mesure proposée, la première assemblée fut ajournée à quelques semaines. Pendant ce temps, avis fut donné aux intéressés d'aller au bureau du secrétaire de la Compagnie prendre connaissance des conditions de la concession proposée. La seconde assemblée discuta le projet de nouveau et la mesure fut adoptée.

Un peu avant de conclure cette transaction, Lord Selkirk avait été pendant quelque temps en pourparlers avec un personnage très important de la Compagnie du Nord-Ouest, Sir Alexandre Mackenzie, et il avait été sur le point de se l'associer pour acheter les actions de la Compagnie de la baie d'Hudson ; mais n'ayant pu s'entendre avec lui, il en acheta pour son propre compte jusqu'au montant de 40,000 louis sterling.

Si Sir Alexandre Mackenzie eut été assez riche pour acheter ces actions, il n'eut pas hésité un instant à conclure ce marché ; car voici quel était son dessein ; il voulait acquérir une prépondérance telle dans la Compagnie de la baie d'Hudson qu'il eut pu l'amener à se fondre dans celle du Nord-Ouest et rendre celle-ci maîtresse de tout le commerce depuis les bords de la baie d'Hudson jusqu'à l'Océan Pacifique. C'était certainement une grande idée, mais elle ne concordait pas du tout avec celle de lord Selkirk, qui avait des vues bien différentes.

" Il est certain (dit l'hon. Masson dans son
" livre sur les Bourgeois du N.-O.) que cet
" homme distingué, (Alex. Mackenzie) ami de
" la Compagnie du Nord-Ouest dans laquelle il
" avait encore de forts intérêts, avait entrevu la
" réalisation du projet qu'il avait rêvé, plusieurs
" années auparavant, et dont il parle dans la
" relation de ses voyages : celui de créer, au
" moyen des deux Compagnies combinées, une
" association assez puissante pour assurer l'éta-
" blissement d'une grande route commerciale à
" travers le continent.

" N'ayant pas assez de fortune pour acquérir

" seul un nombre d'actions suffisant pour con-
" trôler la Compagnie de la baie d'Hudson, il
" était entré en pourparlers avec Lord Selkirk
" dans l'espoir d'amener cette Compagnie à terme
" avec ses anciens associés. Une partie consi-
" dérable de l'argent devait, espérait-il, être fournie
" par la Compagnie du Nord-Ouest pour le
" compte de qui il devait faire la transaction.

"Cette interprétation de la conduite de Sir
" Alexandre Mackenzie est appuyée par une
" de ses lettres à M. Rodrigue McKenzie, datée
" de Londres, 13 avril 1812."

Personne ne cherchera à donner une autre interprétation aux pourparlers de Sir Alexandre Mackenzie avec Lord Selkirk. Celle-ci est satisfaisante, d'autant plus qu'il n'y a rien d'injuste dans la réalisation du plan qu'il méditait ; au contraire, nous reconnaissons là les idées toujours grandes et utiles de cet homme distingué. Le plan de Sir Alexandre Mackenzie était celui que réalisa soixante-et-douze ans plus tard le gouvernement canadien, sous l'inspiration de ses hommes d'état et avec le concours de la puissante Compagnie du Pacifique. C'était donc le plan d'un homme de génie, et quoique Sir Alexandre Mackenzie eut en vue, en même temps la grandeur et la richesse de la Compagnie du Nord-Ouest, l'histoire ne peut que le louer d'avoir cherché à faire réussir un tel dessein ; mais nous avons ici une preuve de plus que Lord Selkirk, dans ses négociations avec la Compagnie de la baie d'Hudson, n'était pas mû par l'ambition d'agrandir sa fortune au moyen de la traite des pelleteries, puisque jamais plus belle chance d'y réussir ne pouvait se présenter, et s'il la refusa, ce fut parceque sa détermination était bien arrêtée de fonder une colonie pour ses compatriotes à la Rivière Rouge et non de se livrer au commerce des fourrures dans l'Ouest, comme on l'en a accusé. Son plan de colonisation, il le poursuivra avec énergie, malgré tous les obstacles que lui suscitera la Compagnie du Nord-Ouest sous prétexte de défendre ses droits lésés.

Par un arrangement verbal avec M. McGillivray, les actions acquises par Sir Alexandre Mackenzie devaient appartenir à la Compagnie du Nord-Ouest, et, si M. McGillivray eut été présent, il aurait très certainement acheté toutes les actions qui devinrent plus tard la propriété de Lord Selkirk.

Ce premier coup étant manqué, six propriétaires de la Compagnie de la baie d'Hudson, dont deux étaient des agents reconnus de la Compagnie du Nord-Ouest à Londres, signèrent un protêt qui fut présenté à l'assemblée pour s'opposer à la cession des terrains à Lord Selkirk. En lisant ce document, il était facile de comprendre que c'était la Compagnie du Nord-Ouest qui tirait les ficelles. Les opposants s'y montraient peu habiles à cacher leur jeu. Ils trouvaient d'abord que Lord Selkirk n'était pas suffisamment engagé par les conditions de la cession à fonder une colonie—puis, quelques lignes plus loin, ils donnent pour raison de leur opposition que l'établissement des colonies a été de tout temps préjudiciable au commerce des pelleteries. Au fonds, cette seconde raison est bien la seule qui occupait la Compagnie du Nord-Ouest. Ce qu'elle voulait, c'était du castor, et pour en avoir, elle était prête à sacrifier tous les bienfaits de la civilisation.

Ce protêt n'empêcha pas la transaction d'avoir lieu. Plus tard, la Compagnie du Nord-Ouest invoqua souvent la valeur de ce document pour essayer de prouver que Lord Selkirk avait sacrifié les intérêts de la Compagnie de la baie d'Hudson. On sait comment la Compagnie du Nord-Ouest avait protégé elle-même ceux de la Compagnie de la baie d'Hudson en la forçant à abandonner tout les pays de chasse et en la *refoulant sur les bords de la mer*.

Jusque là l'opposition dirigée contre Lord Selkirk ne paraissait venir que de la Compagnie de la baie d'Hudson ; mais quand les Bourgeois du Nord-Ouest s'aperçurent que le milord écossais persistait dans l'exécution de ses plans, ils levèrent le masque et se déclarèrent hautement contre lui, avant même le départ d'aucun colon pour la Rivière Rouge. Dans une brochure publiée à Londres en 1817, par la Compagnie du Nord-Ouest, pour expliquer sa conduite, nous lisons ce qui suit :

" La Compagnie du Nord-Ouest exposa fran-
" chement à celle de la baie d'Hudson et au
" gouvernement les motifs de son opposition à la
" tentative de Lord Selkirk et la ferme résolu-
" tion où elle était de défendre ses *droits* et ses
" *possessions ;* elle ajouta que malgré le déplaisir
" qu'elle ressentait des mesures adoptées par la
" Compagnie de la baie d'Hudson, elle *serait*
" *toujours disposée à adoucir le malheur de ses*
" *infortunés compatriotes destinés comme colons à*
" *devenir les victimes des projets chimériques de*
" *Lord Selkirk.* Elle réitéra sa déclaration
" expresse de ne jamais reconnaître les droits de
" commerce exclusif que s'arrogeait la Compagnie
" de la baie d'Hudson." (1)

On sait qu'en l'année 1670, la Compagnie de la baie d'Hudson, lors de son organisation, avait obtenu de Charles II, roi d'Angleterre, une charte lui conférant le droit de commerce exclusif

(1) M. Miles MacDonell, dans une lettre qu'il écrit à Lord Selkirk, dit ce qui suit :

" M. Alex. Mackenzie, à Londres, s'est engagé de la manière la plus formelle et la plus décisive à s'opposer à l'établissement de la colonie par des moyens en son propre pouvoir." (*Rapport sur les Archives Canadiennes, volume pour l'année* 1886, *Ottawa.*

des fourrures sur toute l'étendue du territoire dont les eaux se jettent dans la Baie d'Hudson. Personne pendant un siècle et demi ne lui avait contesté la validité de cette charte.

La Compagnie du Nord-Ouest ne jouissait d'aucun privilège de la part du gouvernement, mais, comme depuis vingt-six ans, (de 1784 à 1810), elle s'était d'elle-même posée comme reine et maîtresse de tout le commerce de l'ouest, elle prétendait avoir tout autant de droit que la Compagnie de la baie d'Hudson appuyée sur sa charte. Avant de conclure sa transaction, Lord Selkirk avait soumis la charte de la Compagnie à l'examen des plus savants jurisconsultes de Londres et cinq d'entre eux lui avaient répondu que la concession du sol exprimée dans la charte était valide et que cette concession renfermait tout le pays dont les eaux coulent vers la baie d'Hudson.

C'était appuyé sur l'opinion de ces hommes de loi que Lord Selkirk avait conclu son marché. De son côté, la Compagnie du Nord-Ouest consulta plusieurs avocats qui lui donnèrent des réponses assez favorables à sa cause. Elle s'autorisa de ces opinions pour déclarer à sa rivale qu'elle se moquait de sa vieille charte poudreuse et qu'elle n'en tiendrait aucun compte à l'avenir.(1)

(1) Cette légalité de la charte accordée à la Compagnie de la baie d'Hudson a été de fait reconnue par le gouvernement canadien dans l'acquisition des territoires du Nord-Ouest en 1870.

CHAPITRE IX.

SOMMAIRE.

Lord Selkirk annonce en Ecosse qu'il veut fonder une colonie à la Rivière Rouge. — Premières démarches.—Miles MacDonell est chargé du soin des émigrants et nommé gouverneur de la colonie.—Honorabilité de ce gentilhomme.—Difficultés et misères communes à toutes les colonies dès leur berceau.—Départ des premiers émigrants écossais pour la Rivière Rouge.—Lenteur du voyage.—Hivernement à la baie d'Hudson.—Arrivée des colons à la Rivière Rouge au mois d'août 1812 —Manifestation hostile des métis.—Les colons vont hiverner à Pembina — Un mot sur les métis.

Pour faire connaître le pays où il voulait fonder sa colonie, Lord Selkirk publia un prospectus adressé particulièrement aux fermiers écossais et dans lequel il posait les conditions qu'auraient à remplir les émigrants.

La Compagnie du Nord-Ouest attaqua vivement cet écrit et accusa Lord Selkirk de chercher à tromper odieusement ses compatriotes. Cependant ce document ne contenait rien de plus sur la Rivière Rouge que toutes les brochures publiées aujourd'hui sur Manitoba. Il en parle comme d'un pays dont la terre est d'une fertilité étonnante et facile à mettre en culture, où le climat est très salubre et la température à peu près la même qu'en Canada.

En même temps qu'il expose les avantages de ce nouveau pays, il n'oublie pas d'en signaler le principal inconvénient : celui de s'y trouver isolé et éloigné de tout pays civilisé ; mais il ajoute qu'en attendant des communications faciles avec le Canada, les ressources naturelles du pays suffiront aux besoins de ses nouveaux habitants.

Lord Selkirk était-il ici imprudent ou trop confiant dans l'avenir comme certains historiens le lui ont reproché ? Oubliait-il que la chasse et la pêche, quoique très abondantes, pouvaient faire défaut en même temps que les moissons et qu'alors ses colons, ne pouvant rien recevoir d'un pays étranger, se trouvaient exposés à mourir de faim ? Non. Lord Selkirk n'avait pas oublié la possibilité de ces graves inconvénients ; mais il savait qu'en calculant toujours sur tous les inconvénients probables, c'est-à-dire en se faisant pessimiste, on recule devant toute entreprise utile ; il savait que la famine et la guerre peuvent ravager les pays les plus avantageusement placés, et qu'en faisant la part des difficultés que l'on rencontre partout, il faut aussi compter beaucoup sur les secours ordinaires que fournit la providence.

Nous verrons bientôt que ce fut précisément ceux-là qui blâmaient hautement Lord Selkirk, qui firent un crime au gouverneur Miles Mac-

Donell de s'être assuré, en 1814, d'une quantité de viande jugée nécessaire à la subsistance des colons. (1)

Les agents d'émigration pour Lord Selkirk avaient recruté pendant l'hiver de 1811 une vingtaine de familles écossaises et irlandaises et les avaient réunies à Stornoway, dans l'Ile Lewis. C'est de là qu'elles partirent, au mois de juin 1811, sur un vaisseau de la Compagnie de la baie d'Hudson. Un écossais catholique, Miles Mac-Donell, avait été chargé par Lord Selkirk de les suivre à la Rivière Rouge et de prendre soin de la colonie naissante dont il était nommé gouverneur.

Il est nécessaire de faire connaître ici ce personnage important dont il sera question plus loin dans les malheureux événements de 1814.

La Compagnie du Nord-Ouest, dans ses écrits, s'est exercée à le représenter comme violent, malhonnête, turbulent et sans jugement. Elle l'accuse même d'avoir été la cause première de la ruine de la colonie. Afin de mettre le lecteur à même de juger la valeur de ces accusations,

---

(1) En écrivant cette histoire, nous avons sous les yeux tout ce qui a été publié pour et contre les deux Compagnies. Ces documents, nous les avons lus et relus attentivement avec un esprit complètement dégagé de toute partialité. Si nous nous montrons sévère contre la Compagnie du Nord-Ouest, ce n'est pas pour défendre la Compagnie de la baie d'Hudson pour laquelle nous n'avons jamais eu la moindre sympathie.

nous allons reproduire une lettre adressée par ce même personnage à Mgr Plessis, lui demandant des missionnaires pour la Rivière-Rouge. Le ton de cette lettre n'indique pas les sentiments d'un homme violent et mal intentionné.

Après avoir exposé à l'évêque de Québec les avantages qu'offre le pays pour une colonie, il ajoute :

" Vous savez, Monseigneur, que sans la reli-
" gion il n'y a point de stabilité pour les gouver-
" nements, les états ou les royaumes. La religion
" en doit être la pierre angulaire. Le principal
" motif pour lequel j'ai voulu coopérer de toutes
" mes forces à la louable entreprise de Lord
" Selkirk, ça été de travailler à faire prévaloir la
" foi catholique dans cet établissement et l'espoir
" que je serais un instrument de la providence
" pour aider à répandre ce bienfait. Nos besoins
" spirituels croissent avec le nombre ; nous avons
" beaucoup de pauvres catholiques écossais et
" irlandais outre une centaine de canadiens errants
" autour de la colonie avec leurs familles. Tous
" sont dans le plus déplorable état et dans le
" besoin le plus pressant de secours spirituels ;
" c'est une abondante moisson religieuse qui
" s'offre. Il y aurait aussi un grand succès à
" espérer parmi les infidèles dont le langage est
" presque le même que celui des Algonquins du
" Canada. J'ai appris que vous devez envoyer

" cet été deux missionnaires au Lac de la Pluie.
" Je serais heureux d'offrir à l'un de ces messieurs
" un passage dans mon canot jusqu'à la Rivière-
" Rouge qui n'est qu'à six jours de marche du
" Lac de la Pluie. Le zèle de Votre Grandeur
" fera tous ses efforts, je n'en doute pas, pour
" étendre sur notre colonie naissante les bienfaits
" de la religion catholique."—(*Lettre gardée aux archives de l'archevêché de Québec*).

Voilà le chrétien, l'homme de foi que la Compagnie du Nord-Ouest a voulu faire passer pour un brigand. Le ton de sa lettre annonce tout autre chose.

On ne fonde pas une colonie sans passer par une foule de tribulations, d'inquiétudes et de soucis ; pareillement ceux qui consentent à émigrer pour aller au loin jeter les bases d'un peuple nouveau doivent toujours s'attendre à des misères, des ennuis et des déceptions. Depuis les Troyens, à la recherche d'une patrie nouvelle, jusqu'aux troupes d'émigrants européens qui sont venus planter leurs tentes dans les déserts du nouveau monde, tous sans exception ont eu beaucoup à souffrir. Si les colons de Lord Selkirk ont eu leur large part de souffrances à endurer, il ne faut pas s'en étonner. Leur sort a été celui d'une multitude d'autres qui ont abordé aux rivages de l'Amérique du Nord pour s'y établir. Nous pourrions en citer plusieurs exemples.

Lorsqu'au commencement du 17ème siècle, les puritains d'Angleterre, fuyant la persécution déchaînée contre eux, vinrent se réfugier dans le Massachusett, ils eurent à endurer des misères aussi grandes, sinon plus grandes, que celles des colons de la Rivière Rouge, puisque la moitié d'entre eux en moururent. Voici le tableau qu'en a tracé un écrivain français. (Toqueville.)

" L'automne était sur son déclin au moment
" où ils quittèrent les rivages de l'Europe....
" maintenant ils arrivaient au but de leur voyage;
" mais ils ne voyaient point d'amis pour les
" recevoir, point d'habitation pour leur donner
" un abri. On était au milieu de l'hiver et ceux
" qui connaissent le climat de l'Amérique du
" Nord savent combien les hivers y sont rudes
" et quels furieux ouragans désolent alors ces
" côtes. Dans cette saison, il est difficile de
" traverser des lieux connus, à plus forte raison
" de s'établir sur des rivages nouveaux. Autour
" d'eux n'apparaissait qu'un désert hideux et
" désolé, plein d'animaux et d'hommes sauvages
" dont ils ignoraient la férocité et le nombre.
" Le tout avait un aspect barbare. Avant le
" retour du printemps, la moitié de ces émigrants
" avaient succombé aux souffrances."

On sait aussi quel fut le sort des premiers colons de l'Acadie.

Nous avons cité ce passage pour montrer que

la condition des colons de Lord Selkirk n'a été que celle de tous les premiers colons débarqués en Amérique, n'importe sous quelle latitude et que là où ils n'ont pas eu à lutter contre les éléments, ils ont été décimés par la maladie. La Compagnie du Nord-Ouest pour jeter l'odieux sur la louable entreprise de Lord Selkirk s'est trop exercée à faire des récits navrants des misères supportées par les familles qui émigrèrent à la Rivière Rouge en 1812.

Le vaisseau qui portait les colons n'arriva à la baie d'Hudson que dans les derniers jours de septembre. Il était trop tard pour songer à mettre ceux-ci en route pour la Rivière Rouge. Par un regrettable malentendu, les officiers de la Compagnie de la baie d'Hudson n'avaient rien préparé pour les recevoir, croyant, sans doute, qu'ils arriveraient assez tôt pour se rendre immédiatement au lieu de leur destination, ou qu'ils ne viendraient pas du tout. Aussitôt qu'ils furent débarqués, on en dirigea la plus grande partie vers le haut de la rivière Nelson, pour y passer l'hiver sous des huttes en bois rond comme celles que construisent nos bûcherons canadiens dans la forêt; les autres demeurèrent au fort York.

L'hiver parut très long aux émigrants, non-seulement à cause de la rigueur du climat et des privations qu'ils eurent à subir dans leurs misérables logements, mais à cause du désœuvrement dans lequel ils passaient leurs journées entières n'ayant aucun travail utile à entreprendre dans ce lieu de passage ; néanmoins, les historiens Ross et Gunn ne parlent d'aucune mortalité parmi eux. " Gunn dit qu'il y eut des " querelles entre les émigrants et les officiers de " la Compagnie au sujet des vivres que ceux-ci " leur servaient. Ils se plaignaient de la qualité " et de la quantité de leur nourriture. Les " aliments fournis aux colons, dit-il, étaient fort " médiocres, consistant principalement en pémi-" can et en barbues, on ne pouvait avoir de sel." Cette accusation n'a pas une grande portée.

Chose certaine, c'est qu'au printemps tous ces gens étaient en état d'entreprendre à pied un voyage de sept cent cinquante milles à travers un pays où les hommes robustes ont beaucoup de peine à voyager, et que tous, d'après le *Red River History*, (page 23,) arrivèrent sains et saufs à la Rivière Rouge.

Le départ de la baie n'eut lieu qu'au mois de juin, parce qu'il fallait attendre la débâcle des lacs et des rivières, qui, sous ces latitudes, n'arrive qu'au commencement de l'été. La marche fut lente, et le mois d'août tirait déjà vers sa fin quand les voyageurs atteignirent le Fort Douglas, lieu choisi pour le centre de la colonie.

Si leur voyage avait été long et ennuyeux, leur arrivée, grâce aux bruits semés d'avance par la Compagnie du Nord-Ouest fut loin d'être réjouissante.

" A peine, dit l'historien Ross, quelques heures
" s'étaient écoulées depuis que ces familles avaient
" mis le pied sur leur terre d'adoption qu'une
" troupe d'hommes armés, la tête ornée de plumes
" tatoués, revêtus du costume sauvage du pays,
" vinrent les avertir qu'ils n'étaient pas les bienve-
" nus (warned them that they were unwelcome).
" Ces guerriers étaient pour la plupart des em-
" ployés de la Compagnie du Nord-Ouest."

Ainsi la première démonstration faite contre les colons fut un acte d'hostilité.

Le premier soin du gouverneur de la colonie fut de préparer des logements pour ces familles et de leur procurer des vivres. Les charpentiers se mirent à construire de petites huttes en bois rond sur le plan de celles qu'on avait improvisées à la baie l'hiver précédent. Ce genre de construction est resté longtemps en usage à la Rivière Rouge. En 1862, cinquante ans après l'arrivée des premiers colons, la bonne moitié des maisons habitées par les métis étaient aussi défectueuses. Souvent, elles n'avaient ni plancher de haut, ni plancher de bas : et pour éclairer cette pièce de vingt pieds sur vingt, il n'y avait, en guise de vitre, qu'une peau grattée étendue sur un cadre et fixée à l'unique fenêtre de la hutte. Mais, sans remonter si loin, les Memnonites du Manitoba n'ont pas de gîtes plus élégants que n'en avaient les premiers habitants du pays.

Ces logements terminés, il fallait se procurer des vivres et ce n'était pas chose facile. A ce sujet, certains écrivains ont paru étonnés d'entendre dire que dans un pays où l'on abattait les buffles par milliers, on fût quelquefois embarrassé pour trouver de la nourriture. Leur étonnement vient de ce qu'ils ont voulu parler sur un pays qu'ils ne connaissaient pas.

Quoique les prairies de la Rivière Rouge fussent, en 1812, couvertes de troupeaux de buffalos, il ne faut pas croire cependant que ces animaux sauvages se laissaient assommer à coup de massue comme nos animaux domestiques. Pour les abattre, si nombreux qu'ils fussent, il fallait au chasseur une grande habileté, que seuls les métis et les sauvages parvenaient à acquérir. Peu d'étrangers se risquaient au dangereux exercice de courir après les buffalos. Les pauvres émigrants qui arrivaient des montagnes d'Ecosse n'étaient pas plus préparés à ce genre de chasse que des enfants. D'ailleurs, il leur eût fallu des chevaux formés à la course, et ils n'en avaient pas ; puis, les buffalos ne se trouvaient qu'à cent milles plus au sud dans les plaines du Dakota.

Le gouverneur Macdonell fut bientôt convaincu qu'il lui était impossible de se procurer une quantité suffisante de viande pour ces familles.

et il résolut d'en envoyer une partie passer l'hiver à Pembina, à soixante-dix milles au sud du fort Douglas. Un grand nombre d'anciens serviteurs de la Compagnie, canadiens et métis, se rendaient là chaque automne pour trouver dans le voisinage des troupeaux de buffalos. L'endroit où ces gens hivernaient, s'appelait le Grand Camp. Pour se rendre jusque-là avec leurs femmes et leurs enfants, les écossais s'adressèrent aux métis, qu'ils avaient d'abord pris pour des indiens et ils conclurent avec eux un marché par lequel ceux-ci s'engageaient à porter les enfants à cheval jusqu'à Pembina, pendant que les personnes en état de marcher les suivraient à pied. En retour, ils recevraient certains objets que les écossais avaient apportés de leur pays. Le voyage fut très pénible pour ces pauvres gens déjà fatigués par la longue marche qu'ils avaient faite pendant l'été. Heureusement leurs guides se montrèrent bons pour eux et accomplirent fidèlement les conditions de leur marché.

Chose étrange, c'étaient, cependant, presque tous les mêmes hommes, qui étaient venus au fort Douglas faire des menaces aux émigrants.

" C'étaient les mêmes, dit Alex. Ross, qui
" s'étaient montrés si hostiles aux émigrants.
" Mais, ce jour-là, ils agissaient sous l'influence
" de la Compagnie du Nord-Ouest. A mesure
" que ces mêmes hommes approchaient de Pem-

" bina, ils devenaient plus libres et agissaient par
" eux-mêmes. Il est digne de remarque que le
" ton insolent qu'ils prenaient sous les yeux de
" leurs maîtres devenait doux, affable et amical
" pour les émigrants du moment qu'ils suivaient
" l'impulsion de leur libre volonté. Envers tous
" ces écossais qui étaient complètement en leur
" pouvoir, ils firent de leur mieux pour se mon-
" trer bons et généreux.

" Les écossais furent convaincus que si ces
" métis n'eussent pas été influencés par de mau-
" vais conseils, ils se seraient montrés naturelle-
" ment sociables et complaisants." (Ross, *His.
de la R. R.*, *page* 23.)

C'est bien aussi notre intime conviction. Nous qui avons connu intimement les métis, nous savons de quelle bonne nature ils sont doués. Toujours prêts à rendre service, ils étaient doux et affables envers tout le monde. Tous les missionnaires qui ont vécu avec eux leur rendront le même témoignage.

S'ils se montrèrent hostiles aux nouveaux émigrants, c'est qu'ils furent influencés par les agents de la Compagnie du Nord-Ouest.

CHAPITRE X.

SOMMAIRE.

Genre de vie des hivernants. — Pourquoi ils choisissent Pembina comme séjour. — Les blancs s'accoutument facilement à ce genre de vie. — Description de la chasse. — Bonne entente entre les écossais et les métis. — Retour des colons à la Rivière Rouge. — Second détachement d'émigrants — Dure épreuve de la maladie en voyage — Leur arrivée à la Rivière Rouge. — Second hivernement à Pembina. — Souffrances. — Moyen adopté par le gouverneur pour procurer des vivres aux colons. — Proclamation. — Saisie de provisions. — La Compagnie du Nord-Ouest décrète la ruine de la colonie.

A Pembina, les gens passaient l'hiver sous des tentes, ou sous des huttes, à la façon sauvage. A cause des pâturages abondants que fournissaient les prairies à l'ouest et au sud de cette rivière, les buffles s'y tenaient presque toujours en troupeaux nombreux, en sorte que les gens y manquaient rarement de provisions pour vivre. Pendant plusieurs années, après la fondation de la colonie et même après l'arrivée des missionnaires dans le pays, les métis et les canadiens sortis du service des Compagnies continuaient à aller hiverner à Pembina. Monseigneur Provencher fut obligé d'y aller passer l'hiver de 1819 à 1820 parce qu'il ne pouvait pas se procurer des vivres à St-Boniface.

Les émigrants écossais vécurent en bons termes avec tous les habitants de ce camp ; canadiens, métis et sauvages se montrèrent bienveillants à leur égard. L'hiver pour eux se passa donc assez agréablement. Le genre de vie que menaient les chasseurs avec leurs familles n'était pas, d'ailleurs, dépourvu de charmes. Nos voyageurs canadiens qui l'avaient une fois adopté, le préférait à celui de la vie civilisée.

Ceux qui sont venus plus tard s'établir au Nord-Ouest se sont étonnés de ce que les métis avaient dédaigné si longtemps l'agriculture, préférant la vie de chasseur à celle de fermier.

Cependant, il n'y a rien là de bien étonnant, et pour peu qu'on y réfléchisse, la chose s'explique tout naturellement.

Les prairies, il y a cinquante ans, étaient couvertes de troupeaux de buffalos. Quelques semaines passées à la poursuite de ces animaux suffisaient pour faire une ample provision de viande, qui, jointe aux poissons capturés dans les rivières et les lacs, subvenait à l'entretien des familles pendant la plus grande partie de l'année.

Au printemps, quand la neige était disparue et que l'herbe commençait à tapisser les plaines, ces bandes de chasseurs, armés de leurs fusils et montés sur de fringants coursiers, partaient par troupes comme s'ils avaient eu l'assurance de ne jamais manquer de rien.

Dès qu'ils arrivaient sur les traces des buffalos, ils plantaient leurs tentes, y installaient femmes et enfants ; puis, sous les ordres d'un chef élu pour la saison, ils donnaient la chasse aux animaux.

Une course durait environ vingt minutes ; pendant ce temps, un bon cavalier abattait ordinairement une dizaine de bœufs qu'on se hâtait de dépecer sur place. Ce travail fini, les hommes passaient leur temps à fumer et à causer, étendus sur l'herbe de la prairie, ou faisaient des paris pour les courses. La saison s'écoulait ainsi, et vers la fin de l'été, la caravane retournait au grand *camp* avec des charrettes chargées de viande pour l'hiver. Pendant l'automne, on faisait la pêche au poisson blanc qui abondait dans les grands lacs Winnipeg et Manitoba. Quelquefois la chasse ne répondait pas aux espérances, mais les fermiers ne comptent pas toujours sur une moisson abondante ; les années de disette alternent avec les années de fertilité.

Avec une telle facilité à se procurer de la nourriture, les métis naturellement n'avaient que de l'indifférence pour l'agriculture.

L'entente entre les écossais et les chasseurs avait été si cordiale durant l'hiver, qu'il se séparèrent avec regret quand le printemps fut arrivé. (1)

(1) They parted with regret when in May the Scotch returned to the colony. (Ross, Red-River History, page 23).

Les colons retournèrent au fort Douglas pour y commencer les travaux agricoles. Ils jouirent de la paix, mais eurent à souffrir de la faim. Pendant plusieurs mois, ils ne mangèrent que du poisson auquel ils joignaient une espèce de tubercule connue sous le nom de *navet de prairie*.

Pendant l'été de 1813, ils travaillèrent à mettre leurs champs en culture dans l'espoir de recueillir suffisamment pour les besoins de l'hiver suivant. Les grains mis en terre produisirent abondamment. Un des colons recueillit douze minots et demi de patates avec la semence d'un gallon. Malgré les privations qu'ils avaient à subir, ces pauvres gens étaient pleins d'espoir dans l'avenir. Les bons procédés des indigènes à leur égard au camp de Pembina avaient dissipé chez eux les craintes conçues dès leur arrivée à la Rivière Rouge, et tout paraissait s'arranger pour le mieux, quand de nouveaux nuages se montrèrent à l'horizon.

Pendant que les premiers émigrants luttaient à la Rivière Rouge contre des obstacles sans cesse renaissants, Lord Selkirk et ses agents s'occupaient activement en Ecosse à préparer un second détachement pour l'automne de 1813. Les circonstances, pour le succès de ce projet, leur étaient particulièrement favorables.

Le sort fait à certains paysans écossais dans leur pays devenait de jour en jour plus intolérable sur les domaines de la Marquise de Stafford et de la Duchesse de Sutherland. Les fermes sur lesquelles ils avaient vécu, eux et leurs ancêtres, sous des seigneurs plus humains, leur étaient enlevées pour être louées à de riches éleveurs de troupeaux. Ces familles ainsi dépossédées, n'ayant plus aucun moyen de vivre dans leur pays, vendaient à vil prix le peu d'objets qu'ils avaient et partaient pour les colonies d'Amérique. Au printemps de 1813, plusieurs de ces fermiers ainsi chassés de leurs demeures s'étaient embarqués pour la Nouvelle-Ecosse, le Nouveau-Brunswick et l'Ile du Prince-Edouard. Une vingtaine de ces familles, ayant entendu les agents de Lord Selkirk parler avantageusement de la Rivière Rouge, où déjà quelques-uns de leurs amis étaient rendus, prirent la détermination d'aller les y rejoindre. Elles s'embarquèrent le 20 juin sur le *Prince de Galles*, vaisseau de la Compagnie qui faisait le voyage à la baie d'Hudson. Le trajet d'Ecosse à la baie d'Hudson se fit assez rapidement, puisque les passagers débarquèrent au fort York dans le mois de juillet. Malheureusement le typhus s'était déclaré à bord dans le cours de la traversée. Plusieurs colons furent victimes de la contagion, qui, faute de soins donnés aux malades, continua ses ravages après que les passagers eurent mis pied à terre.

L'historien Gunn ne dit pas combien il en mourut. (1)

La saison n'était pas trop avancée pour permettre à ces émigrants de poursuivre leur voyage jusqu'à la Rivière Rouge, où ils étaient attendus par leurs amis. Dans ces pays, les mois d'août et de septembre sont les plus propres pour voyager, mais ces gens étaient tous si affaiblis par la maladie et par l'air vicié du vaisseau qu'ils jugèrent plus prudent pour eux de passer l'hiver à la baie. Ils choisirent pour le lieu de leur campement l'endroit même où s'étaient logés leurs compatriotes l'année précédente. Ils furent, comme leurs devanciers, soumis à une multitude de privations dont ils ne perdirent jamais le souvenir. Ne pouvant se procurer les secours que requérait leur état de langueur, il leur fallut attendre de la Providence la santé et le retour des forces. Malgré le dénûment dans lequel ils passèrent la rude saison de l'hiver, la fièvre

(1) Il est regrettable que cet historien, faute d'instruction, n'ait pas été en état d'écrire une histoire passable des premiers temps de la colonie. Celle qu'il a publiée n'est qu'un amas de matériaux sans ordre ni soin. En le lisant, on ne sait jamais où l'on est rendu. Il ignorait les règles de l'histoire. Son intelligence n'était pas assez cultivée pour porter un jugement raisonné sur les faits qu'il relate. Nous avons bien connu Donald Gunn, lorsque nous demeurions à l'archevêché de Saint-Boniface. C'était un brave citoyen, mais d'une science très bornée. Ross vaut beaucoup mieux que lui ; malheureusement, c'est un fanatique presbytérien qui ne voit rien en dehors de sa secte.

disparut peu à peu, et, dès les premiers jours de juin, ils purent se mettre en marche pour la Rivière Rouge où ils arrivèrent dans le cours de juillet pour expliquer à leurs amis la raison de leur retard.

A l'automne de 1813, les colons écossais, après avoir terminé leur petite récolte de grains et de légumes et avoir mis le tout en réserve pour l'année suivante, avaient pris la détermination d'aller une seconde fois passer l'hiver à Pembina. Ils s'attendaient à y rencontrer de la part des hivernants, les mêmes sympathies que l'année précédente. N'ayant rien fait de nature à les indisposer, ils n'avaient aucune raison de s'attendre à un changement de leur part. Les bons procédés dont avaient usé les métis français envers les écossais, semblaient avoir établi pour longtemps l'harmonie entre ces deux peuples ; c'était donc sans aucune défiance que les émigrants retournaient au camp de Pembina. Hélas, ils n'y demeurèrent pas longtemps sans avoir la preuve qu'ils n'y seraient plus traités comme par le passé. Les métis les tenaient à distance et ne leur adressaient plus que des paroles froides. La chasse leur fut interdite, et ils furent obligés d'acheter à haut prix, durant l'hiver, toutes les provisions dont ils avaient besoin. Leurs petites ressources furent bien vite épuisées, et quand le printemps reparut, ils retournèrent dans la colonie de la Rivière Rouge dépouillés de tout, ayant à peine de quoi se vêtir pour se garantir du froid. Ils jurèrent de ne plus jamais retourner à Pembina, quelque pénibles que deviendraient les circonstances.

Telle était la situation des colonistes au commencement de la désastreuse année de 1814.

* *
*

Nous venons de voir que pendant les deux années de 1812 et 1813 les colons écossais furent obligés de se réfugier à Pembina, chaque automne, pour ne pas être exposés à mourir de faim dans le cours de l'hiver. Cette nécessité n'était pas particulière à ces étrangers ; les gens même du pays, après avoir passé l'été dans les alentours du fort, avaient soin de s'en éloigner à l'approche de l'hiver pour n'avoir pas à trop souffrir de la famine. On ne trouvait dans la vallée de la Rivière Rouge où était la colonie que les provisions apportées de la prairie ; il n'y avait aucun gibier en cet endroit ; ceci est reconnu par tous ceux qui ont vécu au Nord-Ouest.

Si les historiens de ce pays avaient connu cet état de choses, ils auraient porté un autre jugement sur les événements qui vont suivre, et ils n'auraient pas blâmé, comme ils l'ont fait, les procédés du gouverneur de la colonie, M. Miles Macdonell. (1)

Durant l'année 1814, il arriva d'Ecosse à la Rivière Rouge, un troisième détachement d'émigrants qui porta à deux cents le nombre des colons. Un quatrième détachement était rendu à la baie d'Hudson pour y passer l'hiver et d'autres étaient annoncés pour l'été suivant.

Le gouverneur Miles Macdonell, sentant toute la responsabilité de sa position et l'obligation où il se trouvait de pourvoir à la subsistance de ces familles exposées à mourir de faim ; ne voyant pas d'ailleurs d'autre moyen de se procurer des vivres que celui d'obliger les chasseurs résidants dans le district d'Assiniboia à venir vendre le produit de leur chasse au fort Douglas, publia une proclamation dans laquelle, après avoir établi les droits de Lord Selkirk sur le pays de la Rivière Rouge, droits acquis en vertu de la concession que lui avait faite la Compagnie de la baie d'Hudson, par une charte obtenue du roi d'Angleterre, en l'année 1670, il ordonne ce qui suit :

" Attendu que le bien-être des familles qui
" s'établissent sur la Rivière Rouge, de celles
" qui étant en route pour s'y rendre hivernent
" dans le Fort d'York, comme aussi de celles qui

---

(1) Voir la *Vie de Mgr Provencher*, par l'abbé Dugas (page 90).

" doivent arriver l'automne prochain, m'impose
" le devoir de pourvoir aux moyens de les sou-
" tenir ; et, comme dans ce pays encore inculte,
" les ressources ordinaires qu'offrent les bœufs
" sauvages et les autres bêtes fauves n'excèdent
" guère la consommation présumée des colons ;
" il est ordonné par ces présentes que nulle
" personne faisant le commerce des pelleteries
" ou des vivres dans le territoire pour l'Hono-
" rable Compagnie de la baie d'Hudson, pour
" celle du Nord-Ouest ou pour tout autre individu,
" de même que nulle personne commerçant pour
" son propre compte et qu'enfin nul individu
" quelconque ne fera sortir du dit territoire
" aucune provision de chair fraîche, de viande
" sèche, de grains ou de légumes procurés ou
" crûs dans le dit territoire, pendant douze mois
" à dater de ce jour, sauf et excepté ce qu'il sera
" jugé nécessaire que les parties commerçantes
" qui sont actuellement sur ce territoire, emportent
" à leur destination respective après qu'elles
" m'auront demandé et que je leur aurai accordé
" une licence à cet effet. Les provisions procurées
" et crûes, comme dit ci-dessus, seront prises pour
" l'usage de la colonie ; et, pour que les parties
" intéressées n'éprouvent point de pertes, elles
" seront payées en cédules anglaises au taux
" accoutumé.

" On fait savoir de plus que quiconque sera

" découvert dans la tentative de transporter, ou
" qui aidera à transporter, ou qui tentera de faire
" sortir par terre ou par eau aucune des espèces
" de provisions spécifiées ci-dessus, sera arrêté et
" poursuivi conformément à ce que prescrivent
" les lois en pareil cas."

Le but de cette proclamation n'était pas d'attaquer uniquement la Compagnie du Nord-Ouest, ni de nuire à son commerce, puisqu'elle s'adressait également à la Compagnie de la baie d'Hudson, qui était dans les mêmes conditions que sa rivale, ayant le même nombre de postes à pourvoir de provisions.

En conséquence de cet ordre, tous les traiteurs de la Compagnie de la baie d'Hudson, ainsi que tous les traiteurs libres, portèrent à M. Miles Macdonell toutes les provisions dont ils pouvaient se passer, et, après en avoir reçu le paiement, obtinrent une permission de transporter le reste dans une autre partie du pays.

Des agents de la Compagnie du Nord-Ouest, qui étaient à la Rivière Rouge, ayant représenté au gouverneur que leur commerce souffrirait dans d'autres parties du pays, s'ils étaient privés de ces provisions, acceptèrent un arrangement par lequel la Compagnie du Nord-Ouest retiendrait, pour le moment, tous les vivres qu'elle voudrait, à la condition, toutefois, d'en fournir une quantité égale à celle qu'elle exporterait du district, si les colons s'en trouvaient plus tard dans un besoin urgent. De cette façon, la Compagnie ne pouvait pas dire qu'on la dépouillait sans nécessité. Rien ne paraissait donc plus raisonnable qu'un tel arrangement ; cependant, quand il fut soumis aux agents supérieurs, ceux-ci refusèrent de le sanctionner et de plus donnèrent ordre à leurs traiteurs de ne tenir aucun compte de la proclamation et d'exporter de la Rivière Rouge toutes les provisions qu'ils avaient en leur possession ainsi que toutes celles qu'ils achèteraient des sauvages.

La Compagnie du Nord-Ouest était bien aise d'avoir l'occasion d'engager une guerre ouverte. Depuis un an, elle écrivait des lettres à Lord Selkirk, en Ecosse, pour le prévenir que les sauvages menaçaient de ruiner sa colonie et d'en chasser les habitants. C'était un moyen habile de masquer son jeu, et de mettre plus tard au compte des sauvages les actes odieux dont la Compagnie allait se rendre coupable. Lord Selkirk redoutait moins les indiens que les agents de la Compagnie ; néanmoins, il crut prudent d'envoyer des armes au fort Douglas, afin de mettre le gouverneur en état de protéger ses colons, si, en réalité, les indigènes manifestaient de mauvaises dispositions à leur égard. Nous donnerons plus loin le témoignage d'un chef indien déclarant devant les tribunaux que des

Bourgeois de la Compagnie lui avaient offert de fortes récompenses, s'il voulait faire la guerre aux colons de la Rivière Rouge. Pour le moment, revenons à ce qui eut lieu après la proclamation.

Pour indisposer les traiteurs libres contre les colons et surtout contre le gouverneur Macdonell, les agents de la Compagnie du Nord-Ouest leur dirent que la proclamation était un acte de tyrannie contre les indigènes qui étaient les maîtres du pays ; que c'en était fait de leur liberté, s'ils se soumettaient à un tel ordre et que bientôt les blancs iraient jusqu'à les chasser de la Rivière Rouge. Il n'en fallait pas plus pour les irriter et leur faire prendre les colons en aversion.

Après quelques mois, le gouverneur Macdonell, voyant que non seulement la Compagnie du Nord-Ouest, mais aussi les métis et les traiteurs libres exportaient les provisions du district et que bientôt il aurait de la peine à s'en procurer, résolut d'agir avec rigueur pour reprendre une partie de celles qu'on avait soustraites pour les entasser dans les forts voisins. (1)

Sur la rivière La Souris, à une distance de

(1) Les témoins les plus en faveur de la Compagnie du Nord-Ouest, appelés devant les tribunaux, ont été obligés d'avouer que les engagés de la Compagnie parcouraient les camps des traiteurs libres pour acheter tous les produits de leur chasse, afin d'en priver les colons, qui dans le besoin, ne pourraient plus s'en procurer ni pour or ni pour argent ; la Compagnie voulait prendre les colons par la famine.

cent cinquante milles environ du fort Douglas, la Compagnie du Nord-Ouest avait un fort dans lequel se trouvait un dépôt considérable de viande sèche ; c'était là qu'elle avait transporté les vivres sortis de la Rivière Rouge. Le gouverneur donna ordre à un nommé Spencer d'aller avec des soldats s'emparer de ce dépôt et d'apporter les provisions au fort de la colonie. L'ordre fut exécuté, mais après un tel exploit, le feu était aux poudres et la guerre déclarée.

La Compagnie du Nord-Ouest n'eut pas de termes assez forts pour qualifier le procédé du gouverneur, qu'elle compara à un brigand digne des plus grands châtiments. Elle oubliait, sans doute, que dix ans auparavant, dans les forts du Nord, elle avait elle-même volé à main armée, non des vivres dont elle avait un pressant besoin, mais des fourrures appartenant à la Compagnie de la baie d'Hudson et que ces actes de force brutale, elle les avait répétés maintes et maintes fois sans aucun scrupule. Ici les rôles étaient changés.

La nouvelle de la prise du fort La Souris fut portée immédiatement par des courriers exprès dans tous les forts du Nord-Ouest, avec avis d'aviser aux moyens les plus prompts de prendre une revanche. On sait ce que produisent ces sortes de nouvelles sur des esprits déjà montés d'avance. Cependant le reste de l'été et une partie de l'automne de 1814 se passèrent assez paisiblement. Pendant ce temps-là, des plans s'organisaient pour la destruction de la colonie.

L'assemblée générale des Bourgeois du Nord-Ouest avait lieu chaque été au fort William, sur les bords du lac Supérieur. C'était là qu'on débattait les importantes questions de la Compagnie et c'était dans cette assemblée qu'on assignait à chaque individu le poste qu'il devait occuper l'année suivante.

A l'embouchure de la rivière Assiniboine, la Compagnie avait un fort de peu d'importance, nommé *Fort Gibraltar*. Jamais elle n'avait jugé à propos d'y mettre un bourgeois ; un simple commis, aidé de quelques serviteurs, suffisait pour le commerce en cet endroit. Ce fort, cependant, avait l'avantage d'être dans le voisinage du fort Douglas et, de là, un bourgeois pouvait surveiller tous les agissements du gouverneur Macdonell.

Au mois de juillet 1814, Duncan Cameron fut nommé à ce poste, et un de ses amis Alex. Macdonell fut envoyé au poste du fort Qu'Appelle, avec mission de travailler de concert à la ruine de la colonie.

Alexandre Macdonell, quelques jours après son départ du fort William, écrivait à l'un de ses amis de Montréal la lettre suivante :

5 août 1814.

Mon cher ami,

............................,,..
.... " Vous me voyez avec notre ami
" commun Cameron sur le point de commencer
" une guerre ouverte avec l'ennemi de la Rivière
" Rouge. Si l'on en croit quelques-uns, on attend
" beaucoup de nous, peut-être trop. Ce qu'il y
" a de certain, c'est que nous ferons de notre
" mieux pour défendre ce que nous *considérons*
" comme nos droits dans l'intérieur. Il y aura
" sans doute quelque chose de sérieux ; il en est
" qui ne seront satisfaits que par la ruine com-
" plète de la colonie, n'importe par quel moyen,
" ce qui serait fort à désirer si on peut l'effectuer.
" Ainsi je m'y emploie de tout mon cœur."

ALEX. MACDONELL.

Cameron et son associé arrivèrent au fort Gibraltar vers la fin du mois d'août. On ne sait pourquoi la Compagnie avait décoré ce poste du nom de *Gibraltar*, car il ne rappelait en rien la fameuse forteresse qui domine le détroit du même nom. Macdonell continua sa route pour Qu'Appelle, où il devait passer l'hiver à soulever les sauvages qui devaient descendre avec lui à la Rivière Rouge dans le cours du mois de mai. Nous verrons bientôt qu'il s'acquitta de sa tâche avec un zèle dont ses associés eurent lieu d'être satisfaits.

Duncan Cameron passa l'automne, l'hiver et une bonne partie du printemps au fort Gibraltar. C'était principalement sur lui que les associés comptaient pour paralyser tous les progrès de la colonie avant d'en venir à des moyens extrêmes, si la ruse ne suffisait pas. Nous allons voir, dans le chapitre suivant, que Cameron était bien choisi pour remplir un tel rôle, puisqu'au mois de juin 1815, toute trace de colonie avait disparu et ce, grâce aux criminelles menées de ce bourgeois.

CHAPITRE XI

SOMMAIRE.

Maladroite politique de la Compagnie du Nord-Ouest. — Duncan Cameron, au fort Gibraltar, sur les bords de la Rivière Rouge.— Ses intrigues auprès des colons pour les décourager. — Il conseille aux colons d'abandonner la Rivière Rouge, et de voler tous les objets dont ils pourront s'emparer au fort Douglas. — Il s'empare des armes que les colons avaient pour se défendre contre les indiens. — Il fait prisonnier le gouverneur Miles Macdonell. — Il chasse les colons qui ne veulent pas descendre en Canada avec lui.—Les serviteurs de la Compagnie brûlent les maisons des colons.

Si la Compagnie du Nord-Ouest, au lieu de s'acharner à faire périr dans son berceau l'œuvre civilisatrice de Lord Selkirk, (1) eut continué son commerce en laissant la colonie se développer tranquillement sur les bords de la Rivière Rouge, ses traiteurs, pendant plusieurs années encore, auraient réalisé d'immenses bénéfices.

Maîtresse, comme elle l'était, des voies de communication entre la Rivière Rouge et le Canada, elle commandait à toute la partie du pays baignée par les grands lacs et les rivières qui les réunissent.

Au nord, son influence s'exerçait sur les tribus

---

(1) Les compagnies marchandes n'ont jamais contribué à la civilisation d'aucun pays ; au contraire, elles ont été un obstacle.

indiennes jusqu'au bord de l'Océan Glacial ; à l'ouest, elle avait franchi la barrière des Montagnes Rocheuses et ses comptoirs établis sur les côtes de l'Océan Pacifique lui assuraient tout le commerce de ces contrées. Mais, avec l'esprit qui l'animait, son existence eut été un malheur pour les peuples de ce pays, et voilà pourquoi la Divine Providence, qui avait sur eux des vues de miséricorde, ne permit point qu'elle devînt la politique qu'il lui eut été avantageux de suivre. C'est bien ici le cas de dire que Dieu se sert même des sottises des hommes pour arriver à ses fins.

La Compagnie du Nord-Ouest avait intérêt à tenir le pays de la Rivière Rouge dans la *sauvagerie*, et ce fut justement le moyen qu'elle mit en jeu dans ce but, qui ouvrit la porte à la vraie civilisation.

Avant d'en venir à des moyens de rigueur, Duncan Cameron essaya de l'intrigue. Décourager les colons et les amener à quitter d'eux-mêmes la Rivière Rouge pour passer en Canada, était un procédé moins odieux que de les chasser par la force brutale.

Ecossais de naissance, parlant par conséquent le même langage que les colons, le gaëlique, il fut facile à Cameron de s'insinuer auprès d'eux. Il alla leur rendre visite, s'informa de leur situation, fit connaissance avec ceux qui paraissaient avoir le plus d'influence auprès de leurs compatriotes, et les invita à venir le voir au fort Gibraltar.

Touchés de l'intérêt qu'il semblait leur porter et ne lui soupçonnant aucune arrière-pensée, les montagnards écossais lui donnèrent peu à peu leur confiance et quelques-uns le regardèrent comme un ami sincèrement dévoué à leur cause.

Lorsqu'il eut ainsi gagné leur confiance, il se mit à jeter dans leur esprit des germes de mécontentement contre leurs supérieurs et, pour les dégoûter de leurs travaux, il leur fit envisager l'avenir sous l'aspect le plus sinistre. Il leur dit, entre autres choses, qu'il savait, de source certaine, que des bandes de sauvages se préparaient à fondre au printemps sur la colonie pour la détruire et que l'unique moyen pour les colons d'échapper au péril qui les menaçait, était de se placer sous la protection de la Compagnie du Nord-Ouest.

. Il n'en fallait pas plus pour jeter l'épouvante parmi ces pauvres gens. Aussi plusieurs d'entre eux crurent ne pas devoir repousser la généreuse protection offerte par Cameron.

Mais cette protection ne devait pas s'exercer à la Rivière Rouge. La Compagnie ne se montrait compatissante au sort des écossais qu'à la condition de les transporter immédiatement en Canada, où elle leur promettait des terres et des provisions pour les nourrir pendant un an. Nous trouvons les preuves de ces basses menées dans les témoignages donnés sous serment, devant un juge de paix, par les colons eux-mêmes, en 1815. (1)

Il était facile à Cameron de faire le prophète et d'annoncer l'arrivée des sauvages pour le printemps suivant. C'était pour les réunir que McDonell, son second dans cette odieuse campagne, était allé au fort Qu'Appelle, et il laissait prévoir ses plans quand écrivant à un ami de Montréal, il lui disait : *Il y aura sans doute quelque chose de sérieux, ... peut-être la ruine complète de la colonie.*

Cameron promettait aux colons, non seulement de les faire transporter en Canada aux frais de la Compagnie, mais il offrait encore à plusieurs, des sommes considérables pour les déterminer à le seconder dans son complot. Parmi les émigrants, il y avait des charpentiers et des menuisiers venus pour construire les maisons et autres bâtiments nécessaires dans le fort et dans la colonie ; ces ouvriers se servaient des outils envoyés par Lord Selkirk. Cameron les engagea à déserter de la Rivière Rouge avec tout ce qu'ils pourraient emporter du magasin de la colonie, outils, armes et autres objets d'utilité, leur promettant d'acheter d'eux tous ces articles.

Une telle conduite paraîtrait incroyable s'il n'y

---

(1) Ces documents se trouvent dans la brochure intitulée.—" Précis touchant la Colonie de Lord Selkirk." (Appendice, p. XXIII, etc)

avait des preuves authentiques pour confirmer la trop parfaite exactitude de ces récits.

Le 10 de février 1815, Cameron écrivait du fort Gibraltar où il passait l'hiver, les deux lettres dont nous allons citer des extraits ; elles sont adressées à deux colons qui avaient longtemps résisté à ses sollicitations et qui semblaient consentir à passer en Canada. Les lettres leur furent remises par le bostonais Pangman de la Compagnie du Nord-Ouest.

A Messieurs Donald Livingston
      et Hector McEachern.

" Messieurs,

" Votre lettre du 28 janvier, que vous m'avez envoyée par Jordan, m'a été remise entre les mains. Je suis charmé de voir que quelques-uns d'entre vous commencent à ouvrir les yeux sur la situation où vous vous trouvez dans ce pays barbare et que vous reconnaissez enfin la folie que vous avez faite, en obéissant aux ordres d'un brigand et, je puis le dire, d'un voleur de grand chemin.

" Par pitié pour la situation déplorable où vous vous trouvez, car je vous considère comme étant ici dans la plus triste des prisons, j'accepte vos offres et je me trouverai heureux de pouvoir tirer de l'esclavage un aussi grand nombre de mes compatriotes qu'il me sera possible. Je sais que

Lord Selkirk ne renverra jamais personne de vous dans son pays.

"Vous avez déjà été trompés et il n'aura pas honte de vous tromper encore, car faire des dupes est pour lui et Macdonell le commerce le plus profitable. Je me ferai un honneur d'être votre libérateur ; je ne vous demande pas un sou pour votre passage, non plus que pour les provisions dont vous aurez besoin sur la route. Vous allez dans un bon pays où vous pourrez procurer à vos familles une subsistance honnête.

"Nous nous obligeons à procurer des terres à ceux qui en voudront avoir, et nous ne mettrons aucun de vous sur le grand chemin comme des mendiants avant que vous ne soyez mis en état de gagner votre vie. Je n'ai en vous faisant ces promesses aucun autre intérêt que celui que me suggère l'humanité . . . .

. . . .

"Ne craignez pas que le capitaine Macdonell sache jamais aucun de mes secrets, mais prenez garde que madame McLean ne connaisse aucun des vôtres, car elle vendrait jusqu'à son frère." (1)

Votre ami sincère,

(Signé) D. Cameron.

---

(1) Alex. McLean était un colon dévoué à la cause de Lord Selkirk et content de son sort à la Rivière Rouge.

Quelques semaines plus tard, au commencement de mars, Cameron écrit de nouveau aux mêmes personnes.

" Votre lettre du 6 mars m'a été remise par l'honnête John Sommerville. Je me réjouis pour vous en voyant que vous êtes toujours dans les mêmes sentiments, d'autant plus que j'en aurai occasion de délivrer de l'esclavage un plus grand nombre de personnes et non seulement cela, mais de vous sauver la vie, car tous les jours votre vie est en danger du côté des Sauteux et des Sioux.
. . . .

" Vous ne devez attendre aucune justice dans ce pays-ci. Quoiqu'il en soit, avant de partir, enlevez du magasin de la colonie tout ce que vous pourrez enlever ; *j'achèterai les articles* qui pourront être d'usage ici et je vous les paierai en Canada. Ma porte sera ouverte, en tous temps, à tous ceux qui voudront venir au fort et nous tâcherons de nous arranger de manière à vivre du mieux que nous pourrons d'ici à ce printemps."

Je suis votre ami sincère,

D. CAMERON.

Parmi les émigrants arrivés l'automne précedent (1814), se trouvait un nommé George Campbell, qui, à cause de la condition plus aisée qu'il avait occupée en Ecosse avant son départ, paraissait jouir d'une certaine influence auprès de ses compatriotes à la Rivière Rouge. Cameron l'ayant remarqué n'épargna ni promesses ni argent pour se l'attacher. Il le fit venir au fort Gibraltar avec sa famille où il fut nourri jusqu'au printemps, aux frais de la Compagnie. De plus, on lui promit, en outre des frais de son passage jusqu'en Canada, la somme de cent louis sterling payable au fort William, à la condition qu'il ferait son possible pour faire abandonner la colonie à ses compatriotes.

Comme preuve qu'il ne réussit que trop bien dans son dessein pervers, nous allons donner ici le témoignage rendu, au mois de novembre 1815, par un colon écossais en présence du juge de paix J. N. Mondelet, à Montréal. Ce témoignage est assermenté.

Déposition de Michael McDonell.

28 novembre 1815.
Montréal.

" Michael McDonell, ci-devant de la Rivière Rouge, dans les territoires de la Compagnie de la baie d'Hudson, maintenant dans la ville de Montréal, dans la province du Bas-Canada, dépose qu'il connait le nommé George Campbell, un des colons qui ont émigré d'Ecosse pour s'établir dans la colonie de la Rivière Rouge ; que le dit George Campbell est arrivé dans la dite colonie dans l'année de Notre Seigneur 1814 ; étant arrivé à l'un des postes de la Compagnie de la baie d'Hudson, sur les côtes de la mer, durant l'été de 1813 et y ayant demeuré jusqu'au printemps suivant ;

Que durant l'hiver de 1815, le dit George Campbell abandonna la dite colonie, et se rendit à un poste de commerce de la Compagnie du Nord-Ouest dans le voisinage de la colonie. Que le dit George Campbell, lorsqu'il abandonna la colonie, conduisit avec lui un parti d'habitants de la dite colonie, qui partirent avec lui et que lui et le dit parti d'habitants volèrent et emportèrent de la dite colonie, en félons, neuf pièces de canon qui avaient été fournies pour la défense de la colonie et qui étaient gardées dans un bâtiment appartenant à Lord Selkirk ; qu'ils les conduisirent au poste de la Compagnie du Nord-Ouest appelé " Fort Gibraltar " où elles furent reçues par Duncan Cameron, un des associés de la Compagnie du Nord-Ouest, qui les retint ;

Que le dit Campbell, en parlant au déposant, lui déclara qu'il avait pris ces canons pour répondre au désir de Duncan Cameron et qu'il n'en craignait pas les conséquences, ayant pour se justifier un ordre par écrit du dit Duncan Cameron.

. . . .

Signé : MICHAEL MCDONELL.

Assermenté à Montréal, }
le 28 nov. 1815, devant moi. }

Signé :   J. N. MONDELET, J. P.

Au commencement d'avril 1815, Campbell avait déjà réussi à conduire au fort Gibraltar une soixantaine de colons dont le nombre total dans la Rivière Rouge se montait à deux cents.

Les autres persistaient à demeurer sur leurs terres et refusaient net les offres de Cameron et de Campbell. Ils avaient pour les raffermir dans leur détermination un nommé Alexandre McLean, homme tout dévoué aux véritables intérêts de la colonie, bien que Cameron lui eut promis £400 sterling, s'il voulait suivre l'exemple de Campbell.

Le 3 avril 1815, pendant que le gouverneur Miles Macdonell était absent du fort de la colonie, Cameron y envoya un parti d'hommes armés pour se faire remettre les canons et les armes qui s'y trouvaient. Il les avait munis de l'ordre suivant :

Lundi, 3 avril 1815.

A M. Archiblald McDonell,

Gardien du fort.

"J'ai autorisé les colons à s'emparer de vos pièces de campagne, mais non pas en vue de m'en servir d'une manière hostile, mais uniquement pour empêcher d'en faire un mauvais usage. J'espère que vous ne serez pas assez aveugle sur vos propres intérêts pour tenter une résistance inutile, d'autant plus que personne ne veut de mal ni à vous, ni à vos gens."

D. Cameron,
Capitaine au corps des voyageurs.

Cet ordre fut remis à George Campbell, le plus actif d'entre ceux qui avaient déserté la colonie.

Tous les dimanches, les colons se réunissaient au fort Douglas (fort de la colonie) pour assister à la lecture de la bible qui tenait lieu de sermon et, chaque lundi, ils revenaient pour recevoir une ration de provisions pour la semaine. A l'issue de l'assemblée du dimanche, Campbell lut aux colons l'ordre que lui avait confié Cameron et les avertit qu'il serait exécuté le lendemain. Malgré un tel avertissement, le gardien du fort, Archibald McDonell, croyait si peu que la Compagnie en viendrait à cet excès qu'il ne prit aucune précaution pour se garder et ne demanda aucun secours aux colons.

Après les sinistres prédictions de Cameron, qui annonçait l'arrivée de bandes de sauvages pour ruiner la colonie, c'était un acte de la dernière infamie que de dépouiller les colons des armes qu'on leur avait données pour se défendre contre la férocité des indiens. Mais nous allons voir que les sauvages étaient moins redoutables que les associés de la Compagnie.

Le lundi, 9 avril, pendant que les colons étaient au magasin du fort pour recevoir des vivres, George Campbell, suivi de plusieurs métis engagés au service de la Compagnie et parmi lesquels étaient *Cuthbert Grant*, *William Shaw*, et *Peter Pangman*, se présenta à la maison du gouverneur de la colonie et signifia régulièrement à M. Archibald McDonell de lui remettre les armes, canons et fusils qui se trouvaient dans le fort, et, pour montrer qu'on ne venait pas seulement pour parlementer, les portes du magasin furent immédiatement brisées et on enleva neuf pièces de campagne. Cameron, qui s'était tenu caché à quelque distance du fort avec une autre bande d'hommes armés, vint se joindre à Campbell pour emporter le butin au fort Gibraltar.

Une fois le fort Douglas désarmé, il ne restait plus à Cameron que de s'emparer du gouverneur Macdonell pour être complètement maître de la situation et exécuter son plan. Les fermiers écossais, sans chefs et sans protection, n'avaient plus alors qu'à quitter leurs terres, soit pour retourner en Ecosse par la baie d'Hudson, soit pour descendre en Canada par les canots de la Compagnie du Nord-Ouest qui leur offrait un passage gratis.

Quelques semaines avant la saisie des canons du fort Douglas par Cameron, un autre associé de la Compagnie, Norman McLeod, magistrat pour les territoires sauvages, avait lancé contre le gouverneur Macdonell un mandat d'arrêt sur l'accusation de s'être emparé des vivres qui appartenaient à la Compagnie.

Cameron et ses gens se chargèrent de faire exécuter ce mandat.

Le gouverneur refusa d'abord de s'y soumettre, ne reconnaissant à McLeod aucune juridiction sur sa personne, mais voyant que des menaces on en venait aux actes de violence et afin d'éviter l'effusion du sang, il se livra prisonnier pour être conduit à Montréal. Au fond, on ne tenait pas à lui faire un procès, mais on voulait priver les colons de sa protection. Cameron avait promis aux colons que les hostilités cesseraient contre eux du moment que le gouverneur serait prisonnier. Ce fut une répétition de la fable du loup conseillant aux moutons de se défaire du berger. A peine Miles Macdonell était-il embarqué sur les canots que Cameron et ses gens levèrent le masque; les affaires marchaient trop bien à leur gré pour s'arrêter en chemin.

Vers le milieu de mai, Alexandre McDonell, l'associé de Cameron, qui avait passé l'hiver à Qu'Appelle pour enrégimenter des sauvages et des métis, était arrivé avec ses bandes annoncées depuis longtemps. La Compagnie eut bien désiré faire commettre par les indiens tous les actes odieux qu'elle méditait contre la colonie. Mais ceux-ci ne voulurent pas s'y prêter et se montrèrent, en vérité, plus civilisés que ceux qui les employaient. Après quelques semaines, ils retournèrent chez eux, peu satisfaits de leur voyage, mais, avant de partir, ils envoyèrent le " calumet de paix " aux colons comme gage de leur amitié.

A peu près vers la même époque, au printemps de 1813, deux associés de la Compagnie avaient offert à un chef sauvage, au lac du Sable, toutes les marchandises et le rhum qu'il y avait dans les magasins du Fort William, s'il voulait déclarer la guerre aux colons de la Rivière Rouge. Voici la déclaration donnée par ce chef sauvage devant le juge de paix J. Askin, à l'île Drummond, au département des indiens :

" Katawabetay (c'est le nom du chef) déclare qu'au printemps de 1815 comme il était au lac du Sable, McKenzie et Morrisson lui dirent à lui qu'ils lui donneraient à lui et à ses gens tous les effets ou marchandises ainsi que le rhum qu'ils avaient au fort William et au lac du Sable, si, lui,

Katawabetay et ses guerriers, voulaient déclarer la guerre aux colons de la Rivière Rouge ; sur quoi, il demanda à McKenzie et à Morrisson si la demande de faire la guerre aux colons était faite par les ordres des grands chefs à Québec et à Montréal, ou par les officiers commandant à l'île Drummond ou enfin par le juge de paix J. Askin. La réponse de McKenzie et Morrisson fut que la demande venait des agents de la Compagnie du Nord-Ouest qui désiraient que l'établissement fut détruit parce qu'il leur nuisait ; sur quoi Katawabetay dit que ni lui ni ses gens n'acquiesceraient à leur demande avant d'avoir vu et consulté le juge de paix J. Askin ; qu'après cela, lui, chef des indiens, se gouvernerait suivant l'avis qu'il aurait reçu."

(Extrait des minutes tenues au département des sauvages de l'île Drummond.)

JOHN ASKIN J. P.

Telle était la malice infernale de ces associés de la Compagnie du Nord-Ouest qui ne reculaient pas devant le crime épouvantable de faire massacrer toute la colonie de Lord Selkirk afin de rester les seuls maîtres dans le pays. Mais nous ne sommes pas au bout de leurs infamies.

Le moment du départ des canots pour le fort William approchait, et plus des deux tiers des colons n'avaient pas encore consenti à abandonner leurs terres pour accepter les promesses de Cameron. Les indiens amenés par McDonell n'ayant rien voulu entreprendre contre la colonie, force fut donc aux associés de la Compagnie d'agir eux-mêmes, avec les serviteurs et les métis qui demeuraient autour du fort Gibraltar.

Après plusieurs manifestations menaçantes, Cameron voyant que rien n'avançait et que les colons continuaient à travailler sur leur fermes, se détermina à recourir à la violence pour les chasser du pays.

Le 11 juin au matin, (c'était un dimanche), Séraphin Lamarre, commis, Cuthbert Grant, William Shaw, Peter Pangman, dont les noms ont déjà figuré, sortirent du fort Gibraltar avec une quantité de fusils pour armer les métis et les serviteurs de la Compagnie qui demeuraient dans les environs. Au nombre d'une vingtaine, ils se rendirent dans un taillis non loin de la résidence du gouverneur et commencèrent leurs opérations en tirant sur le chirurgien, M. White, qui passait près de là. Ceux qui étaient à l'intérieur de la maison ayant voulu riposter, le feu des assaillants devint plus vif et plus nourri ; quatre des assiégés furent grièvement blessés ; l'un d'eux mourut le lendemain.

Cameron était resté dans son fort pour surveiller de loin l'attaque. Après quelques heures, il vint au-devant de ses gens pour les féliciter sur la manière dont ils s'étaient acquittés de leur mission.

Les colons s'étaient donc gravement trompés en s'imaginant que les hostilités cesseraient du moment que le gouverneur se serait livré prisonnier.

Quelques jours après cette lâche attaque, les hostilités commencèrent de nouveau. On tira sur les habitants de la colonie ; plusieurs fermiers qui travaillaient sur leurs fermes, furent faits prisonniers. Les chevaux furent amenés au fort Gibraltar et le bétail chassé au loin. Un magnifique taureau appartenant à l'établissement fut tué et coupé en morceaux en présence des habitants du fort de la colonie ; et, pour montrer qu'il était déterminé à compléter son plan de destruction, Cameron établit vis-à-vis de l'établissement écossais un camp composé d'une soixantaine d'engagés, commis et métis, pour repousser tout secours qu'on tenterait de porter à la colonie.

Dès lors, il était visible que les colons n'avaient qu'à tout abandonner pour retourner dans leur pays ou bien à se laisser conduire en Canada.

Le vingt-deux juin, ils firent avertir Cameron qu'ils seraient tous prêts à partir dans deux jours. Le 24 juin, une soixantaine de colons, sous la conduite de deux sauvages, gagnèrent le lac Winnipeg, en route pour la baie d'Hudson. Le 25 juin, Séraphin Lamare, commis de la Compagnie du Nord-Ouest, accompagné de cinq ou six serviteurs, se rendit à l'établissement écossais pour y brûler les maisons et autres bâtiments construits par les colons. Le soir, tout était réduit en cendres ; la colonie de Lord Selkirk était détruite et l'œuvre de Cameron consommée.

CHAPITRE XII

SOMMAIRE.

Les Bourgeois de la Compagnie se réjouissent de la ruine de la colonie ; ils récompensent ceux qui ont aidé Cameron.—La colonie est rétablie de nouveau par un officier de la Compagnie de la baie d'Hudson.—Lord Selkirk arrive d'Ecosse au mois de novembre ; il passe l'hiver à Montréal —Un courrier de la Rivière Rouge lui porte la nouvelle des événements passés depuis le printemps.—La Compagnie du Nord-Ouest se prépare à détruire de nouveau la colonie.—Lord Selkirk demande des secours au gouverneur du Canada.—Le gouverneur, trompé par les agents de la Compagnie du Nord-Ouest, refuse tout secours.

Quelques jours après la ruine complète de la colonie, Duncan Cameron et son ami A. McDonell, partirent pour le fort William, conduisant avec eux les colons qui avaient consenti à descendre en Canada. Ils confièrent la garde du fort Douglas à Grant, commis de la Compagnie du Nord-Ouest.

A leur arrivée au fort William, Cameron et McDonell furent chaudement félicités de leurs succès par les Bourgeois réunis pour la grande assemblée annuelle. Tous ceux qui les avaient aidés dans cette œuvre de destruction reçurent de généreuses récompenses.

Sur la recommandation de Cameron, on alloua à Campbell la somme de cent louis sterling et la haute protection de la Compagnie lui fut promise, à cause du zèle qu'il avait montré.

Tous les autres reçurent une somme proportionnée aux services qu'ils avaient rendus.

La preuve de ce fait fut trouvée dans les livres de la Compagnie, lorsque Lord Selkirk s'empara du fort William, où étaient déposées ces archives. Voici quelques-unes des lettres signées par Cameron et McDonell.

" George Campbell est un homme très connu ;
" il fut un zélé partisan, qui a plus d'une fois
" exposé sa vie pour la Compagnie. Il a rendu
" des services importants dans les transactions
" de la Rivière Rouge ; il mérite cent louis et la
" protection de la Compagnie."

Signé : Duncan Cameron.

D'un autre il dit :

" Cet homme s'est joint à nous en février
" et s'est montré très actif et, depuis ce temps,
" nous a été très utile ; il mérite une récompense
" de la Compagnie."

D. Cameron.

D'un autre :

" Celui-ci, en se joignant à nous, a perdu trois
" années de ses gages de la Compagnie de la
" baie d'Hudson. Il mérite vingt louis."

Duncan Cameron.

Alexandre McDonell donna aux siens de semblables certificats, en sorte que la Compagnie eut une forte somme à débourser pour payer les auteurs de son criminel attentat. Cependant, la joie d'avoir réussi fit qu'elle s'exécuta volontiers.

Après quelques jours passés au fort William, les familles écossaises continuèrent leur voyage jusqu'en Canada, où la Compagnie avait promis de les placer sur de bonnes terres et de les nourrir pendant un an ; elle n'en fit rien, comme on peut se l'imaginer. Ce qu'elle voulait, était accompli, peu lui importait le sort de ses victimes.

Maintenant, revenons aux familles qui, après avoir refusé de descendre en Canada, avaient pris la route de la baie d'Hudson par le lac Winnipeg, sous la conduite de deux sauvages. A l'embouchure de la rivière, ces guides prirent congé des colons en leur exprimant l'espoir de les voir revenir un jour sur ces mêmes terres, d'où l'on venait de les bannir si cruellement.

De cet endroit, ils se rendirent comme ils purent à l'autre extrémité du lac et s'arrêtèrent pour quelque temps au poste de la Compagnie de la baie d'Hudson, appelé *Jack River House*.

Dans le cours de juillet, un nommé Collin Robertson alla les y rejoindre et leur offrit de prendre soin d'eux et de les défendre contre de nouvelles attaques, s'ils consentaient à revenir avec lui sur leurs terres de la Rivière Rouge.

Les colons ne demandaient pas mieux, car il leur répugnait de retourner en Ecosse où ils ne possédaient plus rien. L'offre fut donc acceptée avec joie, tous reprirent le chemin de la colonie et, au mois d'août, ils étaient de nouveau réinstallés sur leurs fermes.

Ce Collin Robertson était un ancien commis de la Compagnie du Nord-Ouest passé au service de la baie d'Hudson, et tout dévoué à l'œuvre de Lord Selkirk.

Sur la fin de l'été, il arriva d'Ecosse un renfort de colons qui porta à deux cents le nombre des habitants de la colonie. Les champs que les fermiers avaient ensemencés au printemps, avant leur dispersion, n'avaient pas été considérablement endommagés. Un nommé McLeod, aidé de quelques serviteurs de la Compagnie de la baie d'Hudson, en avait pris soin et à l'automne les colons purent récolter quinze cents minots de blé, beaucoup d'autres grains et une quantité considérable de patates.

Au mois d'octobre, Collin Robertson, aidé des écossais, réussit à reprendre le fort Douglas, resté aux mains de la Compagnie du Nord-Ouest.

Les choses en étaient là au mois de novembre 1815, quand Lord Selkirk, venant d'Ecosse, apprit en débarquant à New-York la destruction de sa colonie. Les Bourgeois de la Compagnie du Nord-Ouest lui écrivaient pour lui annoncer que tout ce qu'ils avaient prédit depuis longtemps était enfin arrivé ; que les sauvages avaient chassé tous les colons et brûlé tout l'établissement.

En même temps, cependant, un courrier, envoyé par Collin Robertson, partait le premier novembre de la Rivière Rouge pour aller annoncer à Lord Selkirk le rétablissement de la colonie et pour demander le plus prompt secours contre les nouveaux dangers qui la menaçaient. Le porteur de ces lettres était un trappeur canadien du nom de J.-Bte. Lajimonière (de Maskinongé, Province de Québec). Il se mit en route le jour de la Toussaint ne portant avec lui que son fusil, une petite hache et une couverte de laine pour s'envelopper durant la nuit. Les chemins étaient partout gardés par la Compagnie du Nord-Ouest, qui avait intérêt à empêcher toute dépêche d'arriver en Canada. Ce voyage de dix-huit cents milles, à pied, au cœur de l'hiver, était extrêmement difficile à accomplir. Au fort William, les sentinelles veillaient jour et nuit et les sauvages étaient avertis de ne laisser passer personne.

Malgré tout, Lajimonière fut assez habile pour passer sans être aperçu et, le 6 janvier, il était à Montréal, remettant lui-même ses lettres à Lord Selkirk. (1)

(1) Nous avons publié dans une brochure le récit détaillé de ce voyage si extraordinaire qu'il tient de la légende. Les incidents de ce voyage nous ont été racontés par Mgr Taché.

Ces lettres apprirent à Lord Selkirk que les indiens n'étaient pour rien dans la ruine de son établissement et que tout le mal venait de la Compagnie du Nord-Ouest.

Lord Selkirk confia d'autres lettres à Lajimonière et le renvoya à la Rivière Rouge annoncer à Robertson que lui-même, se mettrait en route dès le commencement du printemps pour aller porter secours à sa colonie. Malheureusement, cette fois, Lajimonière fut arrêté en chemin, non loin du fort William, par des sauvages au service de la Compagnie. Norman McLeod, l'un des associés, leur avait donné l'ordre de l'arrêter et de le tuer s'il faisait la moindre résistance. Ils se saisirent de lui durant la nuit, le maltraitèrent brutalement et le conduisirent prisonnier au fort William. (1)

Dans le cours de l'hiver, il commença à circuler en Canada des bruits que la colonie de la Rivière Rouge serait de nouveau attaquée au printemps. Ces nouvelles étaient répandues par les agents de la Compagnie du Nord-Ouest, pour préparer d'avance les esprits à croire que le complot était formé par les sauvages indignés d'une nouvelle tentative de colonisation.

---

(1) Récit de Lajimonière lui-même à Mgr Taché. L'ordre pour arrêter Lajimonière était émané du fort William et signé par Norman McLeod. Les sauvages qui arrêtèrent Lajimonière reçurent cent piastres de récompense, cette somme fut portée à leur avoir sur les livres de la Compagnie du Nord-Ouest.

Lord Selkirk, était bien convaincu par les documents qu'il avait en main, que c'était la Compagnie du Nord-Ouest qui se préparait à répéter la scène du printemps précédent. Dès son arrivée d'Europe, avant même d'avoir été informé du rétablissement de la colonie par Robertson, il s'était adressé au Secrétaire d'état, Lord Bathurst, en Angleterre, pour lui demander protection. Celui-ci avait remis l'affaire entre les mains du Gouverneur du Canada, Lord Gordon Drummond, lui laissant toute liberté d'accorder la protection demandée. Mais les agents de la Compagnie du Nord-Ouest, qui complotaient à la Rivière Rouge, intriguaient en Canada pour indisposer les esprits contre Lord Selkirk, et malheureusement ils n'y réussissaient que trop.

Parmi les agents de la Compagnie, un des plus influents était William McGillivray, membre du conseil législatif. En bons termes avec le Gouverneur Drummond, qui lui accordait toute sa confiance, il le renseignait sur les événements de la Rivière Rouge. Le lecteur comprend facilement quelle espèce de renseignements lui fournissait McGillivray. Celui-ci profita de toute son influence pour empêcher le gouverneur d'accorder à Lord Selkirk le secours d'une force militaire pour défendre sa colonie.

Il fit d'abord entrevoir l'impossibilité d'envoyer

un corps militaire à une telle distance à travers un pays où les voyageurs les plus habitués avaient peine à passer ; puis il insistait sur l'inutilité d'une telle dépense pour le Canada, vu qu'il était facile de régler les difficultés existantes sans recourir à des moyens aussi dispendieux : mais la principale objection qu'il apportait à l'envoi de soldats armés à la Rivière Rouge, était que leur seule apparition suffirait pour soulever toutes les tribus sauvages et amener la destruction de tous les blancs. William McGillivray, en affirmant ceci, savait bien qu'il trompait le gouverneur, mais en rusé politicien, il n'hésitait pas à mentir pour l'intérêt de sa Société.

Lord Selkirk eut beau insister auprès du gouverneur pour obtenir protection, celui-ci lui répondit qu'après les informations prises par lui auprès de William McGillivray, sa résolution était arrêtée de ne pas envoyer de soldats à la Rivière Rouge.

Cette question, cependant, fut ramenée de nouveau sous les yeux de Son Excellence, comme on le voit par la lettre suivante, que lui adresse Lord Selkirk le 23 avril 1816.

Montréal, 23 avril 1816.

" Excellence,

" En examinant les lettres que j'ai eu occasion de vous adresser depuis peu, il paraît que je ne vous ai pas informé suffisamment du rétablissement de la Colonie de la Rivière Rouge effectué l'automne dernier, un peu plus de deux mois après l'époque à laquelle elle paraît avoir été détruite. Votre Excellence a été informée qu'une partie des colons avaient refusé d'entrer dans les vues de la Compagnie du Nord-Ouest, mais que contraints de céder à des forces supérieures, ils s'étaient retirés du côté de la baie d'Hudson. Aussitôt après la dispersion des brigands que l'on avait rassemblés de différents quartiers pour les attaquer, ils revinrent à la Rivière Rouge avec un renfort considérable de monde récemment arrivé d'Europe. Suivant les derniers avis reçus, ils vivaient dans les meilleurs termes avec les sauvages et les métis de leur voisinage et ne craignaient aucun ennemi, si ce n'est ceux que pouvait leur susciter la haine de la Compagnie du Nord-Ouest.

"Votre Excellence n'a pas eu la condescendance de me faire connaître les raisons pour lesquelles Elle n'a pas voulu exécuter les instructions de Lord Bathurst (1) quant "à accorder " aux colons de la Rivière Rouge tel secours qui " ne serait préjudiciable au service de Sa Majesté " dans d'autres parties de ses domaines." Il n'est pas improbable que vous n'ayez été induit à cela par la supposition que cet établissement était entièrement et irrévocablement détruit. Je crois

(1) Lord Bathurst, Secrétaire d'Etat, en Angleterre.

donc de mon devoir de vous informer de l'état réel des choses et en même temps de vous faire entrevoir combien il est probable que les mêmes personnes qui ont comploté la destruction de la colonie, l'an dernier, renouvelleront leurs attaques ce printemps, encouragées en cela par la connaissance qu'elles ont de la résolution exprimée par Votre Excellence de n'envoyer aucun secours militaire pour la défense des colons.

"Quoique je ne sache pas au juste les motifs de votre résolution, cependant on m'a insinué quelques avis importants au sujet des raisons qui paraissent avoir influé sur Votre Excellence.

" En autant que je les connais, je puis assurer avec confiance qu'elles sont fondées sur de faux exposés et je puis m'engager à le prouver d'une manière satisfaisante.

"Lorsque j'ai eu l'honneur de voir Votre Excellence, en novembre dernier, j'ai compris que vous craigniez que l'emploi d'une force militaire à la Rivière Rouge ne fut vue de mauvais œil par les sauvages. J'ai compris également que vous redoutiez les dépenses nécessaires pour y envoyer des troupes. En outre, je suis informé par les dernières lettres que j'ai reçues de Londres que, dans une de vos lettres à Lord Bathurst, vous alléguez l'impossibilité de conduire des troupes dans ce pays. Si ces objections ont quelque poids auprès de Votre Excellence, je n'ai aucun doute qu'elles ne puissent être levées.

" Quant aux sauvages, je suis informé si positivement de leurs bonnes dispositions que je n'ai pas le moindre doute que les troupes de Sa Majesté ne fussent reçues comme des amis et des protecteurs, par les sauvages aussi bien que par les colons ; de sorte qu'il n'y aurait besoin, de la part des officiers, que d'une prudence ordinaire pour y entretenir la paix et la concorde.

" Quant aux difficultés et aux dépenses pour le transport des troupes, je suis prêt à décharger Votre Excellence de toute responsabilité à ce sujet.

" Tout ce que je demande, c'est que vous donniez ordre au Commissaire-Général de fournir de ses magasins les articles nécessaires pour l'équipement de l'expédition, laissant au Gouvernement en Angleterre à décider si ces objets doivent être considérés comme délivrés pour le service public ou non et, dans ce dernier cas, je serai responsable que ces objets soient remis ou que la valeur en soit payée, comme on l'exigera.

" La seule autre difficulté maintenant que j'ai entendu mentionner est que l'officier commandant se trouverait dans des circonstances fort embarrassantes quant à la conduite qu'il aurait à tenir, s'il était appelé à soutenir le magistrat civil dans le cas où il s'élèverait des difficultés entre les différentes personnes qui prétendent à l'autorité. Je me flatte que ces difficultés seront bientôt levées, en s'en rapportant à l'opinion de l'Avocat-Général et du Solliciteur-Général, en Angleterre, touchant les prétentions en dispute. Dans l'intérieur, je pense que Votre Excellence doit référer la question à l'Avocat-Général de cette province, et si l'on prend son opinion pour règle, l'officier commandant sera assurément déchargé de toute responsabilité.

" Votre Excellence, dans sa lettre du 15 du mois dernier, m'informe qu'ayant communiqué à Lord Bathurst les raisons que vous avez pour refuser d'envoyer un détachement à la Rivière Rouge, vous ne pouviez prendre aucune mesure ultérieure avant d'avoir reçu de nouvelles instructions. Je prends cependant la liberté de vous faire observer que cette résolution ayant été communiquée à Lord Bathurst avant la réception de ma lettre du onze novembre, doit avoir été fondée entièrement sur des informations reçues de la Compagnie du Nord-Ouest, car, à cette époque, Votre Excellence n'en avait reçu d'aucune espèce, ni de ma part, ni de celle de la Compagnie de la baie d'Hudson.

" A cette époque, nous ne pouvions parler que des sujets de crainte que nous avions touchant les intentions de nos ennemis. Depuis que je suis arrivé dans cette province, j'ai rassemblé des preuves décisives sur la conduite qu'ils ont tenue, des preuves dont Votre Excellence ne pouvait avoir aucune connaissance, lorsque vous avez écrit à Lord Bathurst. Vous ne connaissez même pas la dixième partie des faits dont je vais m'engager à vous fournir des preuves.

" Dans ma lettre du 11 du mois dernier, j'ai offert de mettre les témoignages sous les yeux de Votre Excellence. Par votre réponse, j'ai compris qu'il était trop tard pour les prendre en considération.

" Je suppose, cependant, que les instructions données par Lord Bathurst, en mars 1815, n'ont pas été révoquées et je crois que tant qu'elles ne le seront pas d'une manière formelle et positive, Votre Excellence peut agir à ce sujet comme elle jugera convenable ; je crois également que Votre Excellence ne saurait être privée de ce droit par la résolution que vous auriez exprimée, tandis que vous étiez dans l'erreur sur le véritable état des choses, ou tandis que les circonstances étaient différentes de ce qu'elles sont maintenant. Le rétablissement de la colonie et la probabilité qui existe qu'elle sera attaquée de nouveau demandent hautement que vous considériez de nouveau la détermination que vous avez manifestée. Les faits qui ont eu lieu l'été dernier prouvent évidemment que la présence de la force publique peut seule protéger les habitants de la colonie contre la violence de leurs ennemis ;

et les instructions que Votre Excellence a reçues l'an dernier de Lord Bathurst mettait hors de doute que le gouvernement de Sa Majesté a l'intention de leur accorder cette protection et de ne les pas abandonner à leur sort, comme s'ils étaient des étrangers à l'Empire Britannique.

" Si, cependant, Votre Excellence persévère à ne vouloir rien faire jusqu'à ce que vous ayiez reçu de nouvelles instructions, il est plus que probable qu'il s'écoulera une autre année avant qu'on ne puisse envoyer les secours nécessaires ; —pendant une autre année, les colons demeureront exposés aux attaques de leurs ennemis et il y a tout lieu de craindre que plusieurs personnes payeront ce délai de leur vie.

" Qu'il n'y ait d'autre moyen d'éviter ce malheur qu'en mettant à exécution les instructions de Lord Bathurst et qu'il n'y ait aucune objection raisonnable contre cette mesure, sont des points dont Votre Excellence ne saurait manquer de se convaincre, en examinant de nouveau le sujet avec l'attention qu'il mérite, lorsque vous serez en possession de tous les témoignages et que vous donnerez aux deux côtés de la question une égale attention.

J'ai l'honneur d'être, etc., etc.,

SELKIRK.

Sa Seigneurie reçut à cette lettre la réponse suivante du gouverneur Drummond :

Château St-Louis,
Québec, 27 août 1816.

Milord,

" J'ai reçu votre lettre du 23 du courant et suis très fâché que Votre Seigneurie croit nécessaire de me presser davantage sur un point auquel j'ai déjà répondu amplement et avec franchise.

" Je me flatte que ce que j'ai écrit le 25 courant, tant à Votre Seigneurie qu'aux associés de la Compagnie du Nord-Ouest, aura l'effet désiré d'empêcher qu'on ne réitère les crimes et procédés réciproques dont on s'est plaint auprès du gouvernement de Sa Majesté et qui sont mentionnés en des termes si forts dans la dépêche de Lord Bathurst que j'ai citée dans ma lettre.

J'ai l'honneur d'être,
GORDON DRUMMOND.

Après cette lettre, Lord Selkirk fit de nouvelles instances auprès du gouvernement pour obtenir une enquête et faire valoir toutes les preuves qu'il avait recueillies dans le cours de l'hiver contre la Compagnie du Nord-Ouest ; on lui répondit qu'il n'y avait rien à redouter pour l'avenir et que les mesures étaient prises pour ramener le calme.

Pourtant, il était bien certain que la Compagnie préparait tout pour empêcher la colonie de se rétablir. Malheureusement, William McGillivray, principal agent de la Compagnie, avait réussi à capter toute la confiance du gouverneur et à le mettre sous l'impression que la plus grande partie du blâme retombait sur Lord Selkirk et ses agents qui avaient irrité les sauvages par leurs imprudences. Les événements lui prouvèrent bientôt qu'il avait été odieusement trompé.

CHAPITRE XIII.

SOMMAIRE.

Lord Selkirk prend à sa solde cent soldats licenciés et les conduit à la Rivière Rouge comme colons.—Après son départ de Montréal, il apprend en route que la colonie a été détruite de nouveau.—Il marche sur le Fort William et s'en empare.—Les associés de la Compagnie du Nord-Ouest sont faits prisonniers et envoyés en Canada.—Explication de ce qui s'est passé à la Rivière Rouge à l'automne de 1815 et durant l'hiver de 1816. - Cameron fait prisonnier.—Fort Gibraltar détruit.—Complot formé dans le nord pour détruire la colonie entièrement.

Lord Selkirk avait perdu tout espoir d'obtenir des secours pour sa colonie, quand une circonstance vint lui fournir l'occasion de pourvoir à la sûreté de son établissement, tout en augmentant le nombre de ses colons.

A la suite d'un traité de paix conclu avec les Etats-Unis d'Amérique, l'Angleterre venait de licencier en Canada trois régiments de soldats : les régiments de Meuron, de Watteville et de Glengary. Ceux de ces militaires qui ne voulaient pas retourner en Europe avaient droit à des terres en Canada pour s'y établir. Quelques uns d'entre eux, désirant aller à la Rivière Rouge, s'engagèrent à Lord Selkirk aux mêmes conditions que les colons d'Ecosse. Ils exigèrent en outre que celui-ci les feraient reconduire en Europe à ses frais, s'ils n'étaient pas satisfaits du pays.

Sa Seigneurie les engagea régulièrement par écrit et leur fournit des armes, comme il l'avait fait pour tous les autres colons ; précaution fort utile, qui avait déjà été approuvée par le gouvernement en 1813.

Lord Selkirk, suivi de cette petite troupe, se mit en route pour la Rivière Rouge vers le commencement de juin ; les préparatifs qu'il avait été obligé de faire avaient retardé son départ jusqu'à ce moment.

Dès les premiers jours de mai, cependant, il avait envoyé en avant un détachement d'hommes montés sur des canots légers pour aller annoncer aux colons sa prochaine arrivée. Il espérait être rendu à la Rivière Rouge avant que de nouvelles hostilités contre la colonie eussent été entreprises. Le gouverneur du Canada avait accordé à Lord Selkirk une garde composée d'un sergent et de sept soldats pour sa sûreté personnelle. C'était de l'Ile Drummond dans le lac Huron que cette garde devait l'accompagner, cette île étant la dernière où il y avait une garnison anglaise dans ces quartiers.

A la tête de la petite brigade que Lord Selkirk avait dépêchée en avant, se trouvait M. Miles Macdonell, le premier gouverneur de la colonie, que la Compagnie du Nord-Ouest avait envoyé prisonnier à Montréal l'année précédente. Mais comme on n'avait fourni aucune preuve des accusations portées contre lui, il n'avait pas subi de procès et Lord Selkirk le renvoyait à son poste, au Fort Douglas.

Lorsque Lord Selkirk et ses hommes arrivèrent au Sault Ste-Marie, à la décharge du lac Supérieur, ils aperçurent deux canots, sur l'un desquels était M. Miles Macdonell. Ce dernier venait annoncer que la colonie avait été détruite une seconde fois par la Compagnie du Nord-Ouest et qu'il n'en restait plus que des ruines.

Les détails qu'il avait recueillis en route étaient navrants. Le gouverneur Semple, de la Compagnie de la baie d'Hudson, à qui était confié le soin du Fort Douglas, avait été tué ainsi que vingt-et-un de ses hommes ; le fort Douglas était tombé aux mains de la Compagnie du Nord-Ouest. Quelques-uns des colons avaient été conduits prisonniers au fort William ; les autres avaient été placés sur des bateaux et envoyés à la baie d'Hudson.

Cette affligeante nouvelle obligea Lord Selkirk à changer son itinéraire. Il s'était d'abord proposé de passer par l'endroit appelé *Fond du Lac*, à l'extrémité ouest du lac Supérieur, puis par la rivière St-Louis et le lac Rouge, où il devait rencontrer les canots et les provisions qu'il avait commandé de lui envoyer de la Rivière Rouge. Il avait choisi cette route pour éviter toute collision avec les établissements de la Compagnie du Nord-Ouest, surtout avec l'établissement du fort William, qui était son château-fort.

En apprenant que sa colonie était ruinée et ses habitants dispersés, il changea son plan et résolut d'aller droit au fort William demander la mise en liberté de ses gens emprisonnés.

Avant de quitter le Sault Ste-Marie, il écrivit lui-même la dépêche suivante à sir John Coape Sherbrooke, tout récemment nommé gouverneur du Canada.

Sault Ste-Marie, 29 juillet 1816.

Excellence,

" C'est avec un sentiment de la plus vive douleur que j'ai à vous annoncer la nouvelle qui m'est parvenue, il y a peu de temps, du succès qui a couronné cette année les trames affreuses de la Compagnie du Nord-Ouest. De nouveau, elle a réussi à détruire l'établissement de la Rivière Rouge et, cette fois, elle y a joint le massacre du gouverneur et d'une vingtaine de ses habitants.

" Les circonstances qui ont accompagné cette catastrophe et celles qui l'ont amenée ne me sont encore parvenues que d'une manière imparfaite. Je suis persuadé que la Compagnie du Nord-

Ouest en est beaucoup mieux informée, mais l'intérêt qu'elle a à présenter les faits sous un faux point de vue, est trop évident pour qu'il soit nécessaire de faire aucune remarque à ce sujet. Tout ce dont je suis certain, c'est que M. Semple n'était pas un homme à agir d'une manière assez violente ou illégale pour autoriser une attaque semblable à celle qui a eu lieu. Je me flatte d'obtenir sous peu de jours des renseignements plus exacts sur ce sujet au fort William où se trouvent actuellement un grand nombre de personnes qui doivent avoir une connaissance personnelle de ces faits et auxquelles je me propose, comme magistrat, de demander des informations.

" Dans la situation délicate où je me trouve, étant moi-même partie intéressée, j'aurais désiré que quelqu'autre magistrat se chargeât de cette affaire.

" Dans cette vue, je me suis adressé à deux magistrats pour le district de l'ouest dans le Haut-Canada, les deux seules personnes ainsi commissionnées (MM. Askin et Ermatinger) que l'on pouvait espérer vouloir se rendre à une telle distance. Mais ces deux messieurs ont des affaires qui les empêchent de se rendre à ma prière ; je suis en conséquence réduit à l'alternative, ou d'agir seul, ou de laisser impuni un crime affreux. Dans de semblables circonstances, je crois qu'il est de mon devoir d'agir, quoique, je ne sois pas sans redouter que cette classe d'hommes accoutumés à considérer la force comme le seul droit reconnu, ne s'oppose ouvertement à l'exécution de la loi.

J'ai l'honneur d'être, etc., etc.,

SELKIRK.

Du Sault Ste-Marie, Lord Selkirk suivit le côté nord du lac Supérieur et se dirigea en toute hâte vers le fort William, où il arriva dans l'après-midi du 12 août. Il fit entrer ses bateaux dans la rivière Kaministigoya, débarqua tout son monde et fit dresser les tentes à un mille au-dessus du fort, sur le côté sud de la rivière. Le total de sa brigade se montait à cent dix hommes : deux capitaines, deux lieutenants, quatre-vingts soldats du régiment de Meuron, vingt de celui de Watteville, six hommes et un officier du 37ème comme garde de corps de Lord Selkirk, le capitaine De Lorimier, interprète, et un sauvage de Caughnawaga, près de Montréal. Il y avait alors dans le fort William un grand nombre d'associés de la Compagnie du Nord-Ouest. M. William McGillivray, leur principal agent, s'y trouvait pour assister à l'assemblée annuelle. Autour du fort, plus de deux cents hommes, tant canadiens que sauvages, étaient campés.

Lord Selkirk envoya sur le champ demander

à M. McGillivray la mise en liberté des personnes emmenées de la Rivière Rouge et gardées prisonnières parce qu'elles avaient pris part à la défense de la colonie. MM. Pembrun, Pritchard, Nolin et quelques autres eurent la permission de sortir pour aller au camp de Lord Selkirk ; les renseignements qu'ils donnèrent sur les affaires de la colonie se trouvèrent d'une nature tellement grave que Sa Seigneurie se décida à lancer immédiatement des mandats d'arrêt contre plusieurs associés de la Compagnie du Nord-Ouest.

Le lendemain, 13 août, il confia ces mandats à John McNabb et M. McPharson, pour les faire exécuter. Accompagnés de neuf hommes armés, montés sur un bateau, ils traversèrent la rivière Kaministigoya et vinrent aborder près du Fort. Voici comment John McNabb rend compte de sa mission.

" Lorsque nous fûmes arrivés vis-à-vis la
" porte, nous mîmes pied à terre et nous nous
" rendîmes au fort en passant à travers un
" nombre d'hommes qu'il y avait à l'entrée. Nous
" demandâmes M. McGillivray qui nous dit
" d'entrer dans son appartement et là le mandat
" lui fût donné. Il se conduisit comme un gen-
" tilhomme et se prépara à nous accompagner,
" demandant un peu de temps pour s'entretenir
" avec deux de ses associés, MM. Kenneth
" McKenzie et John McLaughlin. Le but de

" cet entretien était de les porter à l'accompa-
" gner et à se proposer pour caution. Cela lui fut
" accordé et les trois messieurs nous accompa-
" gnèrent dans un de leurs canots comme ils
" l'avaient demandé. Peu après leur arrivée,
" Lord Selkirk ordonna que nous arrêtassions
" MM. McKenzie et McLaughlin, parce qu'il y
" avait de fortes accusations portées contre eux.
" Cela fait, on nous dit de retourner au fort avec
" le capitaine d'Orsonnens, le lieutenant Fauche
" et vingt-cinq hommes du régiment de Meuron
" pour arrêter tous les autres associés de la Com-
" pagnie du Nord-Ouest. Nous nous rendîmes
" devant la porte du fort où étaient assemblés
" beaucoup de sauvages. Le mandat fut donné
" à deux des associés, mais quand nous voulûmes
" arrêter le troisième, on opposa de la résistance
" et on déclara qu'on ne se soumettrait plus aux
" ordres, à moins que M. McGillivray ne fut
" relâché. En conséquence, on me poussa en
" dehors du fort, et on essaya de fermer les
" deux battants de la porte. En ce moment,
" j'exprimai au capitaine d'Orsonnens le désir
" d'être soutenu ; il accourut aussitôt à la porte
" avec plusieurs hommes et empêcha qu'elle ne
" fut fermée. Le capitaine ordonna que celui
" qui avait opposé de la résistance fut saisi et
" mené à l'un des bateaux. McPherson et moi
" nous avançâmes alors dans le fort, soutenus

" par le lieutenant Fauche. Le capitaine d'Or-
" sonnens arriva promptement avec le reste des
" hommes qui étaient tous armés. Ils coururent
" en avant et en un moment prirent possession
" de deux petits canons qui étaient placés dans
" la cour en dedans de la porte. Les canadiens
" se dispersèrent et toute apparence de résis-
" tance cessa. Nous exécutâmes ensuite régu-
" lièrement notre devoir en arrêtant les autres
" messieurs nommés dans le mandat."

Les prisonniers furent envoyés à Lord Selkirk, qui, après les avoir examinés, leur permit de retourner pour la nuit à leurs appartements respectifs dans le fort, sous la condition expresse qu'ils ne commettraient aucun acte d'hostilité ; ce qu'ils promirent sur leur parole d'honneur.

Vingt hommes armés, sous les ordres du lieutenant Graffenreid, passèrent la nuit au fort et tous les papiers de la Compagnie furent mis sous scellés.

Bien que les associés de la Compagnie du Nord-Ouest eussent donné leur parole d'honneur que tout resterait comme Sa Seigneurie l'avait ordonné, cependant ils firent partir durant la nuit un canot chargé d'armes et de munitions et brûlèrent un grand nombre de lettres de nature à les compromettre. Le lendemain, les hommes de Lord Selkirk trouvèrent dans un champ, près du fort, huit barils de poudre qui avaient été transportés là durant la nuit. Ils trouvèrent aussi dans une grange, sous un tas de foin, une cinquantaine de fusils chargés tout récemment.

Ces découvertes firent soupçonner qu'on avait dessein de faire attaquer, au dépourvu, les hommes de Lord Selkirk par les engagés de la Compagnie. Pour plus de sûreté, ceux-ci furent envoyés de l'autre côté de la rivière Kaministigoya ; on s'assura de leurs canots en les mettant dans le fort et les prisonniers furent surveillés de plus près.

Comme Lord Selkirk ne pouvait plus compter sur la parole d'honneur des associés de la Compagnie du Nord-Ouest, ils furent tous emprisonnés séparément et gardés à vue. Après avoir pris toutes les mesures nécessaires pour la sûreté de son camp, Lord Selkirk procéda à l'examen des prisonniers et ceux-ci lui parurent tous assez criminels pour être envoyés sous escorte à York, dans le Haut-Canada. Ils partirent le 18 août montés sur trois canots bien pourvus de ce qui était nécessaire pour le voyage.

Reportons-nous maintenant à la Rivière Rouge et reprenons les événements au mois de décembre 1815, au moment où J.-B. Lajimonière se mettait en route pour Montréal, porteur d'un message pour Lord Selkirk.

Ce message, nous l'avons dit, était envoyé par Colin Robertson qui avait ramené de *Jack River*

House les colons écossais chassés de la Rivière Rouge par Cameron, après la ruine de la colonie et les avait rétablis sur leurs fermes au mois d'août 1815. Robertson qui envoyait porter cette bonne nouvelle à Lord Selkirk, lui demandait en même temps du secours pour prévenir un autre désastre.

Le petit groupe de colons ramenés sur les fermes, se fortifia durant l'automne, par l'arrivée d'un convoi d'émigrants venant des montagnes d'Ecosse.

Duncan Cameron, le principal auteur du mal commis contre les émigrants, était revenu à la Rivière Rouge, et s'était installé dans le fort de la colonie resté aux mains des serviteurs de la Compagnie du Nord-Ouest, après la destruction de l'établissement. De là il s'était mis de nouveau à harceler les colons. Colin Robertson voulut mettre un terme à ces intrigues. Au mois d'octobre, aidé par les colons, il reprit le fort Douglas, en chassa Cameron, recouvra deux pièces de canon et trente fusils, que les associés de la Compagnie avaient volés le printemps précédent. Quelques semaines plus tard, ayant surpris Cameron chez les colons, il le fit prisonnier pour le punir de ce qu'il cherchait encore à semer un mauvais esprit parmi eux ; cependant il le relâcha, sur la promesse qu'à l'avenir il resterait tranquille dans son fort Gibraltar.

Alex. McDonell, l'ami de Cameron, avait, lui aussi, été renvoyé à son poste de Qu'Appelle pour soulever les sauvages et les métis. Des lettres interceptées par Colin Robertson lui révélèrent la trame d'un nouveau complot contre la colonie. Le 13 mars 1816, Alexandre McDonell écrivait de la rivière Qu'Appelle à son ami Cameron au fort Gibraltar.

" J'ai reçu votre lettre de la Rivière la Souris.
" Je vois avec plaisir les démarches hostiles de
" nos voisins.—Il se forme un orage dans le
" Nord ; il est prêt à crever sur la tête des misé-
" rables qui le méritent. Ils ne connaissent pas
" le précipice ouvert sous leurs pas. Ce qu'on a
" fait l'an passé n'était qu'un badinage. La nation
" nouvelle s'avance sous les ordres de ses chefs
" pour nettoyer leur pays de ces assassins, qui
" n'y ont aucun droit : Glorieuse nouvelle
" d'Athabaska. (1)

ALEX. McDONELL.

Le même jour A. McDonell écrivait au Sault Sainte-Marie à un de ses amis.

" Je suis au poste de la Rivière Qu'Appelle,
" me donnant des airs avec mon épée et mes
" épaulettes d'or, dirigeant et faisant vos affaires.
" Sir William Shaw rassemble tous les Bois-Brûlés

---

(1) Cette glorieuse nouvelle d'Athabaska était la mort de 18 serviteurs de la Compagnie de la baie d'Hudson, qui avaient tous péri de faim durant l'hiver.

" (métis) des départements voisins. Il a envoyé
" ordre à ses amis de ces quartiers de se tenir
" prêts à entrer en campagne. Il a déjà rassemblé
" tous les Métis jusqu'au fort des Prairies. Dieu
" seul connaît ce qui en va résulter."

Cutbert Grant, (métis), commis de la Compagnie du Nord-Ouest et chef principal des métis, écrit du même lieu à Alexandre Fraser, métis, commis de la Compagnie.

(13 mai 1816).

" Je prends la liberté de vous adresser quelques
" lignes pour vous donner des nouvelles de nos
" compatriotes, les métis du fort des Prairies et
" de la Rivière aux Anglais. Je suis bien aise de
" vous dire que les métis sont tous d'accord et
" prêts à exécuter nos ordres. Ils ont envoyé
" ici un des leurs, pour connaître l'état des choses
" et pour savoir s'il était nécessaire qu'ils vinssent
" tous. Je leur ai fait dire de se trouver tous ici
" vers le milieu de mai.

" Je vous recommande de dire à Bostonais de
" tenir les métis bien unis ensemble ; quant à
" ceux qui sont ici j'en réponds, excepté Antoine
" Houle que j'ai battu ce matin et que j'ai
" renvoyé de service."

CUTBERT GRANT.

Le même jour, il écrit à Dougald Cameron au Sault Sainte-Marie.

" Les Bois-Brûlés du fort des Prairies et de
" la Rivière aux Anglais seront tous ici au prin-
" temps ; j'espère que nous l'emporterons haut
" la main et qu'on ne verra plus dans la Rivière
" Rouge de gens à colonie. Les traiteurs aussi
" décamperont pour avoir désobéi à nos ordres
" le printemps dernier. Nous passerons l'été
" aux Fourches (1) de peur qu'ils ne nous jouent
" le même tour que l'été dernier de revenir
" encore ; mais s'ils le font, ils seront reçus de la
" bonne manière."

Ces lettres, interceptées par Colin Robertson, n'étaient pas les seules preuves de ce qui se tramait contre la colonie. Au mois d'octobre, Duncan Cameron avait réuni dans le fort Gibraltar ses commis et ses serviteurs, pour délibérer sur les moyens les plus sûrs à prendre afin de chasser les colons du pays. Peter Pangman, dit Bostonais, rapporta quelques jours après à un canadien du nom de Nolin le sujet de ces délibérations. Pangman était d'avis d'agir immédiatement, seulement il ne trouvait aucun prétexte plausible pour commencer les hostilités.

Pendant tout le reste de l'automne, Duncan Cameron, malgré sa parole jurée, ne cessa de travailler à jeter le découragement chez les fermiers écossais, et à les attirer à son fort. Il

---

(1) Ils appelaient la Rivière Rouge à l'endroit de la colonie : *Les Fourches.*

possédait dans le fort Gibraltar une assez grande quantité d'armes volées aux colons lors de la prise du fort Douglas. Dans le cours du mois de mars, Colin Robertson résolut de tenter un coup de main et de s'emparer du fort Gibraltar. Un dimanche soir, vers les six heures, il descendit sur la glace et en suivant les détours de la Rivière Rouge, il arriva sans être aperçu à l'embouchure de l'Assiniboine. Il était accompagné de plusieurs colons. La porte du fort Gibraltar était ouverte ; Robertson s'y précipita les armes à la main avec tout son monde et en quelques minutes il avait fait prisonniers Cameron et ses commis. Pour n'avoir plus à redouter de tels voisins, il rasa les pieux du fort, et fit transporter au Fort Douglas, les armes, canons et fusils qui se trouvaient là. Quant à Cameron, il l'envoya à la baie d'Hudson pour le faire passer en Europe à l'ouverture de la navigation ; les commis furent tous remis en liberté sur parole qu'ils resteraient tranquilles. C'était un coup hardi que venait de faire Robertson, mais il savait, par les nouvelles qu'il recevait du nord, que la colonie était vouée à la destruction et qu'il n'avait rien à perdre en prenant des mesures énergiques immédiatement.

CHAPITRE XIV.

SOMMAIRE.

> Souffrances des colons écossais au printemps de 1816.—Manque complet de vivres dans la colonie.—Le gouvernement en envoie chercher à Qu'Appelle.—Les hommes de la Compagnie de la baie d'Hudson qui rapportent des vivres sont attaqués et faits prisonniers par la Compagnie du Nord-Ouest.—Préparatifs des associés de la Compagnie du Nord-Ouest pour détruire la colonie.—Bataille du 19 juin.—Documents.—Le Fort Douglas pris par la Compagnie du Nord-Ouest.—La colonie est détruite une seconde fois.

Les colons écossais eurent à souffrir de grandes privations durant tout le printemps de 1816. Ils n'avaient pour subsister que le produit de la chasse des métis campés à Pembina. De là, il fallait transporter les provisions au fort Douglas, à soixante-dix milles de distance. C'était un travail pénible. La viande, par petite quantité, était placée sur des traîneaux étroits, et les hommes, faute de chevaux, faisaient l'office de bêtes de somme pour traîner ces voitures. Le voyage durait plusieurs jours. La situation devint cependant plus pénible encore dans le cours du mois de mars. Les métis, menacés par les commis de la Compagnie, refusèrent de vendre des vivres aux colons. Quelques-uns, cependant, touchés de compassion leur en firent parvenir en cachette en leur disant : " Prenez bien garde à ce qui se prépare contre vous ! Pour l'amour de Dieu, prenez garde ! "

A mesure que la saison avançait, les bruits devenaient de jour en jour plus menaçants ; on annonçait que des bandes d'indiens et de métis armés étaient en marche de tous les coins de l'ouest et du nord pour venir exterminer les colons de la Rivière Rouge. L'inquiétude était grande chez tous ces pauvres gens et, vraiment, il y avait de quoi s'effrayer.

Sur la fin de mars, M. Semple, qui avait été nommé, à Londres, gouverneur de la Compagnie de la baie d'Hudson, arriva au fort Douglas, après avoir, durant l'hiver, visité différents postes du nord.

A la rivière Qu'Appelle, la Compagnie de la baie d'Hudson avait un fort bâti tout auprès de celui de la Compagnie du Nord-Ouest. Là elle avait, en réserve, une grande quantité de viande et de fourrures. Au mois d'avril, le gouverneur Semple, voyant que les colons ne pouvaient plus obtenir de vivres des métis et qu'ils souffraient horriblement de la famine, envoya un nommé Pambrun, officier de la Compagnie de la baie d'Hudson, à la rivière Qu'Appelle pour en rapporter des sacs de viande et des pelleteries.

Pambrun, après avoir chargé cinq bateaux, se mit en route accompagné de M. Sutherland, commis du poste, et de vingt-deux serviteurs. Il y avait sur ces bateaux six cents sacs de viande pilée et vingt paquets de fourrures.

Le 12 mai, pendant qu'il descendait le cours de la rivière Assiniboine, Pambrun et ses hommes furent attaqués par un parti de quarante-cinq serviteurs de la Compagnie du Nord-Ouest, à la tête desquels étaient Cutbert Grant, Rodrigue McKenzie, Peter Pangman, dit Bostonais, et un canadien du nom de Brisebois.

Ils furent faits prisonniers et conduits au fort du Nord-Ouest, peu distant de celui de la Compagnie de la baie d'Hudson. Les serviteurs de Pambrun furent relâchés et renvoyés à leur fort. Mais lui même fut gardé au fort de la Compagnie du Nord-Ouest.

M. Alexandre McDonell lui déclara *que son intention était d'affamer* les colons de la Rivière Rouge jusqu'à ce qu'il les eût contraint d'accepter les conditions qu'on leur imposerait et qu'il voulait en faire autant à tous les serviteurs de la Compagnie de la baie d'Hudson. D'après la déclaration assermentée de Pambrun, les conditions que la Compagnie voulait poser étaient de faire sortir les colons de la Rivière Rouge et de les renvoyer en Europe.

Alexandre McDonell partit du fort Qu'Appelle à la fin de mai, avec tout son monde, canadiens, métis et sauvages. Il s'embarqua sur les bateaux dont il s'était emparé et se fit escorter par une bande de métis à cheval qui suivirent les bords de la rivière.

Le long de la route, il ne se gênait pas de dire, devant Pambrun, que l'affaire de l'année précédente n'était rien comparée à celle qui allait avoir lieu dans la colonie.

En passant à *Brandon House*, poste de la Compagnie de la baie d'Hudson, il envoya une bande de vingt-cinq hommes s'emparer de ce fort et de tout ce qu'il contenait, armes, viandes et pelleteries. Les propriétés des serviteurs qui étaient dans les environs furent ravagées et pillées.

Un nommé Lavigne, canadien qui se trouvait présent, fut pris et forcé de se joindre aux gens de McDonell, qui le mit sous les ordres de Cutbert Grant, ce à quoi il se soumit pour sauver sa vie.

Les bateaux arrivèrent au Portage de la Prairie le 15 juin. Les forces de McDonell se montaient à cent vingt-cinq hommes. Il fit débarquer tous les sacs de viandes qu'il entassa en forme de barricade et qu'il flanqua de deux pièces de canon. Ces canons avaient été volés à la colonie l'année précédente. Quand le travail de déchargement fut terminé, il divisa son monde en cinq petites brigades qu'il mit sous les ordres de Grant, Lacerte, Houle, Fraser et Lamarre. Toute cette troupe était montée et bien armée.

Le 18 juin, soixante-dix de ces cavaliers partirent du Portage de la Prairie pour se rendre à la Rivière Rouge ; le reste de la bande fut laissé pour garder la viande et les pelleteries. Ce jour-là, deux indiens de la tribu des Sauteux, qui connaissaient tout le complot tramé contre la colonie, vinrent en toute hâte avertir le gouverneur que les colons seraient attaqués le lendemain et que le fort serait pris par les métis et les serviteurs de la Compagnie ; que les gens seraient tous massacrés, s'ils opposaient la moindre résistance (1).

La Compagnie du Nord-Ouest, dans les écrits qu'elle a publiés pour sa propre défense, affirme que les soixante-dix cavaliers envoyés du Portage de la Prairie à la Rivière Rouge s'en allaient porter des vivres aux brigades d'hommes, serviteurs de leur Compagnie, qui venaient du fort William jusqu'au lac Winnipeg. Jusqu'à présent, un grand nombre de lecteurs se sont laissés prendre à cette hypocrite explication. Il est extrêmement important que les faits soient rétablis sous leur vrai jour et que les mensonges, inventés pour cacher un crime abominable, soient enfin connus de la postérité.

Les soixante-dix cavaliers envoyés du Portage

---

(1) Madame Lajimonière et ses enfants étaient au fort Douglas en ce moment, et c'est d'elle que nous tenons la relation de l'avertissement des deux indiens.

de la Prairie par Alex. McDonell, sous la conduite de Cutbert Grant, étaient tous des serviteurs de la Compagnie du Nord-Ouest ; il n'y avait parmi eux que cinq sauvages. Etant tous à cheval, il n'emportaient que tout juste assez de provisions pour eux-mêmes. Aucun convoi ne les suivait. Partis le 18 juin du Portage de la Prairie, qui est à soixante milles de la Rivière Rouge, les cavaliers étaient le lendemain, 19 juin, en vue du fort Douglas. Toute la viande descendue du nord avait été laissée sous bonne garde au Portage. Ces guerriers en passant vis-à-vis le fort Douglas faisaient mine de descendre vers le bas de la Rivière Rouge, mais voici quel était leur plan.

Des canots partis du fort William avec environ cent hommes, devaient se trouver au bas de la Rivière Rouge vers le 16 juin. Ces hommes, sous les ordres de Norman McLeod associé de la Compagnie du Nord-Ouest, étaient armés de pied en cap et traînaient avec eux deux petites pièces de campagne. Ils étaient envoyés par les ordres de M. William McGillivray, qui, dès le mois d'avril, était parti de Montréal pour devancer Lord Selkirk à la Rivière Rouge. Il avait pris à sa solde deux officiers licenciés du régiment de Meuron : MM. Brumby et Messani ; il avait aussi engagé un soldat suisse du nom de Reinhard. Sur les canots qu'il envoyait à la Rivière Rouge, il avait mis des caisses d'armes pour les métis et les sauvages. Tous ces soldats étaient envoyés pour rencontrer les bandes du nord soulevées par McDonell et pour écraser tous les colons, s'ils faisaient mine de se défendre. Les canots de McLeod furent retardés en route et n'arrivèrent au bas de la Rivière Rouge que le 20 au lieu du 16 juin.

Ces hommes étaient abondamment pourvus de provisions et n'attendaient pas les secours du Portage de la Prairie pour assurer leur alimentation.

La Compagnie du Nord-Ouest, dans sa brochure publiée pour expliquer ce qu'elle appelle la malheureuse rencontre du 19 juin, à l'endroit nommé La Grenouillère, affirme qu'elle n'avait nullement l'intention d'attaquer le fort Douglas et que ses hommes en partant du Portage de la Prairie avaient reçu l'ordre formel de passer au loin dans la prairie, afin d'éviter toute rencontre avec les officiers de la baie d'Hudson.

Ceci est très vrai, mais c'est à peu près l'unique vérité que nous avons pu découvrir dans cette brochure ; tout le reste n'est, d'un bout à l'autre, qu'un tissu de mensonges et de protestations hypocrites, pour surprendre la bonne foi des lecteurs étrangers à tous ces événements. La vérité entière, nous venons de la dire.

Les soixante-dix cavaliers, serviteurs de la Compagnie du Nord-Ouest, avaient en effet reçu l'ordre de passer à plusieurs milles du fort Douglas, non-seulement pour éviter toute rencontre avec les hommes de la Compagnie de la baie d'Hudson, mais pour ne pas être vus par eux, si c'était possible. Des lacs et des marécages les empêchèrent de passer aussi loin du fort qu'ils l'eussent voulu. Alex. McDonell, qui avait tramé tout le complot durant l'hiver, envoyait, comme nous l'avons dit, ses cavaliers se joindre aux hommes de Norman McLeod, qui montait du fort William avec toute une organisation militaire. Les mesures étaient prises depuis longtemps pour que toutes les brigades d'hommes de la Compagnie du Nord-Ouest, venant du nord, de l'ouest et de l'est, se trouvassent en même temps à l'embouchure de la Rivière Rouge vers le 20 juin. De là, une troupe composée de quelques centaines d'hommes parfaitement équipés devait tomber sur l'établissement et faire prisonniers tous les colons, ou bien les massacrer, s'ils faisaient mine de résister. Une fois les colons prisonniers, le fort Douglas, qui n'était défendu que par une trentaine d'hommes n'ayant plus de provisions que pour trois ou quatre jours, devenait facile à prendre. Comme tactique de guerre, c'était un plan bien imaginé; mais, dans la circonstance actuelle, ce n'était qu'une mesure de brigandage et un crime horrible.

Quatre rapports de cette lugubre scène du 19 juin, 1816, ont été donnés sous serment par de braves et honnêtes citoyens présents à la bataille, et tous les quatre racontent les faits de la même manière. Voici d'abord celui de Michel Heden, qui était dans le fort Douglas et qui accompagna le gouverneur Semple, quand celui-ci s'avança à la rencontre des soixante-dix cavaliers de la Compagnie du Nord-Ouest, passant en vue du fort.

Déposition de Michel Heden,

Faite à Montréal, le 16 septembre 1816, devant le juge de paix Thomas McCord.

" Le 19 juin 1816, vers cinq heures de l'après-
" midi, un homme qui était à la maison du
" guet, avertit le gouverneur Semple qu'un
" parti d'hommes à cheval approchait de l'éta-
" blissement. Le gouverneur alla à la maison
" du guet afin d'observer avec une lunette
" d'approche. Deux personnes, M. Rogers,
" arrivé depuis peu d'Angleterre, et M. Bourke,
" garde-magasin au service de la colonie, l'ac-
" compagnèrent et observèrent aussi le parti
" qui passait. Tout le monde vit alors
" qu'une bande de cavaliers armés se dirigeait
" vers l'établissement, d'une manière hostile.
" En conséquence, le gouverneur Semple

" demanda qu'une vingtaine d'hommes allas-
" sent avec lui vers ces cavaliers pour leur
" demander quel était leur but. La troupe
" entra dans l'établissement un peu au-dessous
" du fort. (1)

" Lorsqu'ils virent que le gouverneur Semple
" approchait d'eux, ils galopèrent immédiatement
" de son côté et l'entourèrent ainsi que ses gens ;
" puis ils firent avancer un des leurs pour parler
" au gouverneur. Ce fut un nommé Boucher,
" fils d'un cantinier de Montréal, qui fut choisi
" comme parlementaire.

" Lorsqu'il fut arrivé près du gouverneur, il
" lui demanda d'un ton insolent ce qu'il voulait,
" lui et ses gens. Le gouverneur lui demanda à
" son tour ce qu'il voulait, lui et son parti. Nous
" voulons notre fort, répondit Boucher ; pour-
" quoi l'avez vous détruit, S . . . . . . coquin que
" vous êtes ? Le gouverneur saisit alors la bride
" du cheval de Boucher en lui disant : " Misé-
" rable, est-ce ainsi que vous me parlez ? Aussitôt
" que ces paroles eurent été prononcées, Boucher
" sauta à bas de son cheval et tout de suite un
" des cavaliers tira un coup de fusil et tua
" M. Nolt, commis au service de la Compagnie
" de la baie d'Hudson qui avait accompagné le

(1) C'est-à-dire environ un mille plus bas que la grande station du Pacifique à Winnipeg.

" gouverneur. Boucher courut alors vers les
" siens et aussitôt, du même endroit, il fut tiré
" un second coup de fusil qui blessa le gouver-
" neur Semple. En recevant sa blessure le
" gouverneur cria à ses gens : *faites ce que vous*
" *pourrez pour vous sauver ;* mais les personnes
" qui l'accompagnaient au lieu de chercher leur
" propre sûreté se pressèrent autour du gouver-
" neur pour savoir quel mal il avait reçu, et,
" tandis qu'ils étaient ainsi rassemblés en un
" petit corps au centre, le parti de cavaliers
" qui avaient formé un cercle autour d'eux
" firent sur eux une décharge générale, qui en
" tua sur le champ la plus grande partie. Les
" personnes qui restèrent debout ôtèrent leurs
" chapeaux et demandèrent quartier, mais ce
" fut en vain ; les cavaliers coururent à eux
" au galop et les tuèrent presque tous avec
" des casse-têtes ou à coup de fusils. Le dépo-
" sant (Heden) se sauva au milieu de la confu-
" sion jusqu'au bord de la rivière qu'il traversa
" dans un canot, avec un nommé Daniel McKay,
" et tous deux purent se rendre au fort à l'en-
" trée de la nuit."

M. Pitchard, dans son rapport dit :

" En peu de minutes, tout notre monde fut
" tué ou blessé. Le capitaine Rogers qui était
" tombé, se releva et vint à moi ; voyant tout

" notre monde ainsi tué ou blessé, je lui criai :
" Pour l'amour de Dieu, rendez-vous. Il courut
" vers l'ennemi dans cette intention et je le suivis.
" Il éleva les mains et demanda grâce. Alors
" un métis, fils du colonel William McKay, lui
" perça la tête d'un coup de fusil ; un autre lui
" ouvrit le ventre avec son couteau en pronon-
" çant d'horribles imprécations. Par bonheur
" pour moi, un nommé Lavigne joignit ses efforts
" aux miens et parvint quoique difficilement à
" me sauver du sort de mon ami.

" Les blessés furent achevés à coup de fusil,
" de couteau ou de casse-tête et les barbares
" exercèrent sur leurs corps les cruautés les
" plus horribles. M. Semple, cet homme si
" aimable et si doux, couché sur le côté (il
" avait la cuisse cassée) et la tête appuyée sur
" une de ses mains, s'adressa au commandant
" en chef des ennemis, et lui demanda s'il n'était
" pas M. Grant. Celui-ci ayant répondu : oui,
" le gouverneur ajouta : Je ne suis pas blessé
" mortellement ; si vous pouvez me faire trans-
" porter au fort, je crois que j'en réchappe-
" rais. Grant promit de le faire et le confia
" immédiatement aux soins d'un canadien qui
" rapporta ensuite qu'un sauvage de leur parti
" lui avait tiré un coup de fusil en pleine poi-
" trine. Je suppliai Grant de me procurer la
" montre du gouverneur, ou du moins ses

" cachets, pour les faire parvenir à ses amis, mais " inutilement.

" Nous étions vingt-huit, et sur ce nombre " vingt-un furent tués et un blessé."

" Les chefs du parti ennemi étaient Grant, " Fraser, Ant. Houle et Bourassa (tous métis)."

Sur les soixante-dix cavaliers il n'y avait que six sauvages. Voici leurs noms : Kattigons, Shanicastan, Okematan, Nidigonsojibwan, Pimicantous, Wegitané. Tous les autres étaient des serviteurs de la Compagnie du Nord-Ouest et des métis anglais et canadiens engagés pour la circonstance.

Pendant que ce massacre avait lieu, il y avait auprès du fort Douglas un camp de sauvages de la tribu des Cris qui ne prit aucune part à cette affaire ; au contraire, ils se montrèrent profondément affligés de ce malheur. Ce furent ces sauvages qui, le lendemain, recueillirent les corps sur la prairie et leur donnèrent la sépulture. Le chef de ce camp se nommait *Pigouis*. (1)

Sur le soir, les prisonniers faits dans la colonie furent conduits au camp de Grant à l'endroit appelé La Grenouillère.

(1) Tous ces corps furent enterrés dans le fond d'une coulée desséchée, à l'endroit où se trouve aujourd'hui l'hôtel-de-ville, à Winnipeg. La personne qui nous a donné ce renseignement assistait, jeune enfant, à l'enterrement de ces corps. C'est là que reposent les restes du gouverneur Semple. —(*Récit de Reine Lajimonière, témoin oculaire.*)

" Lorsque je fus arrivé à la Grenouillère,
" continue M. Pritchard dans sa relation, M.
" Grant me dit que le fort serait attaqué durant
" la nuit et que, si nos gens tiraient un seul coup,
" ils seraient tous massacrés. Vous voyez, me
" dit-il, que nous n'avons pas fait de *quartier* ;
" eh bien, maintenant si l'on fait la moindre résis-
" tance, on n'épargnera personne, ni homme, ni
" femme, ni enfant. Fraser ajouta : *Robertson a*
" *dit que nous étions des noirs*, il verra que la
" couleur de nos cœurs ne dément pas la couleur
" de nos corps. Persuadé que la perte de ces
" malheureux était inévitable, je demandai à
" Grant s'il n'y avait aucun moyen de sauver ces
" pauvres femmes et enfants ; je le suppliai d'en
" avoir pitié, au nom de son père qui était leur
" compatriote. Il me répondit alors que si nous
" voulions lui livrer tous les effets des magasins
" du fort, il nous laisserait aller en paix et nous
" donnerait une escorte pour nous conduire au-
" delà des lignes de la Compagnie du Nord-
" Ouest, dans le lac Winnipeg, ajoutant que
" cette escorte serait pour nous protéger contre
" deux autres corps de métis que l'on atten-
" dait d'un moment à l'autre et qui étaient com-
" mandés, l'un par M. William Shaw, et l'autre
" par M. Simon McGillivray, fils de l'hono-
" rable William McGillivray. Je voulais porter
" cette proposition à M. Macdonell qui com-

" mandait à la colonie, mais les hommes de Grant
" ne voulaient pas me laisser partir. Je leur
" parlai quelque temps et m'adressant enfin à
" Grant je lui dis : M. Grant, vous me connaissez
" et je suis certain que vous répondrez de mon
" retour corps pour corps. Il consentit à me
" laisser partir.

" Arrivé au fort, j'y fus témoin d'une scène de
" désolation impossible à décrire. Les femmes,
" les enfants et tous les parents de ceux qui
" avaient été tués, plongés dans le désespoir le
" plus profond, pleuraient ceux qui étaient morts,
" tandis que le sort des survivants les remplissait
" d'épouvante.

" Je dois dire que lorsque je laissai La Gre-
" nouillère, la nuit était déjà avancée et que
" M. Grant m'accompagna jusqu'au lieu où j'avais
" vu tomber mes meilleurs amis sous les coups
" de ces barbares. Le lendemain, le jour ne me
" découvrit que trop ce que m'avaient·caché les
" ombres de la nuit : je veux dire le spectacle
" de ces cadavres défigurés et morcelés. D'après
" ce que je vis, je crois qu'il n'y eut guère plus
" du quart de nos gens qui furent blessés à mort
" et que les autres furent inhumainement mas-
" sacrés.

" Après trois allées et venues du camp des
" métis au fort, nous en vînmes à une convention.
" Tous les effets furent inventoriés et livrés à la

" Compagnie du Nord-Ouest. Deux jours après,
" les colons étaient jetés pêle-mêle sur des bâ-
" teaux et envoyés sans escorte vers le lac Win-
" nipeg." (1)

Les commis de la Compagnie du Nord-Ouest prirent possession du fort Douglas et l'établissement écossais fut rasé une seconde fois.

(1) Lorsqu'Alex. McDonell revint au l'ortage de la Prairie annoncer aux siens le triste événement de la Grenouillère, il le fit en ces termes : "Bonne nouvelle ! ! S... nom de Dieu, vingt-deux anglais de tués." De telles paroles sont loin de vouloir dire qu'il déplorait cette rencontre. (*Témoignage de Chrysologue Pambrun.*)

CHAPITRE XV.

SOMMAIRE.

Nouvelles persécuticns subies par les colons avant leur départ pour la baie d'Hudson.—Assassinat de M. Keveny, officier de la Compagnie de la baie d'Hudson.—Les prisonniers à Montréal sont admis à caution.—William McGillivray envoie M. de Rocheblave au fort William pour arrêter Lord Selkirk. Il échoue dans cette tentative.—Lord Selkirk envoie ses soldats à la Rivière Rouge. Reprise du fort Douglas.

La barbare expulsion des colons écossais, chassés de leurs demeures, jetés sans vêtements et presque sans provisions sur de misérables embarcations, où ils sont exposés à périr, ressemble à l'expulsion des Acadiens au siècle dernier. Dans un sens, on peut dire que cet acte brutal offre quelque chose de plus odieux encore et de plus inexplicable. Les Acadiens étaient des français catholiques et leurs persécuteurs des anglais protestants ; il y avait donc antipathie de race et de religion entre ces deux peuples, et cela suffit pour expliquer la conduite de l'un contre l'autre. A la Rivière Rouge, il n'y a rien de cela : ce sont des écossais qui persécutent des écossais appartenant tous ou presque tous à la même religion. Le seul crime reproché aux victimes est d'avoir voulu introduire la civilisation à la Rivière Rouge. La Compagnie du Nord-Ouest n'eut-elle eu que ce crime à son dossier, serait couverte de honte aux yeux de toute la postérité ; mais elle en a bien d'autres.

Les colons ainsi chassés étaient au nombre de deux cents. De l'extrémité nord au lac Winnipeg, où les embarcations les conduisaient, ils devaient se rendre à pied à la baie d'Hudson et de là en Angleterre, sur les vaisseaux de la Compagnie.

Ces pauvres gens, déjà si dignes de compassion, après tout ce qu'ils avaient souffert, espéraient qu'au moins, après avoir franchi les limites de la colonie, ils seraient à l'abri de nouvelles vexations et que leurs ennemis les laisseraient s'en aller tranquilles ; mais la haine des associés de la Compagnie n'était pas encore satisfaite. Ces hommes sans entrailles étaient inaccessibles à tout sentiment de pitié.

Au bas de la Rivière Rouge, avant d'entrer dans le lac Winnipeg, les malheureux exilés rencontrèrent la brigade d'hommes de Norman McLeod, qui arrivait du fort William. Dès que celui-ci aperçut les bateaux portant les émigrants, il poussa un cri de guerre à la façon des sauvages et demanda immédiatement si le gouverneur Semple était avec eux ? Il ne savait pas encore qu'il avait été tué, mais comme il s'attendait à ce que tous les colons seraient chassés du pays, il pensait tout naturellement que le gouverneur s'en allait avec eux.

Il ordonna à ceux qui conduisaient les bateaux de les arrêter à la côte et d'en faire descendre tout le monde, hommes, femmes et enfants. Il se fit ensuite donner les clefs de toutes les malles pour les ouvrir et en visiter le contenu. Il ôta aux colons tous leurs papiers, livres, comptes, lettres, etc.; il s'empara même de quelques effets qui avaient appartenu au gouverneur Semple. Il fit arrêter, comme prisonniers, MM. Pritchard, Heden et Burke pour les envoyer à Montréal. Les colons furent retenus en cet endroit pendant trois jours, et durant tout ce temps, les femmes et les enfants étaient sur la grève consumant le peu de nourriture qu'on leur avait donnée pour les empêcher de mourir de faim le long du voyage. Enfin, après mille vexations, on leur permit de se rembarquer et de continuer leur route.

Après l'exposé des odieux procédés de McLeod, agissant de concert avec ses associés du Nord-Ouest, qui l'avaient tenu au courant du complot tramé durant l'hiver, on se demande comment la Compagnie ose affirmer qu'elle n'avait aucune mauvaise intention en envoyant des cavaliers au bas de la Rivière Rouge le 19 juin.

Les détails que nous avons donnés jusqu'ici

ne laissent aucun doute sur les mauvaises intentions de ceux qui furent les auteurs du massacre de la Grenouillère. Ce que nous avons encore à rapporter le prouvera davantage.

Norman McLeod distribua des récompenses à tous ceux qui avaient aidé à détruire la colonie.

Augustin Lavigne, dans son témoignage, donné le 17 août 1816, au fort William, devant Lord Selkirk, rapporte les paroles de McLeod aux métis avant de leur donner des récompenses.

" Mes parents, mes pareils, qui nous ont sou-
" lagés dans nos besoins, j'ai apporté de quoi
" vous habiller. Je croyais trouver seulement une
" quarantaine d'entre vous avec M. McDonell ;
" mais vous êtes plus nombreux. J'ai quarante
" habillements ; ceux qui en ont un plus grand
" besoin prendront ceux-là ; les autres seront
" habillés pareillement cet automne à l'arrivée
" des canots."

McLeod se rendit au fort Douglas et revint immédiatement vers ses gens au bas de la Rivière Rouge, pour retourner au fort William avec ses prisonniers.

Afin d'empêcher que la vérité fût connue à Montréal sur ces scènes désastreuses, la Compagnie du Nord-Ouest avait coupé toutes les communications et aucun message ne pouvait être envoyé de la Rivière Rouge en Canada. Les associés, se croyant maîtres absolus du terrain, étaient déterminés à tout pour garder leur position. La nouvelle que Lord Selkirk avait quitté Montréal avec des soldats les inquiétait bien un peu, mais ils espéraient se délivrer de lui comme des colons, ou par la force ou par l'assassinat.

Un soir, dans un campement auprès du lac la Pluie, voici ce que Burke, prisonnier, put saisir d'une conversation entre McGillis et Alexandre McDonell, qui avait tramé tout le complot au lac Qu'Appelle.

On avait appris par des éclaireurs que Lord Selkirk viendrait par le lac Rouge : " Les *Métis*, dit McDonell, prendront le Milord pendant qu'il sera endormi, le matin de bonne heure. Ils pourront se servir de Bostonais pour lui tirer un coup de fusil."

Burke put saisir encore ces paroles : " *Nous avons poussé les choses un peu loin; mais nous dirons que les gens du gouverneur sont venus pour attaquer les métis et qu'ils ont subi leur sort.*"

" Quel était votre plan, dit McDonell à McGillis, pour la destruction de l'établissement ? —C'était, répondit celui-ci, d'attaquer d'abord le fort.—Si vous l'eussiez fait, dit McDonell, vous eussiez perdu la moitié de vos gens ; le plus sûr était d'affamer le fort, qui n'avait de provisions que pour un jour ou deux."

Burke communiqua à deux autres prisonniers ce qu'il avait entendu.

McLeod, avec ses prisonniers, arriva au fort William dans le cours de juillet ; il n'y resta que peu de jours et revint au-devant des associés d'Athabaska leur annoncer que Lord Selkirk s'avançait vers le fort William avec un grand nombre d'hommes et qu'il fallait redoubler de vigilance, pour empêcher qui que ce fût de pénétrer à l'intérieur du pays ou de porter des nouvelles au Milord.

Vers le 10 du mois d'août, McLeod rencontra les canots d'Athabaska, sur l'un desquels était M. Arché McLellen, associé de la Compagnie du Nord-Ouest. On lui raconta qu'un officier supérieur de la Compagnie de la baie d'Hudson, nommé Keveny, venait d'arriver sur un bateau au lac du Bonnet, sur la rivière Winnipeg, et que ses serviteurs se plaignaient d'avoir reçu de lui de mauvais traitements. Aussitôt McLeod lança contre Keveny un mandat d'arrêt et McLellen chargea six métis d'aller exécuter cet ordre. Keveny fut arrêté dans sa tente, mis aux fers et conduit au camp de McLeod. Là, on le dépouilla de ses papiers, qu'on trouva compromettants pour la Compagnie du Nord-Ouest, et McLellen dit à Reinhard, commis de la Compagnie, d'aller le mettre à mort dans un endroit écarté. Voici comment Reinhard rend compte lui-même devant les tribunaux de l'ordre qui lui fut donné.

" Faites croire au prisonnier, dit McLellen,
" qu'il doit descendre au lac la Pluie. Nous ne
" pouvons pas le tuer parmi les sauvages. Nous
" irons plus loin, et quand vous trouverez un
" endroit favorable, vous saurez ce que vous avez
" à faire.

" Nous descendîmes la rivière, continue Rein-
" hard, pendant un quart de lieue, jusqu'à un
" endroit où elle faisait un coude. Keveny
" ayant demandé de mettre pied à terre, je dis
" à Mainville, qui était avec moi : Nous sommes
" assez loin. Tu peux tirer quand il viendra
" pour rembarquer.

" Quand il revint, Mainville lui déchargea un
" coup de fusil, dont le contenu lui traversa le
" cou, et comme je remarquai que le coup n'était
" pas mortel et que Keveny voulait encore
" parler, je lui passai mon sabre par derrière le
" dos, contre le cœur, à deux reprises, afin de
" terminer ses souffrances. Ensuite, m'étant
" rendu au camp de McLellen, celui-ci envoya
" au-devant de moi Cadot pour me demander si
" Keveny était tué. Lui ayant répondu qu'il
" l'était, il me dit : " M. McLellen vous avertit
" de ne pas dire qu'il a été tué." Alors j'ai
" répondu : " Je ne cacherai pas la chose, puis-

"que c'est M. McLellen lui-même qui m'a "ordonné de le tuer."

Cette déclaration, faite devant un tribunal, a été corroborée par le témoignage de deux canadiens voyageurs au Nord-Ouest, M. J.-Bte Lapointe et Hubert Faye, ayant tous deux eu connaissance de ce meurtre et ayant cherché à l'empêcher. Le corps de Keveny fut laissé dans une île et ne reçut pas même de sépulture.

Ce nouveau crime ne doit pas étonner le lecteur. Quand une société en arrive à former le dessein de faire massacrer des centaines de personnes pour garder un pays à l'état sauvage, parce qu'elle y trouve un avantage pour son commerce, le meurtre d'un simple individu n'est plus qu'une affaire de détail.

Quand les auteurs de ce crime reçurent en route la nouvelle de la prise du fort William et l'arrestation des principaux agents de la Compagnie, ils retournèrent sur leurs pas pour aller fortifier les postes du nord et attendre des ordres du Canada. Le soldat Reinhard, qui avait tué Keveny, se rendit au fort St-Pierre, sur le lac de la Pluie.

Revenons aux Bourgeois du Nord-Ouest, faits prisonniers par Lord Selkirk. Aussitôt que ceux-ci furent arrivés à Montréal, ils demandèrent à être admis à caution en attendant leur procès. Ce privilège leur fut accordé, mais les crimes dont ils étaient accusés parurent à Lord Drummond d'une nature si grave qu'il ne voulut pas prendre la responsabilité de les juger sans consulter M. Gore, officier civil pour le Haut-Canada. Les communications, à cette époque, n'étaient pas aussi rapides qu'aujourd'hui ; la correspondance entre le gouverneur et M. Gore traîna un peu trop en longueur au gré des associés de la Compagnie du Nord-Ouest. M. McGillivray, voyant que la saison avançait et que tous les rapports entre les associés du Nord et ceux de Montréal étaient interrompus, prit sur lui d'envoyer des constables au fort William pour arrêter Lord Selkirk et l'amener prisonnier à Montréal. Un tel procédé a lieu d'étonner, car il est rare de voir un prisonnier, sur lequel pèsent de graves accusations, tenter des démarches pour faire arrêter son accusateur.

Il chargea d'abord M. de Rocheblave de se rendre au Sault Ste-Marie, pour y attendre un shérif qui ne tarderait pas à l'y rejoindre, muni de mandats d'arrêt contre le milord et ses officiers. Le magistrat à qui McGillivray confia les mandats fut un M. Smith, shérif pour le Haut-Canada.

M. de Rocheblave arriva au Sault Ste-Marie le 19 octobre ; il attendit là pendant quelques jours l'arrivée du shérif porteur des mandats ; mais voyant que celui-ci tardait trop et que la saison était déjà très avancée, il s'adressa à un magistrat de St-Joseph pour lui faire signer d'autres mandats et partit immédiatement accompagné de douze constables pour le fort William, où il parvint le sept novembre. M. de Rocheblave avait compté sans les moyens dont disposait Lord Selkirk, et surtout sans la détermination énergique qu'il avait prise de poursuivre jusqu'au bout ses revendications contre la Compagnie du Nord-Ouest.

En entendant les sommations de M. de Rocheblave, Lord Selkirk réfléchit un moment ; puis, considérant la route qu'il avait déjà parcourue pour obtenir justice, il refusa net de se soumettre aux mandats des constables. De suite, il rassembla ses soldats et ordonna à M. de Rocheblave d'avoir à sortir du fort, s'il ne voulait pas être fait prisonnier lui-même.

Voyant qu'il lui était inutile d'insister et que le but de son voyage était complètement manqué, M. de Rocheblave retourna au Sault Ste-Marie, où il rencontra M. Smith qui arrivait avec ses mandats. Ils se rembarquèrent sur un grand bateau, avec un renfort d'hommes et reprirent le chemin du fort William. Mais les éléments se tournèrent contre eux. Le vent s'éleva avec force et leur embarcation ballottée par les vagues fut brisée contre la côte. Ils se sauvèrent avec peine et retournèrent à Montréal, où ils n'arrivèrent qu'à la fin de décembre, ayant parcouru cette distance la plupart du temps à pied.

De son côté, Lord Selkirk n'était pas resté inactif au fort William. Après le départ de M. de Rocheblave, il avait envoyé le capitaine d'Orsennens au fort Saint-Pierre pour s'en emparer. Comme il y avait, dans ce fort, des munitions et des provisions, les associés du Nord-Ouest refusèrent d'ouvrir les portes et firent mine de vouloir soutenir un siège ; mais les communications étant interrompues pour eux et ignorant comment allaient tourner les événements, ils se décidèrent enfin, après quelques jours, à livrer le fort à la condition que les assiégés eussent la liberté de s'en aller. Cependant le soldat Reinhard, qui avait tué M. Keveny et qui s'était réfugié dans ce fort, fut fait prisonnier et envoyé au fort William.

Par représailles pour les dommages que la Compagnie avait causés à la colonie, Lord Selkirk s'empara d'un autre fort bâti à l'extrémité du lac Supérieur, à l'endroit appelé *Fond du Lac*. De cet endroit, les soldats du milord se rendirent à la Rivière Rouge pour reprendre le fort Douglas, resté aux mains des associés du Nord-Ouest. Guidés par des indiens, ils passèrent par le lac Rouge et arrivèrent au mois de février sur la Rivière Rouge, un peu au-dessus de Pembina. De là, ils longèrent la Rivière Rouge jusqu'à une dizaine de milles en haut du fort Douglas, et, prenant ensuite une direction à l'ouest, allèrent camper sur les bords de l'Assiniboine à quatre milles de son embouchure. Comme cette rivière était bordée de bois épais, les soldats purent facilement dérober leur approche aux gens qui étaient dans le fort. Ils profitèrent d'une violente tempête de neige pour donner l'assaut pendant la nuit. Munis de bonnes échelles de cordes, ils escaladèrent facilement les hautes palissades qui protégeaient le fort, et, sans tirer un seul coup de fusil, ils furent, en moins d'une demi-heure, maîtres de la position. Personne, dans le fort, ne chercha à opposer la moindre résistance. La vue de militaires bien armés fit comprendre aux employés de la Compagnie du Nord-Ouest que les rôles allaient changer et que désormais les colons de la Rivière Rouge pourraient compter sur une protection efficace.

Le lendemain, les soldats prirent leurs quartiers dans le fort Douglas pour y attendre l'arrivée de Lord Selkirk.

CHAPITRE XVI

SOMMAIRE.

Les colons rappelés sur leurs fermes.—Lord Selkirk passe l'été au Fort Douglas.—Distribution gratuite de terres.—Requête formulée, au nom des catholiques, par Lord Selkirk pour demander des missionnaires.—Lettre de Lord Selkirk à l'évêque de Québec.—Intrigues de la Compagnie du Nord-Ouest pour empêcher les missionnaires d'aller à la Rivière Rouge.—Dons généreux de Lord Selkirk à la mission catholique.—Instructions données par l'évêque de Québec à ses missionnaires sur la conduite qu'ils doivent tenir dans les missions.

Les colons chassés vers la baie d'Hudson s'étaient arrêtés, comme la première fois, à l'extrémité nord du lac Winnipeg, conservant toujours l'espoir de revenir sur leurs fermes, d'où ils ne s'étaient éloignés qu'à regret.

Après la reprise du fort Douglas, un courrier leur avait été envoyé pour les avertir de revenir dans la colonie, où Lord Selkirk les dédommagerait en partie de leurs pertes ; ils reprirent donc tous la route de la Rivière Rouge et, dans le cours du mois de juin 1817, la colonie renaissait de ses cendres et reprenait un air de vie.

Lord Selkirk établit son camp auprès du fort

et commença une enquête sur les malheureux événements de l'année précédente.

Les métis, soustraits désormais à la maligne influence des Bourgeois du Nord-Ouest, devinrent les meilleurs amis des colons et l'entente la plus cordiale continua toujours, dans la suite, à régner entre eux. Lord Selkirk concéda à ses colons, des terres libres de toute redevance. Aux soldats qu'il avait amenés avec lui, il distribua des fermes sur les bords d'une rivière qu'il nomma *rivière des Allemands* (1) parce que la plus grande partie de ces soldats étaient allemands.

Dans les rapports qu'il eut avec les gens du pays, canadiens, métis et sauvages réunis autour du fort Douglas, Lord Selkirk comprit que, pour assurer l'avenir de sa colonie, il fallait le souffle vivifiant de la religion et que la prudence humaine seule ne suffisait pas pour affermir une telle œuvre. D'ailleurs un grand nombre de voyageurs canadiens, sortis du service de la Compagnie, désiraient avoir des prêtres à la Rivière Rouge, et n'attendaient que le moment de leur arrivée pour se fixer définitivement dans ce pays.

Lord Selkirk profita des bonnes dispositions de tous ces gens pour leur faire adresser à l'évêque de Québec une requête en due forme, exprimant l'ardent désir de tous les catholiques

---

(1) Cette rivière porte maintenant le nom de *rivière la Seine*.

de la Rivière Rouge d'avoir des prêtres résidents parmi eux. De son côté, Lord Selkirk leur promit d'user de toute son influence pour faire agréer leur demande.

Voici cette requête avec les noms des signataires :

A Sa Grandeur, Mgr Plessis,
Evêque de Québec.

" Les soussignés, habitants de la Rivière Rouge, exposent très humblement qu'il y a une population, chrétienne établie dans ce pays et qui, se propose d'y faire leur demeure ; que cette population, composée en partie de canadiens qui, ayant été autrefois engagés au service des traiteurs et ayant achevé le terme de leur engagement, sont connus sous le nom de canadiens libres et en partie de nouveaux colons qui sont natifs des différents pays d'Europe.

" Que les canadiens, depuis leur résidence ici, ont toujours été sans aucune instruction religieuse, sans aucun pasteur pour les diriger vers le bien par ses conseils ou leur administrer les secours salutaires de l'Eglise.

" Que les enfants des chrétiens qui sont natifs de ce pays et qui sont vulgairement connus sous le nom de *Métis* ou *Bois-Brûlé*, ne montent qu'à trois ou quatre cents hommes, dans une étendue de plusieurs cents lieues.

" Que ces métis sont presque tous bien disposés et d'un caractère doux et paisible, et n'auraient pas eu part dans les malheureux événements qui ont eu lieu, s'ils n'y avaient été poussés par leurs supérieurs, mais qu'ayant été informés, par des personnes mal disposées, qu'ils étaient les maîtres du sol, que c'était leur devoir de chasser les gens qu'on nomme ordinairement les *anglais*, et ayant reçu des promesses d'être soutenus et récompensés, ils ont cru qu'en les chassant du pays, ils feraient un acte glorieux et méritoire.

" Que pour prouver qu'il n'existe parmi les Métis aucune inimitié contre les blancs, il suffirait de considérer qu'ils ont été presque tous engagés au service des blancs et que ceux qui sont ordinairement désignés sous le nom d'*anglais*, sont les seuls qui ont essuyé des mauvais traitements de leurs mains.

" Que presque toute la population chrétienne, tant canadiens libres que nouveaux colons, sont de la religion catholique romaine.

" Que tout est à présent tranquille ici et que les soussignés croient fermement qu'avec le ministère d'un prêtre catholique, rien ne leur manquerait pour rendre cette tranquillité durable et conserver à l'avenir le bonheur du pays.

" A ces causes, les soussignés vous supplient, au nom de leurs espérances d'une vie à venir, de vouloir leur accorder le secours d'un prêtre de leur sainte religion, secours que leur conduite aura mérité, si elle est irréprochable, et qui ne leur sera que plus nécessaire, si elle est regardée comme fautive."

(Signé) :

J.-Bte Marsolais.	Michel Monnet dit Belle-
Louis Nolin.	[humeur.
Augustin Cadotte.	Louis L'Epicier dit Savoie.
François Eno dit Delorme.	Charles Boucher.
Jacques Hamelin.	Justin Latimer.
Angus McDonell.	Pierre Brussel.
Charles Bousquet.	Jean Rocher.
Jacques Hamelin, fils.	Jacques Bain.
J.-Bte Hamelin.	Pierre Souci.
Louis Nolin.	Louis Blondeau.
Augustin Poirier dit Des-	Joseph Ducharmes.
[loges.	Joseph Bellegarde.
Joseph Fraser.	

Avant son départ de Montréal, Lord Selkirk avait, lui-même, au mois d'avril 1816, adressé la lettre suivante à l'évêque de Québec.

A Sa Grandeur Mgr Plessis,
Evêque de Québec,

Monseigneur,

" J'ai été informé par M. Miles Macdonell, ancien gouverneur de la Rivière Rouge, que dans une conversation qu'il a eue avec Votre Grandeur, l'automne dernier, il vous a suggéré d'envoyer un missionnaire dans cette contrée, pour y donner, les secours de la religion au grand nombre de canadiens qui y sont établis et qui vivent, à la manière des sauvages, avec les femmes indiennes qu'ils ont épousées. Je suis convaincu qu'un ecclésiastique zélé et intelligent ferait un bien incalculable parmi ces gens chez qui le sentiment religieux n'est pas perdu. Ce serait avec la plus grande satisfaction que je coopérerais de tout mon pouvoir au succès d'une telle œuvre, et si Votre Grandeur veut choisir un sujet convenable pour l'entreprendre, je n'hésite pas à lui assurer ma considération et à lui offrir tous les secours que Votre Grandeur jugera nécessaires.

" J'ai entendu dire que Votre Grandeur avait formé le projet d'envoyer cet été même deux ecclésiastiques au lac Supérieur et au lac la Pluie, pour y rencontrer les voyageurs qui sont au service de la Compagnie du Nord-Ouest lorsqu'ils reviennent de l'intérieur. Comme tous ces gens sont dans un grand besoin de secours spirituels, je suis heureux d'apprendre cette nouvelle ; néanmoins, si vous me permettez d'émettre une opinion, je pense qu'un missionnaire, résidant à la Rivière Rouge, réaliserait beaucoup mieux votre pieux dessein ; car de cet endroit, il pourrait visiter, durant l'hiver, les postes de traite sur le lac la Pluie et sur le lac Supérieur, à l'époque où les gens sont assemblés en plus grand nombre.

" Cependant si Votre Grandeur ne trouve pas pour le moment cet arrangement praticable, je crois qu'un ecclésiastique, qui serait prêt à partir de Montréal à l'ouverture de la navigation pour se rendre au lac la Pluie, pourrait encore faire beaucoup de bien. M. Macdonell doit se mettre en route avec un léger canot aussitôt après le départ des glaces, en sorte qu'il arrivera à la Rivière Rouge, vers la fin de mai ou le commencement de juin. Il serait très heureux d'avoir avec lui la compagnie d'un missionnaire qui pourrait séjourner quelques semaines avec les canadiens de la Rivière Rouge, avant le retour des voyageurs du Nord-Ouest au lac la Pluie et au lac Supérieur.

J'ai l'honneur d'être etc.,

(Signé) SELKIRK.

Lord Selkirk repartit de la Rivière Rouge au commencement de novembre 1819 et arriva à Montréal vers la fin de décembre.

Le 29 janvier 1818, M. Samuel Gale qui avait passé l'été au fort Douglas avec Lord Selkirk, adressait à Mgr Plessis une lettre dans laquelle il exposait à Sa Grandeur les besoins pressants de secours spirituels où se trouvaient tous les pauvres catholiques disséminés dans le vaste territoire du Nord-Ouest, et les désirs ardents qu'ils avaient tous de voir arriver parmi eux des prêtres pour les instruire, eux et leurs familles. Dans cette lettre il lui annonçait que l'honorable Chartier de Lotbinière était porteur d'une requête signée par les colons de la Rivière Rouge, et qu'il devait sous peu se rendre à Québec pour la présenter à Sa Grandeur.

Le 11 février 1818, Mgr Plessis recevait cette requête et répondait à M. Gale qu'il allait seconder de tous ses efforts le louable projet de Lord Selkirk. " Il se trouvera dans mon clergé, " disait-il, des prêtres qui se dévoueront à cette " bonne œuvre, sans autre motif que celui de " procurer la gloire de Dieu et le salut des âmes."

La Compagnie du Nord-Ouest qui avait voulu faire disparaître la colonie de Lord Selkirk afin de garder le pays de la Rivière Rouge dans la sauvagerie, voyait d'un très mauvais œil les négociations entamées entre celui-ci et l'évêque de Québec. Avec les missionnaires à la Rivière Rouge, c'était la civilisation chrétienne qui entrait, et tous les moyens criminels que les Bourgeois du Nord avaient employés jusqu'ici pour accaparer le commerce des fourrures, allaient devenir impossibles. Ils le sentaient fort bien, aussi ils ne manquèrent pas d'intriguer pour faire tomber le projet de Lord Selkirk. Ils disaient partout que c'était une témérité que de songer à envoyer des prêtres dans ces contrées sauvages ; que les dépenses pour les entretenir là-bas seraient énormes et que leurs succès seraient à peu près nuls. Ils réussirent à gagner même des prêtres à cette opinion. Un jour, un supérieur de communauté à Montréal disait devant M. Provencher partant pour cette mission : " A quoi bon envoyer si loin des missionnaires ? est-ce que tout le monde ne peut pas baptiser ? " " Sans doute, répondit M. Provencher, mais il y a dans l'église d'autres sacrements que tout le monde n'administre pas." (lettre de Mgr Provencher). Cependant les plus influents personnages en Canada étaient en faveur de cette mission. Outre Lord Selkirk et Lady Selkirk, les membres les plus influents de la Compagnie de la baie d'Hudson, (presque tous, protestants) demandaient des missionnaires catholiques, le Gouverneur-Général du Canada, lui-même, était à la tête d'une souscription pour aider à l'établissement de cette mission permanente à la Rivière Rouge.

Il semblait difficile de ne pas voir là le doigt de Dieu, montrant ses desseins de miséricorde sur le pauvre peuple, abandonné dans ces pays sauvages.

Quand on présenta aux messieurs de la Compagnie du Nord-Ouest la liste des souscriptions, en tête de laquelle était le nom du Gouverneur-Général, ils refusèrent poliment d'y mettre les leurs.

Dans le cours du mois de mars 1818, Mgr Plessis annonça à M. Provencher, curé de

Kamouraska, qu'il avait jeté les yeux sur lui pour aller fonder une mission à la Rivière Rouge. Malgré la grandeur du sacrifice que lui demandait son évêque, il accepta sans manifester la moindre hésitation. Le 16 avril, il faisait ses adieux à sa paroisse et se mettait en route pour Montréal où il devait s'embarquer pour la Rivière Rouge avec un confrère, M. Sévère Dumoulin.

Lord Selkirk, craignant que la Compagnie du Nord-Ouest ne voulut créer des embarras aux missionnaires, suggéra à Mgr Plessis de les faire accompagner par un officier du département des sauvages. " J'oserais, écrit-il à Mgr Plessis, re-
" commander à Votre Grandeur de demander à
" Son Excellence le Gouverneur-Général que
" M. le capitaine J.-Baptiste chevalier De Lori-
" mier soit nommé pour accompagner les mis-
" sionnaires jusqu'à la Rivière Rouge ; ce mon-
" sieur est d'une grande expérience dans les
" voyages et entend parfaitement la manière de
" s'y prendre avec les voyageurs. Il est respecté
" des sauvages aussi bien que les Canadiens du
" Nord, de manière qu'il pourrait déjouer les
" intrigues par lesquelles on pourrait tenter d'in-
" commoder le voyage des missionnaires."

Pour assurer le sort de la mission de la Rivière Rouge, Lord Selkirk donna par acte notarié, signé par sept syndics, un terrain de vingt-cinq acres en superficie pour la place de l'église et des maisons d'éducation et par un second contrat une étendue de terre de cinq milles de profondeur sur sept milles de largeur, en arrière du terrain de l'église. Voici les noms des syndics qui signèrent ces contrats.

Lord Selkirk.	J. O. Plessis,
J. N. Provencher, *Prêtre*.	*Evêque de Québec*.
Roux, *Prêtre*.	Sévère Dumoulin, *Prêtre*.
S. de Beaujeu.	W. Henry.

Ce fut un mardi 18 mai 1818, vers midi, que les deux missionnaires firent leurs adieux au Canada. Quelques jours auparavant, Mgr Plessis leur avait envoyé les instructions suivantes :

1. Les missionnaires doivent considérer comme le premier objet de leur mission de retirer de la barbarie et des désordres qui en sont la suite, les nations sauvages répandues dans cette vaste contrée.

2. Le second objet est de porter leurs soins vers les mauvais chrétiens qui y ont adopté les mœurs des sauvages et qui vivent dans la licence et dans l'oubli de leurs devoirs.

3. Persuadés que la prédication de l'Evangile est le moyen le plus assuré d'obtenir ces heureux effets, ils ne perdront aucune occasion d'en inculquer les principes et les maximes, soit dans leurs conversations particulières, soit dans leurs instructions publiques.

4. Afin de se rendre plus promptement utiles aux naturels du pays où ils sont envoyés, ils s'appliqueront, dès le moment de leur arrivée, à l'étude des langues sauvages et tâcheront de les réduire à des principes réguliers, de manière à pouvoir en publier une grammaire, après quelques années de résidence.

5. Ils prépareront au baptême, avec toute l'expédition possible, les femmes infidèles qui vivent en concubinage avec les chrétiens, afin de substituer des mariages légitimes à ces unions irrégulières.

6. Ils s'attacheront avec un soin particulier à l'éducation chrétienne des enfants, établiront à cet effet des écoles et des catéchismes dans toutes les bourgades qu'ils auront occasion de visiter.

7. Dans tous les endroits remarquables par leur position, soit par le passage des voyageurs, soit par le rassemblement des sauvages, ils auront soin de faire planter de hautes croix, comme pour prendre possession de ces lieux, au nom de la religion catholique.

8. Ils répèteront souvent aux peuples vers lesquels ils sont envoyés, combien cette religion prescrit sévèrement la paix, la douceur, l'obéissance aux lois tant de l'Etat que de l'Eglise.

9. Ils leur feront connaître les avantages qu'ils ont de vivre sous le gouvernement de Sa Majesté

Britannique, leur enseignant de parole et d'exemple le respect et la fidélité qu'ils doivent au Souverain, les accoutumant à adresser à Dieu de ferventes prières pour la prospérité de Sa Très Gracieuse Majesté, de son auguste famille et de son empire.

10. Ils maintiendront un parfait équilibre entre les prétentions réciproques des deux Compagnies du Nord-Ouest et de la baie d'Hudson, se souvenant qu'ils sont exclusivement envoyés pour le bien spirituel des peuples, de la civilisation desquels doit résulter l'avantage de l'une et de l'autre Compagnie.

11. Ils fixeront leur demeure près du fort Douglas sur la Rivière Rouge, y construiront une église, une maison, une école, tireront pour leur subsistance le meilleur parti possible des terres qui leur sont données. Quoique cette rivière, ainsi que le lac Winnipeg où elle se jette, se trouve dans le territoire réclamé par la Compagnie de la baie d'Hudson, ils n'en seront pas moins zélés pour le salut des commis, engagés et voyageurs qui sont au service de la Compagnie du Nord-Ouest, ayant soin de se porter partout où le salut des âmes les appellera.

12. Ils nous donneront des informations fréquentes et régulières de tout ce qui peut intéresser, retarder ou favoriser les progrès de la mission.

Si, nonobstant la conduite la plus impartiale, ils se trouvaient troublés dans l'exercice de leurs fonctions, ils n'abandonneront point leur mission avant d'avoir reçu mes ordres.

Signé : † J. O., *Evêque de Québec.*

Le voyage des missionnaires dura deux mois ; ils arrivèrent à la Rivière Rouge le 16 juillet 1818.

CHAPITRE XVII.

SOMMAIRE.

Procès intenté à la Compagnie du Nord-Ouest par Lord Selkirk.— Arrivée des missionnaires.—Fléau des sauterelles à la Rivière Rouge.—Mission de l'embina.—Intérêt porté aux missionnaires par Lord et Lady Selkirk.—Union des deux compagnies.— Travaux des missionnaires loués par Sir George Simpson.—Paix définitive établie dans tout le Nord-Ouest.

Après le départ des missionnaires, Lord Selkirk, rassuré sur le sort de sa colonie, s'occupa tout particulièrement de la Compagnie du Nord-Ouest, pour lui demander compte des dommages qu'elle lui avait causés. Il intenta à celle-ci un procès qui fit retentir les tribunaux du Haut et du Bas-Canada et qui entraîna d'énormes dépenses.

Une Compagnie puissante, comme l'était celle du Nord-Ouest, n'est jamais à bout de moyens pour se défendre. La cause fut portée en Angleterre où elle fit beaucoup de bruit jusqu'à la mort de Lord Selkirk qui arriva au mois d'avril 1820. Mais la Compagnie du Nord-Ouest eut beau se débattre, l'établissement des missions lui avait donné un coup mortel.

Sur un ordre du Ministre des colonies, les forts

avaient été restitués à leurs propriétaires dès le printemps de 1818.

Partout à la Rivière Rouge et dans le district d'Assiniboia, la paix fut définitivement rétablie.

En 1819, il y eut bien, dans les forts de l'extrême nord, quelques escarmouches entre les serviteurs des deux Compagnies, mais, en 1821, lassées de ces guerres fratricides qui causaient leur ruine, elles se réunirent en une seule société, désignée sous le nom de Compagnie de la baie d'Hudson.

A partir de ce moment, il ne fut plus question de la Compagnie du Nord-Ouest ; son nom disparut ; la gloire des Seigneurs du nord était passée ; et un autre règne, celui de la civilisation, commençait.

Cependant les colons eurent encore à lutter contre une foule d'épreuves d'un autre genre.

" Quand nous arrivâmes à la Rivière Rouge, dit Mgr Provencher, cette colonie, dévastée pendant les troubles des années précédentes, était l'emblème de la pauvreté, et en réalité elle réunissait toutes les privations de la vie.

" Traités avec beaucoup d'égards et de politesse, mangeant à la table du gouverneur de la colonie, les missionnaires ne furent pas exempts de prendre part aux privations du pays.

" On ne voyait sur cette table ni pain, ni légumes, mais uniquement de la viande de bison séchée au soleil ou au feu et un peu de poisson ; il n'y avait point de lait, point de beurre, souvent même ni thé, ni sucre."

En ce temps-là, la plupart des fermiers ne cultivaient encore qu'à la pioche et semaient plutôt pour avoir de la semence, l'année suivante, que dans l'espoir de manger les produits de leur travail.

Le peu de grain que les colons semèrent, en 1818, avait une très belle apparence et promettait une abondante récolte, quand, le 3 du mois d'août, il tomba, dans toute la colonie, une nuée de sauterelles qui dévorèrent tous les grains et détruisirent, en quelques semaines, tout ce qui pouvait servir à la nourriture.

Au bout de quelques semaines, ces insectes s'envolèrent pour aller mourir ailleurs, mais, avant leur départ, elles déposèrent leurs œufs dans la terre et, l'année suivante, ces œufs produisirent des myriades de sauterelles qui rongèrent la végétation jusqu'à la fin de juillet. Quand elles furent munies de leurs ailes, elles prirent leur vol dans les airs en telle quantité que les rayons du soleil le plus ardent en étaient obscurcis et ne faisaient pas cligner l'œil de celui qui regardait le départ de ces hôtes malfaisants. (*Notes de Mgr Provencher.*)

Il n'y eut aucune espèce de récolte cette année là. Au printemps de 1820, chacun s'empressa de semer une partie du grain qu'il avait en réserve, car on avait toujours soin d'en mettre un peu de côté. La saison fut favorable, tout poussait à merveille, l'espérance dans l'avenir faisait oublier les malheurs passés, lorsque le 26 juillet, il tomba de nouveau une pluie de sauterelles.

Cette fois le découragement s'empara des pauvres colons ; tout fut détruit aussi complètement que si le feu eut ravagé les campagnes. Mais ce qui contribua encore à les décourager davantage, ce furent les œufs de ces insectes déposés en terre en quantité prodigieuse. En 1821, toute la verdure fut rongée et la terre dans les champs et les prairies resta noire comme la poussière des chemins.

Les sauterelles s'introduisaient partout et mangeaient tout, linge, cuir, etc., etc., il ne fallait rien laisser à leur portée. (*Notes de Mgr Provencher*).

Elles ne quittèrent la colonie qu'au mois d'août, quand leurs ailes leur permirent de s'élever dans les airs. Cette fois, il ne restait plus de semence dans le pays.

Le Gouverneur de la colonie fut obligé d'envoyer chercher des grains de semence à la Prairie du Chien sur le Mississipi, à trois cents lieues de la Rivière Rouge. Ces grains furent apportés trop tard au printemps pour être semés, en sorte qu'il n'y eut aucune récolte en 1821.

En 1822, les champs furent ensemencés de

bonne heure au printemps. La saison fut très favorable à la végétation et les grains poussèrent avec une vigueur extraordinaire. Cette fois, les sauterelles ne parurent pas, mais comme s'il eut été réglé, qu'un fléau tomberait, chaque année, sur la colonie, il arriva tout à coup une multitude de souris que commirent de grands dégâts dans les champs ; elles coupaient la tige du grain par le pied et hachaient la paille par petits bouts. Néanmoins les colons purent recueillir assez de blé pour ne pas être obligés d'en aller chercher hors du pays.

Depuis 1817 jusqu'à 1821 les colons écossais allèrent chaque année passer l'hiver à Pembina avec les métis et les voyageurs canadiens. Ils se firent chasseurs comme eux et devinrent bientôt habiles à poursuivre le *buffalo* dans les prairies.

Au printemps, pendant que les fermiers allaient ensemencer leurs champs, les familles, pour éviter les fatigues d'un voyage de soixante-dix milles, restaient campées à Pembina. La meilleure entente régnait entre métis et écossais ; vivant dans le même camp, se rendant de mutuels services, preuve très évidente que les querelles du passé étaient l'œuvre de la Compagnie du Nord-Ouest.

En 1818, au mois de septembre, M. Sévère Dumoulin, missionnaire, compagnon de Mgr Provencher, alla demeurer à Pembina pour donner les secours religieux aux catholiques qui demeuraient en cet endroit. La population de ce camp s'élevait à trois cents âmes environ. Dès la même année l'on y bâtit une chapelle et une école, ainsi qu'une résidence pour le missionnaire. Tous ces pauvres chasseurs abandonnés à eux-mêmes, depuis longtemps, étaient si heureux de voir un prêtre résidant parmi eux qu'ils étaient prêts à faire tous les sacrifices pour le garder.

A la Rivière Rouge la mission prit le nom de: St-Boniface. Jusqu'à l'arrivée de Mgr Provencher les gens du pays désignaient cet endroit sous le nom de: la *Fourche*, à cause du confluent de l'Assiniboine et de la Rivière Rouge.

La mission de St-Boniface était loin de posséder les ressources de Pembina pour les besoins de la vie. Néanmoins, trois mois après son arrivée, le missionnaire aidé de quelques colons canadiens avait déjà construit une chapelle en bois, dans laquelle il se ménagea un logement pour lui-même.

Pour presser les travaux de sa maison et la rendre logeable pour l'hiver, le missionnaire se fit bucheron, charpentier et maçon.

La charpente de cette maison fut dressée au commencement de septembre. Pour la couvrir, il alla couper des joncs et du foin plat dans un marais voisin et s'en servit en guise de bardeau. Sur de mauvaises planches de tremble qu'il employa comme première couverture, il étendit une couche de glaise sur laquelle il fixa le mieux qu'il put les roseaux qu'il avait coupés. On comprend qu'une telle construction ne payait pas de mine pour la résidence d'un prêtre.

L'historien Ross, parlant de l'arrivée des missionnaires catholiques à la Rivière Rouge, dit que cette arrivée fit doublement sentir aux pauvres écossais l'abandon dans lequel ils étaient sous le rapport spirituel.

" Pendant, dit-il, que les colonistes portaient le lourd fardeau des épreuves sans aucune consolation, quelques familles canadiennes françaises, à la tête desquelles étaient deux prêtres arrivèrent du Canada et se fixèrent dans la colonie. La vue de ces prêtres apportant les joies de la religion aux catholiques pendant que les écossais étaient privés de tous secours spirituels, leur fut très sensible."

Mais ce qui dut être plus sensible pour eux, ce fut le fait de voir Lord Selkirk, un de leurs co-religionnaires, se montrer si empressé et déployer tant de zèle pour l'établissement d'une mission catholique à St-Boniface, dans le voisinage immédiat de la colonie écossaise. Ils n'ignoraient pas les dons généreux que venait de faire à la mission catholique Lord Selkirk, et ses démarches auprès de l'évêque de Québec pour assurer l'avenir de cette mission. Tout cela était certainement de nature à froisser le sentiment religieux des colons écossais. Cependant ils ne murmurèrent pas hautement.

Lorsque Lord Selkirk apprit en Canada le bon accueil qu'on avait fait aux deux missionnaires, il en témoigna sa joie comme l'eut fait le catholique le plus zélé. Il entrevoyait là, l'assurance d'une paix durable dans ce pays et par conséquent un appui solide pour sa colonie, qui en bénéficierait autant que les catholiques sous ce rapport.

A cette occasion, il écrivit à Mgr Plessis, évêque de Québec, la lettre suivante :

" Monseigneur,

" Pendant le voyage que je viens de faire dans le Haut Canada, j'ai eu le plaisir de recevoir de la Rivière Rouge, des nouvelles qui m'ont annoncé l'heureuse arrivée de MM. Provencher et Dumoulin. Ces lettres, ainsi que le rapport verbal que j'ai reçu de M. de Lorimier, en arrivant ici, me marquaient que les habitants, et surtout les canadiens, anciens voyageurs avec leurs familles métisses, avaient témoigné la meilleure disposition à profiter des instructions des missionnaires et que les sauvages aussi leur avaient témoigné ce respect qui donne lieu de croire qu'ils montreront la même docilité. J'espère que cet heureux présage sera confirmé par le rapport que ces messieurs n'auront pas manqué de faire à Votre Seigneurie.

" En réfléchissant sur les circonstances qui m'ont été communiquées, il me paraît que si elles étaient connues en Angleterre, on pourrait y obtenir des secours qui donneraient un appui solide à l'établissement de cette mission.

" Il y a parmi les catholiques, des familles distinguées d'Angleterre (et je ne doute pas qu'on trouverait aussi des protestants) qui se feraient une gloire de contribuer au maintien d'une mission de cette nature, dès qu'ils seraient instruits du bien qui peut en résulter.

" Si j'étais autorisé de la part de Votre Seigneurie à communiquer cette assurance, j'ai pleine confiance qu'en Angleterre on trouverait le moyen d'en retirer un résultat favorable.

" J'ai ouï dire dernièrement qu'il y a probabilité que le Haut-Canada soit érigé en diocèse séparé : Si ce démembrement a lieu, j'espère que la Rivière Rouge restera dans le diocèse de Québec. J'aurais beaucoup de peine si cet établissement naissant ne restait pas sous la juridiction de Votre Seigneurie, sous laquelle elle a été si heureusement commencée.

" Je me souviens qu'à Québec, le printemps

dernier, Votre Seigneurie a suggéré, qu'à la longue, ces pays éloignés devraient avoir un établissement indépendant ; mais en attendant que la population ait pris cet accroissement qui serait nécessaire pour supporter, sans secours, un établissement séparé, il me paraît que tous ces pays sauvages devraient relever de Québec plutôt que d'aucun autre diocèse ; vu que les catholiques qui y sont répandus, ne parlent que la langue française, et que pour cette raison le Haut-Canada ne pourrait pas former des sujets propres à y remplir le ministère.

J'ai l'honneur d'être, etc., etc.

(Signé) SELKIRK.

Lady Selkirk ne se montra pas moins zélée que son noble époux pour aider la mission catholique. Elle écrit aux missionnaires pour leur dire qu'elle prépare une caisse dans laquelle elle met des linges et des objets pour le culte sacré, et, comme Lord Selkirk, elle se réjouit d'apprendre les bonnes dispositions des gens de la Rivière Rouge envers les prêtres.

Qui ne voit ici que Lord Selkirk a été l'instrument dont a voulu se servir la divine Providence pour conduire les apôtres de l'évangile au Nord-Ouest.

A l'automne de 1819, Lord Selkirk, fatigué de ses voyages et miné par les ennuis que lui causaient ses luttes avec la Compagnie du Nord-Ouest, passa dans le sud de la France avec son épouse dans l'espoir d'y rétablir sa santé. Mais ni le climat plus doux de la France ni les secours de l'art ne purent lui rendre ses forces ; il mourut dans la ville de Pau près des Pyrénées le 8 avril 1820.

Sa mort devait amener une organisation nouvelle dans la Compagnie de la baie d'Hudson et donner une autre marche aux affaires du Nord-Ouest. A cette date les deux Compagnies n'étaient pas encore réunies. On parlait seulement d'un traité de paix entre elles. Ce fut un moment d'inquiétude pour la colonie aussi bien que pour la mission qui perdait un puissant protecteur.

Mgr Plessis écrivant à Mgr Provencher, à ce sujet, lui disait :

" On parle d'un traité de paix entre les deux sociétés d'Hudson et du Nord-Ouest. Je ne sais si la religion y trouvera son compte, ni si la colonie subsistera, *supposé que le lot tombe dans le partage du Nord-Ouest*. La suite fera voir ce qu'il faut en penser. Si comme je n'en doute pas, Dieu a des desseins de miséricorde sur cette partie du nouveau monde, il trouvera bien moyen d'y soutenir et d'y propager son royaume."

La Providence, en effet, qui se rit des machinations des hommes pour s'opposer à l'accomplissement de ses plans, fit disparaître complètement la Compagnie du Nord-Ouest, un an après la mort de Lord Selkirk, quand elle paraissait encore à l'apogée de sa gloire et de sa puissance.

Les catholiques de la Rivière Rouge peuvent regarder Lord Selkirk comme le premier et le plus grand bienfaiteur de cette mission. Il est juste que l'histoire paye un tribut de reconnaissance et rende hommage à la mémoire de cet illustre personnage qui, malgré les calomnies dont l'ont couvert ses ennemis, restera toujours dans les annales de notre pays une belle et grande figure.

*
* *

Après l'union des deux Compagnies ce fut M. Walkett beau-frère de Lord Selkirk et son exécuteur testamentaire qui fut chargé de veiller aux besoins de la colonie écossaise.

Avant son arrivée, il y avait, au fort Douglas, un gouverneur dont la tâche était fort embarrassante. Malgré la meilleure volonté du monde et l'administration la plus fidèle, il est facile de comprendre qu'il ne pouvait pas faire régner l'abondance dans un pays ruiné par tant de fléaux consécutifs et où les travaux des cultivateurs n'avaient pas encore rapporté de quoi à nourrir un dixième de la population.

Le gouverneur de la colonie, en 1818, à l'arrivée des missionnaires, était M. A. McDonell. L'historien Ross fait de lui un portrait peu flatteur. Il nous le montre comme un fléau aussi dévastateur que celui des sauterelles, et il ajoute que les colons le nommaient le *Gouverneur Sauterelle*, parce qu'il détruisait au-dedans du fort, autant que les sauterelles détruisaient au dehors. (Pendant, dit-il, que les colons souffraient de toutes sortes de privations, lui, dans son fort, faisait bombance avec ses amis.) Cette accusation nous paraît une exagération qui frise la calomnie.

Quand les missionnaires débarquèrent à la Rivière Rouge ils furent reçus au fort Douglas et y demeurèrent pendant deux mois, mangeant, durant tout ce temps, nous l'avons déjà dit, à la table du gouverneur; ils y furent témoins du genre de vie qu'on menait dans ce fort; cependant Mgr Provencher affirme "qu'à la table du gouverneur il n'y avait que de la viande de buffalo et qu'il n'y avait ni pain, ni légumes, ni beurre, ni thé, ni sucre." Si on appelle cela faire bombance, il faut avouer que le menu à la table du gouverneur, n'était pas varié,

Est-ce parce que M. A. McDonnell était un catholique, que l'historien Ross a fait peser sur lui de si graves accusations ? on pourrait le soupçonner, car dans plus d'un endroit de son histoire, il laisse percer son fanatisme en jetant à la face des catholiques l'épithète de *Papistes*. En prenant la défense des Ecossais dans le cours de cette histoire, nous avons montré plus de générosité et de justice que M. Ross, qui évite de prononcer, même une seule fois, le nom de l'évêque Provencher dans tous le cours de son ouvrage. Pourtant Mgr Provencher est une des figures les plus marquantes dans l'histoire de la Rivière Rouge ; il faut fermer les yeux bien justes pour ne pas l'apercevoir.

Anéantie deux fois par la Compagnie du Nord-Ouest, la colonie de Lord Selkirk était destinée à disparaître sans l'action vivifiante de la religion apportée par les missionnaires, et si Mgr Provencher ne fut pas le fondateur de cette colonie, il en fut le restaurateur et un des principaux soutiens, par la paix, que plus que tout autre, il contribua à maintenir dans la Rivière Rouge.

Ce fut la présence de l'évêque catholique, qui après chaque nouvelle épreuve, ramena le courage et la confiance au cœur de la population. Après le fléau des sauterelles et surtout après le désastre de l'inondation en 1826, tous les colons voulaient s'en aller du pays, le regardant comme inhabitable. En réalité il y avait de quoi décourager et plusieurs habitants quittèrent la Rivière Rouge pour toujours.

L'évêque catholique, en fondant, au milieu des plus rudes épreuves, des institutions stables à St-Boniface, donnait foi dans l'avenir de ce pays et affermissait ainsi les volontés chancelantes.

Jusqu'à ce jour, les historiens anglais qui ont écrit sur les premiers temps de la colonie de Lord Selkirk n'ont jamais dit un mot de Mgr Provencher et ont exalté les efforts des anglais et des écossais pour répandre la civilisation dans le pays. Nous ne voulons pas diminuer le moins du monde le mérite de ceux qui ont contribué en quelque manière au bien du pays et de ses habitants, mais, dans l'histoire, il faut être juste et donner à chacun ce qui lui appartient. Or, garder le silence sur les œuvres d'un homme, comme Mgr Provencher, quand on se mêle, d'écrire l'histoire d'un pays qu'il a évangélisé ; c'est manquer de justice et se montrer fanatique. Ce reproche nous pouvons l'adresser sans crainte à MM. Gunn et Ross. les deux historiens de la Rivière Rouge.

Sir George Simpson, gouverneur de la Compagnie de la baie d'Hudson, quoique protestant avait des idées beaucoup plus larges sur le mérite de l'évêque de St-Boniface et il ne craignait pas de les exprimer. En toutes circonstances il faisait les plus grands éloges de Mgr Provencher et il voulut se montrer reconnaissant pour le bien, même temporel auquel son action avait contribué dans tout le Nord-Ouest.

Voici l'extrait d'une résolution passée au conseil de York Factory à la suggestion de Sir George Simpson lui-même. Nous la prenons dans le texte original.

EXTRACT FROM THE MINUTE OF COUNCIL
Held at York Factory, 2 July, 1825.

" Great benefit being experienced from the benevolent and indefatigable exertion of the catholic mission at Red River in welfare and moral religious instruction of its numerous followers ; and it being observed, with much satisfaction, that the influence of the mission under the direction of the Right Reverend Bishop of Juliopolis, has been informly directed to the best interest of the settlement and of the country at large, it is Resolved : That, in order to mark our approbation of such laudable and disinterested conduct on the part of said mission, it be recommended to the Honorable Committee that a sum of £50 per annum be given towards its support &c &c."

Voilà comment des hommes à larges vues savaient apprécier le bien opéré par Mgr Provencher dans la colonie de la Rivière Rouge, non seulement dans l'ordre élevé du salut des âmes, mais aussi dans l'ordre des choses temporelles.

Le pays qui jusqu'à l'arrivée des missionnaires n'avait jamais vu que divisions, haines, jalousies et vengeances vit tout à coup régner entre les habitants sans distinction de race, l'union la plus parfaite.

Cette bonne entente, entre les premiers habitants de la Rivière Rouge est un fait qui mérite d'être signalé, quand on sait, qu'en Amérique, presque toutes les colonies, formées du mélange de différentes races, ont commencé par la manifestation du plus déplorable fanatisme ; témoins les premiers établissements dans l'est des Etats-Unis où, pendant longtemps, les catholiques furent persécutés à outrance. A la Rivière Rouge, au contraire, après 1818, Anglais, Ecossais, Irlandais, Canadiens, Métis, tous vécurent en parfaite harmonie et semblaient heureux de se rendre de mutuels services.

En l'année 1820 M. Provencher qui n'était encore que simple prêtre s'absenta du pays pour descendre à Québec. Mgr Plessis avait demandé et obtenu des bulles pour un évêque à la Rivière Rouge et c'était à M. Provencher qu'elles étaient adressées. Son séjour en Canada fut de deux ans. Avant de retourner dans ses missions, il fut sacré à Trois Rivières le 12 mai 1822, avec le titre d'évêque de Juliopolis. Il partit de Montréal le 19 mai et fut de retour dans son diocèse le 7 août. A partir de ce moment la hiérarchie catholique était établie dans le Nord-Ouest. Après 1822 l'histoire politique et sociale de ce pays marchera de pair avec l'histoire des missions. Ce sera la matière d'un autre volume.

NOTES JUSTIFICATIVES.

1ère NOTE.

La Compagnie du Nord-Ouest a invoqué pour se justifier le témoignage d'un nommé Louis Nolin qui demeurait à la Rivière Rouge et qui se trouvait dans le fort Douglas lors de la bataille de la Grenouillère ; or voici ce témoignage tel qu'il a été donné sous serment le 21 août 1816 au fort William, en présence d'un juge de paix.

Déposition de Louis Nolin.

Le déposant ayant été assermenté fait la déclaration suivante :

" Qu'à la fin de l'été 1815, il arriva à la Rivière Rouge avec M. Robertson ; que deux jours après leur arrivée, il se tint une consultation dans le fort du Nord-Ouest (fort Gibraltar) occupé par Duncan Cameron, ses commis et interprêtes pour trouver le moyen de chasser d'un coup de main les colons qui revenaient s'établir à la Rivière Rouge, (après en avoir été déjà chassés.)

" Que Peter Pangman (dit Bostonais) qui était un des délibérants, lui a raconté la chose quelque temps après, et qu'il avait, lui Pangman, insisté pour chasser les colons immédiatement, mais qu'il ne savait pas quelle excuse donner pour autoriser un tel acte, et qu'à cause de cela on avait décidé d'attendre jusqu'à ce qu'on eut trouvé un prétexte pour agir, espérant toujours que les colons seraient obligés de quitter le pays, faute de provisions.

" Que dans le mois d'octobre de l'année 1815, deux sauvages revenant du fort Gibraltar, occupé par Duncan Cameron, lui dirent que Charles Hesse de la Compagnie du Nord-Ouest les avait menacés de les faire périr s'ils continuaient à avoir des rapports avec les colons écossais.

" Que dans le courant de l'hiver de 1815 à 1816, Séraphin Lamarre, commis de la Compagnie du Nord-Ouest lui apprit qu'il avait reçu une lettre d'Alexandre Fraser (stationné au lac Qu'Appelle), dans laquelle il lui recommandait de prendre courage; parce que lui Fraser était le cinquième qui pourrait lever les Bois-Brûlés pour aller exterminer, le printemps prochain, les colons écossais qui se trouvaient encore à la Rivière Rouge.

" Que le matin du 17 juin 1816, le gouverneur Semple du fort Douglas le fit appeler pour lui servir d'interprète à deux sauvages appelés, l'un Moustouche et l'autre Courte Oreille, qui tous deux avaient quitté le camp des Métis, commandé par Alexandre McDonell (au Portage de la Prairie.) Ces deux déserteurs apprirent au Gouverneur qu'il devait être attaqué dans deux jours par les Bois-Brûlés qui étaient commandés par Cuthbert Grant, Houle, Primeau, Fraser, Bourassa, Lacerpe et Thomas McKay, tous employés au service de la Compagnie du Nord-Ouest ; qu'ils étaient tous déterminés à prendre le fort Douglas et que s'ils éprouvaient la moindre résistance ils tueraient hommes, femmes et enfants, et que s'ils mettaient la main sur Robertson, ils le tailleraient en mille morceaux.

" Que le 19 juin, dans l'après-midi, il vit venir une cinquantaine de Bois-Brûlés qui s'avançaient près des habitations des colons écossais, dans le haut de la Grenouillère, à trois milles environ du fort Douglas.

" Le déposant étant devant le fort en vit sortir le gouverneur Semple avec vingt-huit hommes ; le déposant monta sur un bastion et de là il vit le gouverneur arranger ses hommes en ligne ; quelques minutes plus tard il envoya un homme à cheval vers les gens du gouverneur pour savoir ce qui se passait. Celui-ci revint bientôt annoncer que les métis étaient en grand nombre et qu'ils avaient enlevé le gouverneur ; sur quoi le déposant envoya un nouveau courrier pour s'enquérir exactement des faits. Six minutes après, le second courrier était de retour et annonçait que cinq des Messieurs Anglais et le gouverneur Semple avaient été tués ainsi que plusieurs de leurs hommes.

" Le vingt juin, le déposant se rendit au camp des métis qui se trouvaient à la Grenouillère ; il y reconnut dans le camp ennemi deux hommes et une femme qui appartenaient à la colonie et qui avaient été faits prisonniers avant que le gouverneur Semple eut joint les métis.

" Le déposant entra en conversation avec Cuthbert Grant, McKay, Houle, Primeau, Fraser, Bourassa, Lacerpe qui se vantaient chacun en particulier de leurs exploits de la veille contre les anglais. Cuthbert Grant disait que si on ne lui remettait pas le fort Douglas le jour suivant, il tuerait hommes, femmes et enfants.

" Le 21, les anglais cédèrent le fort Douglas, aux métis. Le déposant qui était dans le fort apprit d'eux que le gouverneur Semple avait été blessé d'abord par Cuthbert Grant et qu'il avait été tué par François Deschamps engagé au service de la Compagnie du Nord-Ouest.

" Le 22 juin, Cuthbert Grant chassa les colons et les envoya à la rivière au Brochet, s'empara du fort et de tous les effets.

" Il y eut ce jour-là, une assemblée des gens de la Compagnie du Nord-Ouest et les métis demandèrent à M. McKenzie si Lord Selkirk avait droit d'établir des colons à la Rivière Rouge. M. McKenzie répondit qu'il n'avait nullement ce droit et que tout ce qu'il avait droit de faire était d'y envoyer des traiteurs.

" Malgré cette dernière déclaration, le déposant ajoute qu'immédiatement les traiteurs de la Compagnie de la baie d'Hudson furent chassés de la Rivière Rouge.

(Signé) Louis Nolin."

2ème NOTE.

Comme la Compagnie du Nord-Ouest a souvent répété dans les écrits pour sa défense que les soldats engagés par Lord Selkirk étaient un ramassis de déserteurs adonnés à la débauche et bons pour le pillage, nous donnerons ici le témoignage élogieux que fait d'eux M. Fauche, lieutenant au régiment de Meuron. Ce témoignage servira en même temps à réfuter l'historien Ross qui, sans avoir jamais connu ces militaires, s'est fait l'écho de la Compagnie sans doute parce que la plupart d'entre eux étaient catholiques et que Ross avait, en sainte horreur, tout ce qui sentait le *Papiste*.

" En 1809 pendant que le régiment de Meuron était stationné à Gibraltar, le gouvernement Anglais permit que tous les Allemands et Piémontais que la conscription avait forcé d'entrer dans les armées de Bonaparte et d'où ils s'étaient enfuis à la première occasion, prissent du service dans l'armée anglaise. Le régiment de Meuron fut envoyé à Malte la même année 1809 et il y demeura jusqu'en 1813 où il passa en Amérique. A son départ de l'île Son Excellence le Lieutenant Général Oakes le gouverneur de Malte émana l'Ordre de Garnison suivant.

"Ordre de Garnison

Malte 4 mai 1813.

" Le Lieutenant Général Oakes ne peut laisser partir le régiment de Meuron de cette garnison où il a été pendant si longtemps sous ses ordres, sans témoigner combien il a été satisfait de sa bonne conduite et de sa discipline, conduite qui s'est également manifestée dans tous les rangs. Le régiment partira d'ici dans un aussi bel ordre qu'aucun régiment de Sa Majesté.

" Le Lieutenant Général n'a aucun doute que ce régiment par sa bonne conduite, sa bravoure dans le service auquel il va bientôt être employé, ne confirme la haute opinion qu'il en a formé et qu'il ne mérite les éloges et les approbations du général sous les ordres duquel il va se trouver placé et auquel il ne manquera pas de faire de lui les justes éloges qu'il mérite.

" Il demande qu'il soit permis d'assurer le régiment des vœux ardents qu'il forme pour sa gloire et ses succès et du vif intérêt qu'il prendra toujours à son bonheur."

(Signé)   P. Anderson, D. A. G.

Lorsque le régiment fut finalement licencié en Canada son Excellence sir John Sherbrooke émana un Ordre de Garnison qui ferait honneur à tout régiment quelconque.

Bureau du D. A. G.,
Québec 26 juillet 1816.

" En se séparant du régiment de Meuron et de Watteville que Son Excellence a eu l'avantage de commander tous deux dans d'autres parties du monde. Sir John Sherbrooke offre au lieutenant colonel de Meuron et au lieutenant colonel May, aussi qu'aux officiers et soldats de ces deux corps, ses félicitations de ce qu'ils ont, par leur excellente conduite en Canada, soutenu la réputation que leurs services passés leur avait si justement acquise.

" Son Excellence ne saurait hésiter à déclarer que le service de Sa Majesté a tiré beaucoup d'avantage pendant la dernière guerre de leur bravoure et de leur bonne discipline."

(Signé) J. HARVEY, Lieut.-Col.
Dép. Adj. Gén.

" Comme il n'est pas à supposer qu'un général anglais soit homme à louer des gens qui ne le méritent pas, peut-on croire que ceux qu'on ugeait dignes d'un tel éloge, se seraient souillés e seraient devenus des brigands en accompagnant le noble seigneur écossais Lord Selkirk et en désirant s'établir sous la protection d'un gouvernement qu'ils avaient appris à apprécier durant le temps qu'ils l'avaient servi.

" La Compagnie du Nord-Ouest avance qu'ils étaient ivres le jour qu'ils entrèrent dans le fort William." Je déclare que cet avancé est absolument faux ; pas un des hommes n'ayant été le moins du monde ivre, et n'ayant pas eu le moyen de l'être."

(Signé) G. A. Fauche,
Lieutenant au régiment de Meuron.

3ème NOTE.

La Compagnie du Nord-Ouest a cherché, dans ce qu'elle a écrit pour sa défense, à salir la réputation de tous ceux qui ont embrassé la cause de Lord Selkirk et de ses colons. Il n'y a pas de mensonge qu'elle n'ait inventé pour la noircir. D'après elle, Lord Selkirk, Miles Macdonell les officiers et les soldats du régiment de Meuron n'étaient tous que des voleurs et des bandits, indignes de paraître dans une société civilisée. Vingt fois, la même accusation est répétée dans la brochure publiée par la Compagnie. Mais quand il s'agit de leurs associés, oh ! alors ce sont tous des gentilshommes pleins de douceur et n'usant de la force que pour repousser les agressions d'un ennemi acharné. La brochure de la Compagnie, en parlant de M. Alexandre McDonell qui avait réuni les métis au fort Qu'Appelle durant l'hiver de 1815 à 1816 et préparé l'attaque contre la colonie, le montre comme un homme plein d'humanité et d'égards pour les colons. La brochure le peint. recommandant à Grant, au moment de quitter le Portage de la Prairie pour aller tomber sur l'établissement ; de passer loin du fort Douglas, et de ne molester personne.

" Cependant le même McDonell en apprenant le massacre de la Grenouillère s'écrie dans un moment de philantropie. " S... *nom de Dieu !* Bonnes nouvelles ! Vingt-deux anglais de tués !!!"

Le même homme avait déclaré peu de temps auparavant au chef sauvage en conseil " que si les colons faisaient quelque résistance la terre serait abreuvée de leur sang."

Quelques semaines auparavant M. Alexandre McDonell apprenant la nouvelle que dix-huit serviteurs de la Compagnie de la baie d'Hudson étaient morts de faim dans l'extrême nord annonce immédiatement cette nouvelle à son ami Cameron, en s'écriant : *glorieuses nouvelles d'Athabaska ! !*

L'horrible assassinat de M. Keveny par ordre de Arché McLellan, associé de la Compagnie du Nord-Ouest ; la conduite barbare de Norman McLeod envers les colons écossais, chassés de la Rivière Rouge, prouvent amplement que les ennemis de Lord Selkirk sont loin d'être des modèles d'humanité.

La Compagnie du Nord-Ouest s'est efforcée de faire retomber immédiatement sur le gouverneur Semple toute la responsabilité du sinistre drame de la Grenouillère, affirmant que la mort des siens n'est due qu'à l'imprudence commise par lui, de sortir du fort avec des hommes armés pour aller couper le chemin aux serviteurs de la Compagnie du Nord-Ouest.

C'est une question importante de savoir si le gouverneur Semple a commis une imprudence, ou bien s'il est mort victime de son devoir.

Au fort Douglas le gouverneur était chargé du soin des colons et par devoir de conscience obligé de voler à leur secours si quelque danger les menaçait soit de la part des sauvages, soit d'ailleurs. Les hommes et les armes qu'il avait dans le fort lui avaient été donnés dans ce but. C'est ainsi qu'autrefois, dans les commencements de la colonie en Canada, on bâtissait des forts et on y mettait une petite garnison pour défendre les colons canadiens contre les incursions des sauvages. Quand les Iroquois, en grand nombre faisaient irruption dans la colonie et menaçaient de la détruire, les gardiens des forts allaient à leur rencontre sans compter leurs hommes : Dollard Desormeau n'avait que 16 compagnons à apposer à la grande armée des Iroquois au pied du Long-Sault.

Le gouverneur Semple savait de source certaine (des sauvages l'en avaient averti deux jours auparavant) que la colonie serait attaquée le 19 juin par les serviteurs de la Compagnie du Nord-Ouest et que les colons seraient tous chassés ou massacrés, s'ils opposaient la moindre résistance.

Eh bien ! nous demandons à tout militaire qui connaît son devoir et qui a du cœur pour l'accomplir, même au dépens de sa vie, si, dans la circonstance du 19 juin 1816, le gouverneur Semple pouvait rester tranquille, dans son fort, pendant que les colons qu'il était chargé de protéger, allaient se voir exposés aux mille avanies des serviteurs de la Compagnie du Nord-Ouest?

Qu'on ne vienne pas nous dire que les soixante-dix cavaliers qui passaient au loin dans la prairie s'en allaient au bas de la rivière Winnipeg porter des vivres à leurs gens. Cette histoire est usée et ne peut plus être acceptée que par ceux qui n'ont pas fait une étude approfondie de l'histoire de la Rivière Rouge de 1810 à 1816.

Pour nous, nous n'hésitons pas à dire que le gouverneur Semple est mort victime de son devoir. Il peut se faire qu'il ait manqué de tactique et qu'un militaire habitué à l'art de la guerre eut tiré meilleur parti de la position; mais ceci ne change pas la question.

TABLE DES MATIÈRES

	PAGES
Préface...	5

I.—Notions préliminaires.—La baie d'Hudson depuis sa découverte par Hudson en 1610 jusqu'à la découverte du Nord-Ouest par le Sieur de la Vérendrye en 1731................................. 9

II.—Chouart des groseillers.—Ses voyages à la baie d'Hudson.. 21

Chapitre I.—Jusqu'où pénétrèrent les Trappeurs dans l'Ouest avant M. de la Vérendrye.—Voyage du canadien De Noyon au lac des Bois.—Divers projets d'exploration.................................... 59

Chapitre II.—M. de la Vérendrye ; sa détermination à tenter la découverte du Nord-Ouest.—Son départ de Montréal.—Son arrivée au grand lac Supérieur.—Le Grand Portage.—Retard éprouvé en cet endroit.—Etablissement du fort Saint-Pierre par M. de la Jemmeraie au lac la Pluie.—Dommages causés à M. de la Vérendrye durant l'hiver.—Retour des voyageurs du lac la Pluie

PAGES

au printemps de 1732.—M. de la Vérendrye continue son voyage ; il se rend au lac des Bois et construit le fort St-Charles............................ 67

Chapitre III.—Projets de M. de la Vérendrye au printemps de 1733.—M. de la Jemmeraie descend à Montréal.—Le Père Messaiger s'en retourne.—Mécomptes de M. de la Vérendrye trompé par ses fournisseurs.—Impossibilité pour le moment de continuer la découverte.—Le fils aîné de M. de la Vérendrye est envoyé au bas de la rivière Maurepas pour y bâtir un fort. —Mort de M. de la Jemmeraie......... 74

Chapitre IV.—Départ de M. de la Vérendrye pour le fort Maurepas.—Découverte de la Rivière Rouge et de l'Assiniboine.— Construction du fort de la Reine.— Voyage chez les Mandanes.—Retour au fort de la Reine...................... 82

Chapitre V.—Nouvelles instances des sauvages pour avoir des forts plus à l'Ouest.— La civilisation rend les sauvages plus exigeants —Hésitation de M. de la Vérendrye à s'orienter en quittant le fort de la Reine.—M. de la Vérendrye envoie ses fils explorer les alentours du lac des Prairies.—Les fournisseurs de M. de la Vérendrye n'envoient aucune marchandise pour la traite.—M. de la Vérendrye descend à Montréal.. 89

CHAPITRE VI.—Arrivée de M. de la Vérendrye à Montréal (1740).—Procès qu'on lui intente.—Le gouverneur du Canada le traite avec bonté et lui rend sa confiance.—M. de la Vérendrye passe l'hiver à Québec.—Quelques considérations sur son œuvre.—Départ pour l'Ouest au printemps............ 96

CHAPITRE VII.—Voyage des fils de M. de la Vérendrye aux Montagnes Rocheuses.—Découverte des Montagnes le 1er janvier 1743.—Retour au fort de la Reine.—Etablissement d'un fort à la rivière Paskoyac.—Rappel du Chevalier de la Vérendrye à Montréal.—M. de la Vérendrye, père, est remplacé au Nord-Ouest par M. de Noyelles.—Le Chevalier retourne dans l'Ouest en 1747.—Le Gouverneur confie de nouveau à M. de la Vérendrye l'exploration............... 102

CHAPITRE VIII.—Mort du Sieur de la Vérendrye.—Triste situation faite à ses fils ; on leur refuse de continuer les travaux de la découverte.—Legardeur de Saint-Pierre succède à M. de la Vérendrye.—Son séjour dans les postes de l'Ouest.—Sa honteuse conduite à l'égard des fils du Sieur de la Vérendrye.—Rien n'est fait pour la découverte de la mer de l'Ouest.... 112

PAGES

Chapitre IX.—Retour du chevalier de la Vérendrye à Montréal ; il fait valoir ses titres à la succession de son père. —Le gouverneur reste sourd à ses instances.—Lettre du chevalier de la Vérendrye au ministre de la marine.—Indigne conduite du Gouverneur, de Bigot et de M. de Saint-Pierre à l'égard des fils de M. de la Vérendrye.................................. 122

Chapitre X.—Départ de M. de Saint-Pierre pour l'Ouest. — Missilimakinaw. — Fort Saint-Pierre.—Discours aux Indiens. —Fort Maurepas.—M. de Niverville envoyé à Paskoyac.—Arrivée de M. de Saint-Pierre au fort de la Reine.— Le fort dépourvu de provisions.— Établissement du fort de la Jonquière. —Maladie de M. de Niverville.—M. de Saint-Pierre passe tranquillement l'hiver au fort de la Reine............... 132

Chapitre XI.—M. de Saint-Pierre aux postes de l'Ouest (Suite).—Une aventure au fort de la Reine.—M. de Saint-Pierre revient au Grand-Portage avec des chefs indiens.—Son rappel à Montréal par le Gouverneur Duquesne.—Le chevalier de la Corne remplace M. de Saint-Pierre dans l'Ouest.—Après 1756, les forts de l'Ouest sont abandonnés.— Fin de la domination française dans l'Ouest................................. 141

IIᴱ PÉRIODE—1760 À 1822

LES COMPAGNIES DES TRAITEURS

                                                              PAGES

CHAPITRE   I.—Les coureurs des bois et les traiteurs isolés 150

CHAPITRE II.—FORMATION DE LA COMPAGNIE DU NORD-OUEST 1784.—Pourquoi la Compagnie prit le nom de Compagnie française.—Sa première organisation, noms des premiers Bourgeois.—Première scission.—Lutte contre quelques traiteurs mécontents.—Etablissements des forts dans l'extrême nord à l'Ile à La Crosse et au lac Athabaska.—Réunion des traiteurs en 1787......................... 163

CHAPITRE III.—La Compagnie du Nord-Ouest après 1787.—Son plan de rester seule maîtresse du commerce de la traite.—Elle construit des forts jusque dans l'extrême Nord pour arrêter les sauvages qui allaient à la baie d'Hudson.—Travaux des découvreurs Alex. Mackenzie, Fraser, Quesnel.—Voyage chez les Mandanes.—Réflexions d'un chef sauvage................................ 173

CHAPITRE IV.—La Compagnie du Nord-Ouest instrument de corruption chez les sauvages et chez ses serviteurs.—Le système de la Compagnie fut nuisible à nos campagnes canadiennes et au bien-être des sauvages dans le Nord-Ouest.. 187

PAGES

Chapitre V.—Nos voyageurs canadiens des pays d'En-Haut. — Leurs engagements au service de la Compagnie du Nord-Ouest.—Les embaucheurs.—Départ de Montréal sur les canots.—Le voyage.—Rude travail auquel les serviteurs sont soumis.—Regrets d'avoir quitté le Canada et le foyer domestique.—Arrivée à la Rivière Rouge........................... 199

Chapitre VI.—Nouvelle scission de la Compagnie du Nord-Ouest.—Organisation de la Compagnie X. Y.—Lutte à mort entre les deux Compagnies.--Scènes épouvantables dont le Nord-Ouest devient le théâtre...................... 211

Chapitre VII.—Nouvelle organisation de la Compagnie du Nord-Ouest.—Moyens employés pour stimuler le zèle des subalternes.—Timidité des serviteurs de la Compagnie de la baie d'Hudson.—Inégalité de la lutte entre les deux Compagnies.......... 223

Chapitre VIII.—Jugement à porter sur les événements qui font la matière des chapitres suivants.—Difficultés à démêler la vérité des récits contradictoires.—Voyage de lord Selkirk en Amérique, son séjour à Montréal.—Son retour à Londres.—Ses négociations avec la Compagnie de la baie d'Hudson.—Attitude prise par la Compagnie du Nord-Ouest 239

CHAPITRE IX.—Lord Selkirk annonce en Ecosse qu'il veut fonder une colonie à la Rivière Rouge. — Premières démarches. — Miles Macdonell est chargé du soin des émigrants et nommé gouverneur de la colonie.—Honorabilité de ce gentilhomme.—Difficultés et misères communes à toutes les colonies dès leur berceau.—Départ des premiers émigrants écossais pour la Rivière Rouge.—Lenteur du voyage. — Hivernement à la baie d'Hudson.—Arrivée des colons à la Rivière Rouge au mois d'août 1812.—Manifestation hostile des métis.—Les colons vont hiverner à Pembina.—Un mot sur les métis... 254

CHAPITRE X.—Genre de vie des hivernants. —Pourquoi ils choisissent Pembina comme séjour.—Les blancs s'accoutument facilement à ce genre de vie.—Description de la chasse.—Bonne entente entre les écossais et les métis.—Retour des colons à la Rivière Rouge — Second détachement d'émigrants.—Dure épreuve de la maladie, en voyage. —Leur arrivée à la Rivière Rouge.— Second hivernement à Pembina.— Souffrances.—Moyen adopté par le gouverneur pour procurer des vivres aux colons.—Proclamation.—Saisie de provisions. — La Compagnie du Nord-Ouest décrète la ruine de la colonie 266

Chapitre XI.—Maladroite politique de la Compagnie du Nord-Ouest.—Duncan Cameron, au fort Gibraltar, sur les bords de la Rivière Rouge.—Ses intrigues auprès des colons pour les décourager.—Il conseille aux colons d'abandonner la Rivière Rouge, et de voler tous les objets du fort Douglas dont ils pourront s'emparer.—Il s'empare des armes que les colons avaient pour se défendre contre les indiens.—Il fait prisonnier le gouverneur Miles Macdonell.—Il chasse les colons qui ne veulent pas descendre en Canada avec lui.—Les serviteurs de la Compagnie brûlent les maisons des colons.................................. 283

Chapitre XII.—Les Bourgeois de la Compagnie se réjouissent de la ruine de la colonie ; ils récompensent ceux qui ont aidé Cameron.—La colonie est rétablie de nouveau par un officier de la Compagnie de la baie d'Hudson.—Lord Selkirk arrive d'Ecosse au mois de novembre ; il passe l'hiver à Montréal.—Un courrier de la Rivière Rouge lui porte la nouvelle des événements passés depuis le printemps. — La Compagnie du Nord-Ouest se prépare à détruire de nouveau la colonie.—Lord Selkirk demande des secours au gouverneur du Canada.—Le gouver-

PAGES

neur, trompé par les agents de la Compagnie du Nord-Ouest, refuse tout secours.. 301

Chapitre XIII.—Lord Selkirk prend à sa solde cent soldats licenciés et les conduit à la Rivière Rouge comme colons.— Après son départ de Montréal, il apprend en route que la colonie a été détruite de nouveau.—Il marche sur le fort William et s'en empare. —Les associés de la Compagnie du Nord-Ouest sont faits prisonniers et envoyés en Canada.—Explication de ce qui s'est passé à la Rivière Rouge à l'automne de 1815 et durant l'hiver de 1816.—Cameron fait prisonnier.—Fort Gibraltar détruit.—Complot formé dans le nord pour détruire la colonie entièrement... 317

Chapitre XIV.—Souffrances des colons écossais au printemps de 1816.—Manque complet de vivres dans la colonie.—Le gouvernement en envoie chercher à Qu'Appelle.—Les hommes de la Compagnie de la baie d'Hudson qui rapportent des vivres sont attaqués et faits prisonniers par la Compagnie du Nord-Ouest.—Préparatifs des associés de la Compagnie du Nord-Ouest pour détruire la colonie.—Bataille du 19 juin.—Documents.—Le fort Douglas pris par la Compagnie du Nord-Ouest. —La colonie est détruite une seconde fois....... 332

Chapitre XV.—Nouvelles persécutions subies par les colons avant leur départ pour la baie d'Hudson.—Assassinat de M. Keveny, officier de la Compagnie de la baie d'Hudson.—Les prisonniers à Montréal sont admis à caution.—William McGillivray envoie M. de Rocheblave au fort William pour arrêter Lord Selkirk. — Il échoue dans cette tentative.—Lord Selkirk envoie ses soldats à la Rivière Rouge. — Reprise du fort Douglas................................. 348

Chapitre XVI.—Les colons rappelés sur leurs fermes.—Lord Selkirk passe l'été au fort Douglas. — Distribution gratuite de terres.—Requête formulée, au nom des catholiques, par Lord Selkirk pour demander des missionnaires.—Lettre de Lord Selkirk à l'évêque de Québec.—Intrigues de la Compagnie du Nord-Ouest pour empêcher les missionnaires d'aller à la Rivière Rouge.—Dons généreux de Lord Selkirk à la mission catholique.—Instructions données par l'évêque de Québec à ses missionnaires sur la conduite qu'ils doivent tenir dans les missions.... 360

TABLE DES MATIÈRES 413

PAGES

CHAPITRE XVII.— Procès intenté à la Compagnie du Nord-Ouest par Lord Selkirk.— Arrivée des missionnaires.—Fléau des sauterelles à la Rivière Rouge. Mission de Pembina.—Intérêt porté aux missionnaires par Lord et Lady Selkirk. — Union des deux Compagnies. — Travaux des missionnaires loués par Sir George Simpson.—Paix définitive établie dans tout le Nord-Ouest............ 374

NOTES JUSTIFICATIVES.

1ère Note.. 392
2ème Note.. 396
3ème Note.. 399

www.ingramcontent.com/pod-product-compliance
Lightning Source LLC
Chambersburg PA
CBHW032143010526
44111CB00035B/988